权威·前沿·原创

皮书系列为
"十二五""十三五""十四五"时期国家重点出版物出版专项规划项目

BLUE BOOK

智库成果出版与传播平台

河南省社会科学院哲学社会科学创新工程试点项目

河南蓝皮书
BLUE BOOK OF HENAN

河南创新发展报告
（2024）

ANNUAL REPORT ON INNOVATION DEVELOPMENT OF HENAN

(2024)

建设国家创新高地

主 编／王玲杰　杨东风
副主编／赵晶晶　袁金星

社会科学文献出版社
SOCIAL SCIENCES ACADEMIC PRESS（CHINA）

图书在版编目（CIP）数据

河南创新发展报告 . 2024：建设国家创新高地／王
玲杰，杨东风主编；赵晶晶，袁金星副主编 . --北京：
社会科学文献出版社，2023.12
　（河南蓝皮书）
　ISBN 978-7-5228-2782-7

　Ⅰ . ①河…　Ⅱ . ①王…　②杨…　③赵…　④袁…　Ⅲ.
①技术革新-发展-研究报告-河南-2024　Ⅳ.
①F127.61

中国国家版本馆 CIP 数据核字（2023）第 218431 号

河南蓝皮书

河南创新发展报告（2024）
——建设国家创新高地

主　　编／王玲杰　杨东风
副 主 编／赵晶晶　袁金星

出 版 人／冀祥德
组稿编辑／任文武
责任编辑／张丽丽
文稿编辑／张　爽　李惠惠　白　银
责任印制／王京美

出　　版／社会科学文献出版社 · 城市和绿色发展分社（010）59367143
　　　　　地址：北京市北三环中路甲 29 号院华龙大厦　邮编：100029
　　　　　网址：www.ssap.com.cn
发　　行／社会科学文献出版社（010）59367028
印　　装／天津千鹤文化传播有限公司
规　　格／开　本：787mm×1092mm　1/16
　　　　　印　张：20.5　字　数：304 千字
版　　次／2023 年 12 月第 1 版　2023 年 12 月第 1 次印刷
书　　号／ISBN 978-7-5228-2782-7
定　　价／128.00 元

读者服务电话：4008918866

河南蓝皮书系列（2024）
编　委　会

主要编撰者简介

王玲杰　河南省社会科学院党委委员、副院长，经济学博士，二级研究员。享受河南省政府特殊津贴专家、河南省学术技术带头人、河南省宣传文化系统"四个一批"人才、全省百名优秀青年社会科学理论人才。主持国家级、省部级社会科学研究项目20余项；发表论文80余篇，独著或主编出版著作10余部；获得省部级一、二、三等奖多项。多次参与省委、省政府重要政策、重要文件的起草工作，发表多篇政策建议、调研报告、决策咨询报告，其中多项成果被省委、省政府主要领导批示肯定。

杨东风　河南省社会科学院创新发展研究所所长、编审，硕士生导师。享受河南省政府特殊津贴专家、河南省学术技术带头人、中国人才研究会理事，长期从事行政管理、人事人才科学等方面的研究工作。先后发表论文20余篇，出版专著2部，主持或参与科技部、人社部专项项目以及省软科学项目、省社科规划项目近20项，获得省科技进步二等奖4项、三等奖2项。先后参与10余项河南省人才发展、人力资源开发等方面的重大规划、重要政策起草、论证工作。

摘　要

《河南创新发展报告（2024）》是由河南省社会科学院组织策划编写的年度性报告，以学习贯彻习近平总书记关于科技创新的重要论述和对河南省重要指示批示精神为总体纲领，全面回顾总结了2022~2023年河南省各领域各行业各部门实施创新驱动发展战略所取得的显著成绩，集中展示了河南省加快建设国家创新高地的丰富理论和生动实践，系统分析和展望了河南省创新发展面临的新形势、新要求，提出新思路、新对策，以期为全省上下大力实施创新驱动发展战略提供有建设性的决策参考建议。旨在凝聚创新学术智慧，助力中原更加出彩，为河南省奋力建设国家创新高地提供智库支持。

本年度报告以"建设国家创新高地"为主题，包括总报告、综合篇、科技创新篇、制度创新篇、创新人才篇和附录六部分，运用评价总结、调查研究、数据分析、比较研究等多种研究方法，力求内容翔实、分析准确。总报告对河南省建设国家创新高地情况进行分析与展望，围绕河南省建设国家创新高地取得的主要成效、面临的新形势和新机遇进行梳理与分析，提出新征程上河南省建设国家创新高地的总体思路，并围绕河南省加快创新高地建设提出着力推进创新战略协同、着力强化创新要素支撑、着力加快创新平台建设、着力深化开放创新联动、着力优化创新创业生态、着力加强创新人才引育等对策建议；综合篇主要围绕河南省贯彻习近平关于科技创新的重要论述、河南省打造一流创新生态展开研究论述，围绕河南省建设国家创新高地的影响因素及整体创新能力、河南省18地市科技创新能力展开综合评价，并提出对策建议；科技创新篇主要围绕河南省科技创新发展的重点和难点，对河南省新型研发机构高质量发展、河南省深度融入"一带一路"科技合作的重点和难点、河南省科技文化创新融合助力乡村文化振兴、创新驱动河南省制造业高质量发展、河南省科技金融助力国家创新高地建设、新发展格局下河南省科技创新政策范式转型、河南省构建产学研用深度融合创新体系等方面展开深入调研、分析研判,提出创新路径;制度创新篇立足于河南省实际、发展热点,对环河南省科学院创新生态圈建设、中国(河南)自由贸易试验区制度创新、河南省深化国资国企改革等提出对策建议;创新人才篇以人才支撑为切入点,围绕河南省科技人才发展现状、河南实施人才强省战略的实践、"招才引智"的河南政策创新与实践、创新创业背景下职业技能开发的河南实践、以科学家精神引领河南青年科技人才能力提升、河南省生成式人工智能人才高地建设以及我国省级人才集团发展实践对河南人才集团建设的启示等方面展开分析归纳、经验总结和创新展望;附录集中展现了2022~2023 年河南创新发展领域的重点事件。

关键词: 国家创新高地　高质量发展　河南省

目 录 ▷

Ⅰ 总报告

B.1 建设国家创新高地
　　——河南省创新发展分析与展望
　　………………………………… 河南省社会科学院课题组 / 001

Ⅱ 综合篇

B.2 河南贯彻习近平关于科技创新的重要论述研究
　　………………………………………………… 袁金星 / 028
B.3 河南省打造一流创新生态问题研究 ……………… 张祝平 / 042
B.4 河南省建设国家创新高地的影响因素及创新评价分析
　　………………………………………………… 曹　雷 / 053
B.5 河南省18地市科技创新能力评价分析
　　………………………………… 河南省社会科学院课题组 / 068

Ⅲ 科技创新篇

B.6 河南省新型研发机构高质量发展研究 ……………… 杨东风 / 084

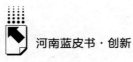

B.7 河南省深度融入"一带一路"科技合作的现状、问题及对策
·· 唐晓旺 / 103

B.8 河南省科技文化创新融合助力乡村文化振兴研究
···································· 赵晶晶　周翠英 / 111

B.9 创新驱动河南省制造业高质量发展研究················ 冯凡栩 / 120

B.10 河南省科技金融助力国家创新高地建设研究 ·········· 史　璇 / 134

B.11 新发展格局下河南科技创新政策范式转型与建议
·· 高泽敏 / 148

B.12 河南省构建产学研用深度融合创新体系研究 ·········· 赵晶晶 / 160

Ⅳ　制度创新篇

B.13 环河南省科学院创新生态圈建设研究初探
·················· 高正龙　常林朝　户海潇　李少鹏　李梦想
王宇晖　陈峡忠 / 171

B.14 中国（河南）自由贸易试验区制度创新路径研究 ······ 王彦利 / 180

B.15 河南省深化国资国企改革的重点、难点及对策研究
·· 都鹤鸣 / 193

Ⅴ　创新人才篇

B.16 河南省科技人才发展现状分析 ·············· 邢宇辉　王长林 / 203

B.17 河南实施人才强省战略的实践与对策研究 ············· 王　楠 / 216

B.18 "招才引智"的河南政策创新与实践研究
·························· 招才引智创新发展大会课题组 / 229

B.19 创新创业背景下职业技能开发的河南实践研究 ········ 李红见 / 238

B. 20 以科学家精神引领河南青年科技人才能力提升研究

························· 赵晶晶 / 249

B. 21 河南省生成式人工智能人才高地建设研究

························· 杨朦晰 张怡斐 / 260

B. 22 我国省级人才集团发展实践对河南人才集团建设的启示

············· 王长林 张东红 卢艺杰 朱思宇 / 272

附 录

河南省创新发展大事记 ················· 王 楠 史 璇 / 282

Abstract ·································· / 287

Contents ·································· / 289

皮书数据库阅读**使用指南**

总 报 告

B.1
建设国家创新高地
—— 河南省创新发展分析与展望

河南省社会科学院课题组*

摘　要： 河南省自提出"建设国家创新高地"以来，坚持把创新摆在发展的逻辑起点、现代化建设的核心位置，深入实施创新驱动、科教兴省、人才强省战略，抓龙头带动、抓高端平台、抓一流课题、抓创新主体、抓人才引育、抓配套改革，推动全省创新实力稳步提升、创新主体大幅增加、载体平台不断突破、人才支撑更加有力、创新生态持续优化，国家创新高地建设取得显著成效。踏上新征程，创新已成为大国博弈的主要战场、引领发展的第一动力、现代化建设的战略支撑，河南省需要进一步把握全球新一轮科技革命和产业变革等机遇，聚焦使命导向、关键环节、人才为先、开放融合，积极构建"三足鼎立、四区联动、多点支撑、全域协同"的创新发展格局，着

---

* 课题组组长：王玲杰，河南省社会科学院党委委员、副院长，研究员。课题组成员：杨东风、李红见、袁金星、赵晶晶、都鹤鸣。执笔人：袁金星，河南省社会科学院创新发展研究所副研究员，主要研究方向为科技经济、区域经济。

力推进创新战略协同、强化创新要素支撑、加快创新平台建设、深化开放创新联动、优化创新创业生态、加强创新人才引育，推动国家创新高地建设再提速，为实现"两个确保"、谱写新时代中原更加出彩的绚丽篇章贡献更多科技力量。

关键词： 国家创新高地　创新发展　河南省

2021年9月7日，中共河南省委工作会议提出"全力建设国家创新高地"。全省上下全面落实省委部署要求，把创新摆在发展的逻辑起点、现代化建设的核心位置，坚定走好创新驱动高质量发展这个"华山一条路"。两年多来，河南省深入实施创新驱动、科教兴省、人才强省战略，打好科技创新和制度创新"组合拳"，抓龙头带动、抓高端平台、抓一流课题、抓创新主体、抓人才引育、抓配套改革，各项工作取得了新进展、新突破、新成效，国家创新高地建设迈出坚实步伐。踏上新征程，创新已经成为大国博弈的主要战场、引领发展的第一动力、现代化建设的战略支撑，河南迫切需要把握发展机遇，积势蓄势谋势、识变求变应变，加快国家创新高地建设步伐，为实现"两个确保"、谱写新时代中原更加出彩的绚丽篇章贡献科技力量。

一　河南省建设国家创新高地的主要成效

（一）创新实力稳步提升

一是综合创新实力进一步增强。中国科技发展战略研究小组、中国科学院大学中国创新创业管理研究中心联合发布的《中国区域创新能力评价报告2022》显示，河南省综合创新实力排全国第13位，较2021年上升1位；中国科学技术发展战略研究院发布的《中国区域科技创新评价报告2022》显示，河南省综合科技创新水平居全国第17位，较2021年提升2位，其中，高新技术产业化水平指数居全国第9位，较上年提升2位。

二是财政科技支出强势增长。2021 年河南省财政科技支出增长 29.5%，高出一般公共预算支出增幅 35.2 个百分点；省本级财政科技支出增长 114.8%，高出省本级支出增幅 100.7 个百分点。2022 年河南省财政科技支出增长 24.9%，高出一般公共预算支出增幅 16.1 个百分点；省本级财政科技支出增长 40.1%，高出省本级支出增幅 9.3 个百分点。2021 年、2022 年河南省财政科技支出分别跨越 300 亿元、400 亿元台阶。2023 年上半年，全省财政科技支出 216.2 亿元，增长 30.7%，高于一般公共预算支出增幅 29.3 个百分点，继续保持高速增长态势。

三是研发投入实现突破。2022 年，全省共投入研究与试验发展（R&D）经费 1143.26 亿元，比上年增加 124.42 亿元，增长 12.21%，较 2020 年增加近 200 亿元；研究与试验发展（R&D）经费投入强度为 1.86%，比上年提高 0.11 个百分点，比 2020 年提高 0.22 个百分点，与全国平均水平的差距明显缩小（见图 1 和图 2）。

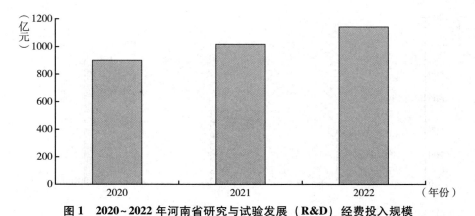

图 1　2020~2022 年河南省研究与试验发展（R&D）经费投入规模

资料来源：2020~2022 年《河南省研究与试验发展（R&D）经费投入统计公报》。

四是创新产出能力进一步提升。2022 年河南省技术合同成交额达 1025 亿元，同比增长 68%，首次突破 1000 亿元大关，是 2020 年的 2.67 倍（见图 3）。2023 年上半年，河南省技术合同成交额达 640.1 亿元，同比增长 12.8%，共登记技术合同 9399 项，技术合同成交额占地区生产总值的比重

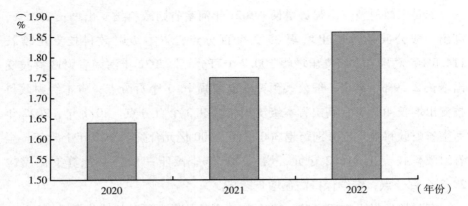

图 2　2020~2022 年河南省研究与试验发展（R&D）经费投入强度

资料来源：2020~2022 年《河南省研究与试验发展（R&D）经费投入统计公报》。

突破 2%；2022 年，河南省有效发明专利拥有量达 67164 件，每万人有效发明专利拥有量为 6.8 件，分别是 2020 年的 1.14 倍和 1.15 倍。

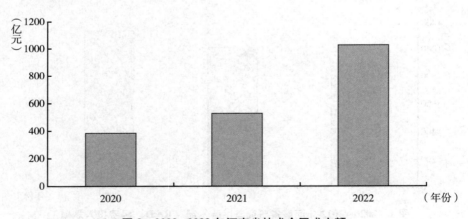

图 3　2020~2022 年河南省技术合同成交额

资料来源：2020~2022 年《河南省国民经济和社会发展统计公报》。

（二）创新主体大幅增加

一是高新技术企业数量大幅增加。河南省制定实施《高新技术企业倍增计划实施方案》，将高新技术企业发展情况纳入全省转型发展攻坚考核和产业集聚区考核指标体系，同时，持续优化高新技术企业认定流程，将高新技术企业评审权限下放到郑州等符合条件的省辖市。截至 2022 年底，全省高新技术企业总量突破 1 万家，达到 1.08 万家，较上年增长 30%，是 2020 年的 1.7 倍（见图 4）；带动全省规模以上高新技术产业增加值增长 5.4%，规模以上高新技术产业增加值占规模以上工业增加值的比重达46.5%。

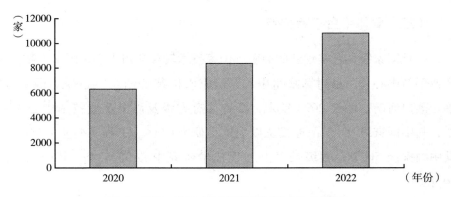

图 4　2020～2022 年河南省高新技术企业数量

资料来源：2020～2022 年《河南省国民经济和社会发展统计公报》。

二是持续做强龙头企业。深入实施制造业头雁企业、技术创新示范企业培育行动，遴选制造业头雁企业 100 家，累计认定国家级、省级技术创新示范企业 31 家、250 家。

三是培育形成一批专精特新和创新型中小企业。组织开展优质中小企业梯度培育行动、科技型中小企业"双提升"行动等，2022 年，全省科技型中小企业全年入库总数达 22004 家，稳居全国第一方阵；截至 2023 年上半年，全省国家级专精特新"小巨人"企业达 370 家，省级专精特新中小企业达 2762 家，省级创新型中小企业达 7826 家。①

---

① 《河南国家级专精特新"小巨人"企业数量全国第十》，新华网，2023 年 7 月 26 日，http://www.ha.xinhuanet.com/20230726/5bb2201db293480c85f175030e4a983a/c.html。

四是鼓励企业加大研发投入。进一步完善落实税收减免、产品购买等激励企业研发的普惠性政策，开展研发投入"增量进位"专项行动，特别是高质量推进规模以上工业企业研发活动全覆盖，加快研发活动从有形覆盖到有效覆盖。截至 2022 年末，全省规模以上工业企业研发活动覆盖率达 52%，比 2020 年末提升 17.6 个百分点；2023 年上半年，全省 169 家省管规模以上工业企业研发投入合计 29.8 亿元，率先实现研发活动全覆盖。①

（三）载体平台不断突破

一是国家级平台实现新的突破。国家技术转移郑州中心、国家生物育种产业创新中心、国家超算郑州中心、国家农机装备创新中心等"国字号"平台落户河南。截至 2022 年末，全省共有省级及以上企业技术中心 1545 个，其中国家级 93 个；省级及以上工程研究中心（工程实验室）964 个，其中国家级 50 个；省级及以上工程技术研究中心 3345 个，其中国家级 10 个。②

二是重建重振省科学院。坚持把重建重振省科学院作为建设国家创新高地和全国重要人才中心的"一号工程"，创新实施"大部制+以研究所办院、以实验室办院、以产业研究院办院"等模式，组建 15 家研究所，全院研发实体达 31 家，总数居全国省级科学院首位。此外，省科学院外部政策法规体系更加健全，内部组织架构、管理体制日趋完善，创新平台、人才引育、成果转化、"三合一"融合发展取得新进展、新成效，环省科学院创新生态圈正在加快形成，源源不断为全省科技创新和经济发展提供策源和动能。

三是高水平创新平台建设加速推进。瞄准国家实验室布局领域，聚焦国

---

① 《"创新驱动、科教兴省、人才强省"战略实施报告》，河南日报网，2023 年 9 月 7 日，https://www.henandaily.cn/content/2023/0907/341902.html。

② 《2022 年河南省国民经济和社会发展统计公报》，河南省人民政府网站，2023 年 3 月 23 日，https://www.henan.gov.cn/2023/03-23/2711902.html。

家和省战略目标，短短两年时间，省实验室数量升至16家（见表1）；组建了36个省中试基地、15个省实验室基地，推动形成集基础研究、应用研发、成果转化和产业化于一体的全链条科技创新组织模式。

表1　河南省实验室名单

序号	实验室名称	所在城市
1	嵩山实验室	郑州
2	神农种业实验室	总部新乡、注册地郑州
3	黄河实验室	郑州
4	龙门实验室	洛阳
5	中原关键金属实验室	总部郑州、基地三门峡
6	龙湖现代免疫实验室	郑州
7	龙子湖新能源实验室	郑州
8	中原食品实验室	漯河
9	天健先进生物医学实验室	郑州
10	平原实验室	新乡
11	墨子实验室	郑州
12	黄淮实验室	郑州
13	中州实验室	郑州
14	牧原实验室	南阳
15	中原纳米酶实验室	郑州
16	尧山实验室	平顶山

四是"中原农谷"建设高位起势。成立了省长任组长，分管农业、科教的副省长为副组长的"中原农谷"建设领导小组，出台了《"中原农谷"建设方案》，形成了"中原农谷"建设"1+1+1+2+N"政策规划体系，"中原农谷""四梁八柱"基本成形，先后入驻省级以上科研平台27个、院士工作站7家，"两中心三实验室"、河南农大国家小麦工程技术研究中心等45个重点项目建设正加快推进。

五是创新创业孵化平台健康发展。深入推进大众创新创业，标准化推广智慧岛双创载体，规划建设 30 个智慧岛，认定授牌 16 个智慧岛，集聚各类高端要素资源；截至 2023 年上半年，累计引进落地创新创业项目 472 个，在孵企业及团队 1.2 万家。大力推动双创示范基地提质增效，郑州市金水区、航空港区、鹿邑县、中信重工等 7 家单位获批国家双创示范基地，建设 69 家省级双创示范基地，双创工作 5 次获得国务院表彰；截至 2023 年 6 月底，已新建设国家级孵化器 12 家，国家级创新型产业集群 3 家。

六是高新区建设全面提速，截至 2023 年 2 月，全省高新区总数达 44家，其中国家级高新区 9 家，数量居中部地区第 2 位、全国第 5 位；省级高新区 35 家，实现了 17 个省辖市和济源城乡一体化示范区全覆盖。

（四）人才支撑更加有力

一是人才引育成效显著。以《关于加快建设全国重要人才中心的实施方案》为引领，制定出台"1+20"一揽子人才引进政策措施，大力实施领军人才集聚行动、青年人才倍增行动、潜力人才筑基行动等"八大行动"，瞄准顶尖人才关键少数、紧盯领军人才等，着力构建具有河南特色的人才发展雁阵格局。2023 年 1~7 月，全省累计延揽大学本科以上人才 209540 人，其中，顶尖人才 7 人、领军人才 24 人、海外人才 171 人、青年人才 1760人、潜力人才 207578 人，签约人才项目 1048 个。[①] 大力实施"中原英才计划"，打造以中原学者为龙头，涵盖中原领军人才、中原青年拔尖人才的中原人才系列品牌，初步形成引才育才相衔接的高层次创新创业人才开发体系。2022 年全省遴选中原学者 8 人、中原科技创新领军人才 29 人、中原科技创业领军人才 30 人，新建院士工作站 5 家、中原学者工作站 30 家、杰出外籍科学家工作室 20 家。

二是高技能人才规模不断扩大。统筹推进"人人持证、技能河南"建

---

① 河南日报课题组：《创新发展已成为现代化河南建设的主旋律、最强音——"创新驱动、科教兴省、人才强省"战略实施报告》，《河南日报》2023 年 9 月 7 日。

设，不断加大高技能人才培养、使用、评价、激励力度。截至 2022 年底，按取证人数计算，全省高技能人才达 392.1 万人（其中高级工 318.7 万人、技师 63.0 万人、高级技师 10.4 万人），占技能人才总量（1415.6 万人）的 27.7%。①

三是高校科技人才实力进一步增强。高校已成为全省高层次人才集聚的主阵地。2021 年，全省普通高校自然科学领域科技活动人员为 6.97 万人，占教职工总数的 37.6%，已成为科技创新的中坚力量，初步具备参与国家和全省高层次科技创新计划的能力；高校共有"两院"院士 26 人（其中全职 9 人）、"长江学者"32 人（其中全职 28 人、兼职 4 人）、国家杰出青年 13 人、国家优秀青年 16 人、国家级教学名师 21 人。2022 年，在全省组织实施的中原英才计划中，高校有 5 人获得中原学者资助（约占全省的 71%）、18 人获得中原科技创新领军人才资助（约占全省的 58%）。②

（五）创新生态持续优化

一是强化科技创新顶层设计。专门成立科技创新委员会，由省委书记和省长担任双主任，统筹协调、整体推进、督促落实全省科技创新领域重大工作。两年来，河南围绕创新平台、人才引育、成果转化、企业研发等进行了体系化、高密度、渐次推进的战略部署，一体化设计相关创新政策、法规、规划、改革举措，引领各部门形成齐抓共管、协同推进产学研用深度融合的良好氛围。

二是深化科技体制机制改革。修订《高质量发展综合绩效考核与评价办法》，将科技创新板块的考核指标权重由 12% 提高到 18%，有效发挥

---

① 《稳经济　促发展｜2022 年新增技能人才 403.2 万人、高技能人才 140.8 万人　河南省技能人才培养进入快车道》，河南省人民政府网站，2023 年 2 月 17 日，https：//www.henan.gov.cn/2023/02-17/2690551.html。
② 河南日报课题组：《创新发展已成为现代化河南建设的主旋律、最强音——"创新驱动、科教兴省、人才强省"战略实施报告》，《河南日报》2023 年 9 月 7 日。

"指挥棒"作用。开展扩大高校和科研院所自主权试点,探索实行行业主管部门"一揽子授权"管理制度,充分赋予科研事业单位自主权。优化重大创新项目遴选方式,推行"揭榜挂帅""赛马""首席专家负责制"等制度,开展竞争择优、定向委托、推荐备案等多种遴选方式,满足各类创新主体需求。启动科研经费直拨改革试点,拨付周期由4个月以上缩短至21天等。

三是强化科技金融支撑。2022年,全省"科技贷"业务实现放款44.49亿元,支持企业710家(次),助力4家科技型企业先后在科创板、北交所上市。① 2023年上半年,"科技贷"为科技型中小企业和高新技术企业提供贷款31.37亿元,支持企业469家次;"专精特新贷"授信总金额为91.43亿元,放款金额为73亿元;中原科创风险投资基金等3只基金累计完成投资项目107个,投资金额达17.9亿元。②

四是畅通科技成果转化渠道。面向省内外各类创新主体征集技术成果,扩充服务平台高质量科技成果库和全产业技术需求库,促进高校院所成果与企业需求常态化精准化对接,打破科技创新供需之间的"藩篱",全省科技成果转移转化驶入"快车道"。2022年,全省技术合同交易额首次突破1000亿元大关,达到1025亿元,排全国第13位。

与此同时,要清醒地看到,河南科技创新整体实力不强、引领带动能力不足的基本面没有发生根本改变。科技创新投入不足,原始创新能力依然薄弱,高层次创新平台、重大科技基础设施较少,关键核心技术攻关能力不强,创新主体实力不强,高端创新人才团队匮乏,科技成果转化和产业化水平不高,全社会推动科技创新的合力尚未完全形成,建设国家创新高地仍需举非常之力、用非常之策、下非常之功。

---

① 《以党的二十大精神为指引 深入实施创新驱动科教兴省人才强省战略 奋力建设国家创新高地——在2023年全省科技工作会议上的报告》,河南省科学技术厅网站,2023年1月16日,https://kjt.henan.gov.cn/2023/01 - 16/2674594.html? eqid = 963b729d00010c5900000003649657c7。

② 《河南:上半年"科技贷"为科技型中小企业等贷款31.37亿元》,腾讯网,2023年7月19日,https://new.qq.com/rain/a/20230719A06J0G00。

二　新征程上河南省建设国家创新高地面临的新形势新机遇

（一）面临的新形势

1. 放眼全球：创新已成为大国博弈的主要战场

从世界发展大势来看，全球正在经历百年未有之大变局，其中科技成为各国战略博弈的主战场。能不能及时确立战略布局、有力推动科技创新、不断提高社会生产力和劳动生产率，成为影响国家前途命运的重要因素。在此趋势下，科技创新将重塑各国经济竞争力和全球竞争格局，全球创新版图逐步向多中心发展，科技创新在全球治理中的重要性不断提升。面对日趋激烈的全球科技竞争格局，我国在科技创新方面做出重大战略布局调整。在创新战略层面，从过去以技术追赶为主向构建局部优势转变；在创新路径层面，从过去的终端产品创新优势向实现中间品创新优势转变；在创新政策层面，从过去更加注重集成创新向突出原始创新转变，进而在日趋复杂的大国竞争中抢占先机，赢得战略主动权和发展空间。在此背景下，河南举全省之力建设国家创新高地，既是顺应创新驱动发展新趋势，塑造未来发展新优势的主动作为，更是聚焦大国科技博弈，在科技强国建设中贡献河南力量的具体实践。

2. 站位全国：创新已成为引领发展的第一动力

党的十九届五中全会强调，坚持创新在我国现代化建设全局中的核心地位。各省积极响应中央号召，纷纷加大科技创新力度，争相打造区域创新发展新引擎，抢占科技创新制高点。如北京提出建成国际科技创新中心；上海提出推动国际科技创新中心核心功能取得重大突破性进展，努力成为科学新发现、技术新发明、产业新方向、发展新理念的重要策源地；广东提出携手港澳建成具有全球影响力的国际科技创新中心；江苏提出基本建成具有全球影响力的产业科技创新中心；浙江提出基本建成国际一流的"互联网+"科创高地；安徽提出区域创新能力保持全国第一方阵并争先进位，进入创新型省份前列；湖北提出2025年创新驱动发展走在全国前列，2035年跻身全国创新型省份前列；四川提出 2025 年建成国家创新驱动发展先行省，2035 年科技实力跻身全国前列，科技强省基本建成；等等。成都、重庆、武汉、西安着力打造区域性科技创新中心，构建辐射周边的区域创新高地。面对激烈的竞争态势，不进则退、慢进亦退、不创新必退，更加需要把科技创新摆在现代化建设全局的核心地位、把创新驱动作为高质量发展的逻辑起点和战略支撑，保持战略清醒和战略定力，以敢为人先的锐气和胆识、勇于担当的历史使命感、矢志不移的创新自信、打破常规的创新举措，用非常之功、下非常之力，在拉高标杆中争先进位、在加压奋进中开创新局，努力实现直道冲刺、弯道超车、换道领跑，以崭新的姿态加快国家创新高地建设。

3. 立足河南：创新已成为"两个确保"的战略支撑

经验表明，唯有创新，才能重塑区域竞争优势；唯有创新，才能寻求新的经济增长点；唯有创新，才能激发转型升级活力；唯有创新，才能破除机制体制障碍。因此，在新征程上，必须把创新摆在发展的逻辑起点、现代化建设的核心位置，全力建设国家创新高地，依靠不断深入的创新逐一破解发展中的难题，推动河南省在高质量发展道路上行稳致远。另外，创新是引领河南省"抓机遇、开新局、更出彩"的根本动力。进入新时代、开启新征程，河南省要想在抓住构建新发展格局的战略机遇、推动中部地区高质量发展的政策机遇、黄河流域生态保护和高质量发展的历史机遇过程中，实现"两个确保"确定的宏伟目标，就必须以创新作为引领发展的第一动力，实施创新驱动、科教兴省、人才强省战略，着力建设国家创新高地。河南省在高质量建设现代化和高水平实现现代化进程中，谱写中原更加出彩的绚丽篇章。

（二）面临的新机遇

1. 全球新一轮科技革命和产业变革加速演进

新一轮科技革命和产业变革正在以前所未有的深度和广度重构经济结构和产业版图，催生新的产业形态，建构新的产业模式，重塑新的产业逻辑。在此背景下，河南省深入实施创新驱动、科教兴省、人才强省战略，与全球新一轮科技革命和产业变革同频共振，将为建设国家创新高地带来前所未有的重大机遇。一方面，新一轮科技革命和产业变革正在推动全球技术网络重建、价值链重构以及产业格局重塑，以新一代信息技术为引领，生物技术、新能源技术、新材料技术等多领域技术相互渗透、交叉融合，重大颠覆性创新不时出现，信息通信、智能终端及服务、高端装备、生物科技等领域不同程度地出现"技术变轨"和"市场变轨"机会窗口，这为河南省利用新技术"变轨"推动国家创新高地建设提供了重要机遇。另一方面，本轮科技革命和产业变革与以往不同，技术不仅与产业结合得更加紧密，科技成果转化得更加迅速，并且已开始广泛渗透经济、社会、文化等方方面面。人类活动的每一个环节都有科学技术的深度参与，必然加速新模式、新产业、新经济的发展，将为河南省建设国家创新高地提供更为广阔的空间。

2. 我国把创新摆在国家发展全局的核心位置

自党的十八大以来，以习近平同志为核心的党中央先后提出"创新是第一动力""全面实施创新驱动发展战略""建设世界科技强国""教育、科技、人才是全面建设社会主义现代化国家的基础性、战略性支撑"等，这些谋划部署是一脉相承、与时俱进的。特别是党的十九届五中全会强调"把科技自立自强作为国家发展的战略支撑"，提出"十四五"时期，我国将以建设科技强国为引领，立足自身完善国家创新体系，力求在基础性研究和关键核心技术攻关上取得重大突破，把发展主动权牢牢掌握在自己手里，更加凸显了创新在国家发展全局中的核心位置和引领作用。我国把创新摆在国家发展全局的核心位置，为河南省深入实施创新驱动、科教兴省、人才强省战略提供了重要动力，必将促使河南省牢牢把握世界科技创新发展趋势，大力推动科技创新，加快关键核心技术攻关，打造未来发展新优势，为全力建设国家创新高地创造更有力条件和更可靠支撑。

3. 河南省面临战略机遇、政策机遇、历史机遇叠加

当前，随着河南省进入"由大到强"的新阶段，构建新发展格局、促进中部地区崛起、黄河流域生态保护和高质量发展三大国家战略交汇叠加，科技创新到了由积势蓄势到实现跃升的关键阶段，比以往任何时候都更加需要创新、依赖创新。在此背景下，河南省建设国家创新高地进入多重机遇叠

加期。首先，构建新发展格局为建设国家创新高地提供了巨大的战略机遇。河南省地理区位优势显著，在国家发展大局中腹地作用凸显，随着诸多政策高位推进，河南省依托区位优势集聚创新资源要素，在国家创新体系中承东启西连南接北的创新枢纽地位将进一步提升。其次，新时代推动中部地区高质量发展为建设国家创新高地提供了难得的政策机遇。河南作为中部地区经济总量第一大省，是中部地区崛起的重要战略腹地。随着中部地区崛起战略的深入实施，河南省作为中部地区崛起中科技战略力量关键支点的作用将进一步凸显，将为推动产业高端价值链构建、加快要素资源集聚、促进经济高质量发展、提高区域科技创新能力、释放经济与科技总量潜能提供重要的发展机遇。最后，黄河流域生态保护和高质量发展为建设国家创新高地提供了重大的历史机遇。河南省在黄河流域生态保护和高质量发展全局中占据核心地位，建设国家创新高地，既是以科技赋能国家重大发展战略落地实施的具体实践，也是以创新驱动黄河流域产业转型、推动黄河流域生态保护的现实需求，有助于联动集聚创新资源，打造黄河流域创新发展增长极，进一步推动河南省在全国发展大局中争先进位。未来一段时间，要把三大国家战略交汇叠加与河南省建设国家创新高地的新坐标、新方位有机结合起来，在战略上布局、在精准处落子，进一步塑造创新驱动新优势，蓄积前行新动能。

4. 河南省持续积势蓄势谋势推动创新发展

自改革开放以来，河南省始终将科技作为第一生产力，在把握河南省发展阶段性特征的基础上，先后做出了"科教兴豫""实施自主创新跨越发展战略，建设创新型河南"等战略安排，全省上下以创新为引领，一张蓝图绘到底，一茬接着一茬干，经济发展逐渐突破要素驱动的路径依赖，向依靠科技创新的创新型经济转变，创新已成为引领河南省发展位势不断提升的第一动力。进入新时代，面对时代发展大势和国内国际形势的新变化，河南省委、省政府贯彻落实党中央的一系列重要部署和要求，立足河南省高质量发展对科技创新的客观需要，将创新提升至关系到河南省在全国发展大局中的地位、河南省高质量发展的成色、中原更加出彩的底气、锚定"两个确保"成效的空前高度，在对河南省创新发展思路和实践进行系统梳理继承的基础上，在把握新阶段性特征的前提下，对未来创新发展战略进行系统性谋划和提升，做出了实施创新驱动、科教兴省、人才强省战略，打造国家创新高地的战略部署，以前瞻30年的眼光、打破常规的创新举措，从建设一流创新平台、凝练一流创新课题、培育一流创新主体、集聚一流创新团队、创设一流创新制度、厚植一流创新文化、加快科技成果转移转化、高水平建设创新载体、全面支撑引领现代化河南建设九个方面，提出了实现路径。可以说，目标清晰、方向明确、举措有力，必将凝聚起重视科技、加快创新的发展共识，推动国家创新高地建设驶入快车道。

三 新征程上河南省建设国家创新高地的总体思路

科技是国家强盛之基，创新是民族进步之魂。中共河南省第十一次党代会提出河南省要"着力建设国家创新高地"，彰显了其对创新的强烈需求。踏上新征程，必须加快国家创新高地建设步伐，让创新成为河南省高质量发展的最鲜明标志、最亮丽名片。

（一）总体部署

坚持以习近平新时代中国特色社会主义思想为指导，深入贯彻党的十八大、十九大、二十大精神，全面落实习近平总书记关于科技创新的重要论述和视察河南重要讲话重要指示，将创新摆在发展的逻辑起点、现代化建设的核心位置，按照"四个面向"的要求，坚持问题导向、系统思维、深化改革，完善创新体系，做强创新平台，壮大创新主体，集聚创新人才，健全创新制度，优化创新环境，推动创新链、产业链、供应链、要素链、制度链共生耦合，增强科技硬实力、经济创新力，加快国家创新高地建设步伐，为实现"两个确保"、谱写新时代中原更加出彩的绚丽篇章贡献科技力量。

（二）主要方向

1. 聚焦使命导向，引领发展

把科技创新摆在发展的逻辑起点、摆在现代化建设全局的核心地位，以前瞻30年的战略眼光、战略思维、战略举措，全面对标全国一流和世界一流水平，围绕创新发展的基础前沿领域、关键共性技术，加强战略性、基础性领域的创新资源布局，前瞻性布局引领未来发展的重点领域，加快实现从0到1的突破，抢占科技创新制高点。

2. **聚焦关键环节，彰显特色**

坚持"四个面向"，突出问题导向、目标导向和结果导向，围绕现代产业体系建设、新型城镇化、乡村振兴、文化繁荣兴盛、人民健康、生态文明、数字化转型等重点领域的科技创新需求，增强基础研究和应用研究能力，全面提升科技创新的供给水平和支撑能力，不断为现代化河南建设塑造新优势、新动能。

3. **聚焦人才为先，改革赋能**

坚持人才是科技创新的第一资源，贯彻尊重劳动、尊重知识、尊重人才、尊重创造的方针，以充分激发人才创新创造活力为出发点和着力点，全面推进科研评价改革和科技管理改革，健全科技统筹协调机制，优化科技资源配置，促进产学研深度融合，培养造就一批具有国际水平的战略科技人才和创新创业团队，打造一流创新生态。

4. **聚焦开放融合，协同创新**

以全球视野谋划和推动科技创新，以开放式创新加快集聚创新资源，促进创新要素有序流动、综合集成，加强与北京、上海、粤港澳大湾区三大国际科技创新中心的战略合作，支持跨学科、跨领域、跨地域的协同攻关，加快促进产学研一体化创新、军民科技协同创新，统筹用好国内外创新资源，打造开放合作、协同创新的新优势。

（三）空间布局

系统推进国家创新高地区域创新布局，构建形成"三足鼎立、四区联动、多点支撑、全域协同"的创新发展格局。

1. **三足鼎立：中原科技城、中原医学科技城、中原农谷**

中原科技城：立足建设综合性国家科学中心的目标，按照建设国家创新高地、在高地中起高峰的要求，全面贯彻省委"重建重振省科学院与中原科技城、国家技术转移郑州中心'三合一'融合发展"的战略决策，把省科学院摆在核心和统领位置，发挥省科学院的资源优势、人才优势与中原科技城的政策优势、服务优势，大力推动科创项目集聚、平台共建、人才引进、主体培育，加快打造推进环省科学院创新生态圈，推动产业链、供应链、创新链、要素链、制度链"五链耦合"，形成"共建共享、优势互补、互利共赢"的创新生态体系，打造全国区域创新策源地、科研体制机制改革先行区、要素市场改革先导区，成为建设国家创新高地的"高峰"和"引擎"。

中原医学科技城：立足全球视野，坚持世界标准、国际一流，以河南省医学科学院为"龙头"，中原医学科学城作"载体"，瞄准生物医药大健康产业，按照"一院一城一产业集群"协同发展目标，创新招商引资模式，加快推进重大项目建设，统筹医研医教医疗医械医药"五医"联动，打通"科研—临床—产业"通道，打造以中原医学科学城为核心的千亿级生物医药产业集群，形成有影响力的医学科学创新高地。

中原农谷：瞄准世界前沿，立足国家种业、粮食安全重大需求，聚焦建设国家级、国际化农业创新高地，坚持以服务大局为根本、以种业振兴为核心、以提质增效为目标、以改革开放为动力，围绕产业链部署创新链、围绕创新链布局产业链，加快构建一流创新生态，大力发展生物育种、现代种养、农副产品加工、生物技术产品、农机装备制造、现代农业服务等产业，全力打造国家种业科技创新中心、现代粮食产业科技创新中心、农业科技成果转移转化中心、农业对外合作交流中心、农业高新技术产业示范区、智慧（数字）农业示范区，成为世界一流的农业科技基础设施集群、科研试验示范基地集群和全球粮食科技创新高地。

2. 四区联动：豫西转型创新发展示范区、豫南高效生态经济示范区、豫东承接产业转移示范区、豫北跨区域协同发展示范区

立足河南区域协调发展布局，积极融入国家区域发展战略，以促进区域开放创新为导向，坚持错位发展、联动布局，在东南西北四个方向构建开放创新桥头堡，打造全省开放创新示范区。推动洛阳与三门峡、济源协同发

展，以技术创新赋能传统产业提质增效为重点，融入郑（州）洛（阳）西（安）高质量发展合作带，打造豫西转型创新发展示范区；推动南阳与信阳、驻马店协作互动，以创新支撑绿色低碳发展为导向，加强与长江经济带创新协作，建设豫南高效生态经济示范区；推动商丘、周口对接长三角一体化创新发展，以科技创新支撑产业转移为重点，建设豫东承接产业转移示范区；推动安阳、鹤壁、濮阳融入京津冀协同发展，以科技创新支撑产业对接协作为重点，建设豫北跨区域协同发展示范区。

3. 多点支撑：国家级高新区、省级高新区、各类开发区及产业园区

以郑洛新国家自主创新示范区为引领，省级以上高新区为主体，推动各类开发区、产业园区走创新驱动发展道路，加强创新协作，实现创新资源优化配置，促进高新技术与高端产业、科创基地与产业园区有机结合、协同创新，构建由国家级高新区、省级高新区等组成的梯次发展体系，打造若干省域科技创新中心，形成全省创新载体支撑极，探索建立具有河南范式的创新布局和技术创新路径，提升河南区域科技创新能级。

4. 全域协同：全省

以优化区域协同创新生态为导向，建立健全区域创新统筹机制、合作机制和共享机制，优化科技资源配置，促进科创平台分支布局、创新型产业梯度转移、科创服务跨域共享，加速各类创新要素融合，借力提升创新起点，巩固协同创新优势，补齐创新发展短板，提升全省创新发展能级。

四　新征程上河南省建设国家创新高地的对策建议

（一）着力推进创新战略协同

1. 强化郑洛新国家自主创新示范区创新引领作用

一是优化功能布局。在"三市三区多园"主体架构的基础上，根据河南省科技创新重大战略需求，坚持核心区引领，适时扩大核心区规划范围，强化核心区的战略先导地位，推动示范区空间布局和功能布局持续优化。二

是强化要素集聚。依托郑洛新国家自主创新示范区，着力推动人才、技术、平台等高端创新资源集聚，促进产业成群成链发展，确保产业创新水平不断提升，为全省高质量发展赋予新动能。三是推广先行政策。系统梳理自创区先行先试政策，形成可推广可复制政策清单，采取稳步推进的策略，逐步向全省范围内推广复制，为河南省建设国家创新高地助力赋能。

2. 加快科技体制改革和机制创新

一是深入推进科技领域"放管服效"改革。全面贯彻落实《党和国家机构改革方案》，对省科技管理部门机构设置、机制运转、职能发挥进行重塑性改革；高标准打造区域示范样板，培育创建一批"科创中国"试点市（园区）。二是推进科技计划管理体制改革。完善科技计划体系，强化顶层设计和系统布局，形成较为完整的涵盖基础研究、技术攻关、成果转化和产业化的省级科技计划体系，打造创新链、产业链深度耦合的科研范式；聚焦关键，联动试点，加大对"卡脖子"技术攻坚、原创性技术突破、迭代性技术更替、颠覆性技术创新等重大科技专项的支持力度。三是优化科技项目管理流程。简化科技项目管理流程，提升项目管理质量与水平；推行"揭榜挂帅""赛马制""PI制"等项目组织机制，健全项目全周期管理机制，探索实施科技项目专员制度；改进科研经费管理、拨付与支持方式，重视财政绩效评估，强化绩效评价结果运用。

（二）着力强化创新要素支撑

1. 持续加大创新投入

一是加大财政科技投入。充分发挥财政资金的引导作用，遵循科技创新规律，加强各研发阶段的统筹衔接，完善稳定支持和竞争性支持相协调的机制，同时加强资金监管与绩效评价，建立健全相应的评估和监督管理机制，提高经费使用效能。二是激励企业加大科研投入。进一步发挥研发投入加计扣除、创新产品政府采购等普惠性政策的激励效应，带动企业加大研发投入；进一步发挥科技研发联合基金、科技成果转化引导基金、科技型中小企业创业投资引导基金等在带动企业加大研发投入方面的作用。三是鼓励社会科技投入。创新科技金融产品和服务，鼓励社会团体或个人在高校院所设立创新活动基金；依托省科技金融服务平台，提供全方位、专业化、定制化融资解决方案和"一站式"投融资服务，拓宽高新技术企业、科技型中小企业的融资渠道。

2. 持续壮大创新主体

一是梯次培育创新型企业。建立完善"微成长、小升规、高变强"创新型企业梯次培育机制，打造形成科技型中小企业"铺天盖地"与独角兽企业、领军企业、头部企业"顶天立地"协同发展局面。二是实施创新型企业树标引领行动。聚焦战略性新兴产业，遴选培育一批创新龙头企业、"专精特新"企业、"瞪羚"企业、"独角兽"企业和"单项冠军"企业，更好发挥创新型企业规模效应、集群效应，提升产业链完整度及行业竞争力。三是实施高新技术企业倍增计划。重点依托郑洛新国家自主创新示范区、省级以上高新区等建设一批高新技术企业培育基地，高质量培育高新技术企业。四是实施科技型中小企业"春笋"计划。建立"应评尽评、应入尽入"的国家科技型中小企业入库机制，完善创新创业孵化载体建设布局，提升孵化载体服务功能和孵化效率，培育更多科技型中小企业在科创板、创业板、北交所等上市融资。五是实施"万人助万企"科技行动。常态化制度化为企业提供政策咨询服务，推动更多人才、资金等创新要素向企业集聚，培育形成更多一流创新主体。

3. 组建创新联合体和打造创新型产业集群

一是组建"体系化、任务型、开放式"的创新联合体。优化产业创新联盟运行机制，重点以解决制约产业发展的关键核心技术问题为目标，以共同利益为纽带，以市场机制为保障，引导和支持创新龙头企业牵头、高校和科研院所支撑、各创新主体相互协同，形成联合攻关、利益共享、知识产权运营的有效模式，合力提升产业创新能力和核心竞争力。二是发挥好创新联合体功能作用。不断强化科技领军企业、龙头企业在打造创新型产业集群过程中的核心作用，带动产业链上中下游企业共建创新共同体，合力开展关键核心技术和产业共性技术攻关，促进产业链上中下游企业联动发展、抱团发展。三是建立企业科技创新评价指标体系。支持企业加快生产组织创新、技术创新和市场创新，引导、帮助规模以上工业企业开展研发活动，推进规模以上工业企业研发活动全覆盖，实现有研发机构、有研发人员、有研发经费、有产学研合作。

（三）着力加快创新平台建设

1. 加快建设国家级重大创新平台

一是争取国家大平台、大科学装置在河南布局。加快推进超短超强激光平台、量子信息技术基础支撑平台、交变高速加载足尺试验系统、智能医疗共享服务平台、优势农业种质资源库、国家园艺种质资源库、智慧灌溉技术创新平台等科技基础设施建设，力争国家大科学装置在河南省布局实现零的突破。二是积极争创国家级创新平台。在省内优势学科领域争创学科国家重点实验室，在小麦、隧道掘进装备、关键金属等领域择优争创国家技术创新中心，在眼耳鼻疾病、传染性疾病、骨科与运动康复等优势领域积极创建国家临床医学研究中心。三是积极融入国家实验室建设布局。整合各类创新资源，重点在拟态防御、量子与可见光通信、信息安全、盾构及掘进技术、深海航行器智能制造、航空航天先进材料与技术装备、生物育种、深部地下空间开发利用等河南省的八大优势领域积极参与承担国家实验室建设任务，主动融入国家创新布局。

2. 加快完善特色优势领域平台

一是加速布局多元化的省级创新平台。持续推进大中型工业企业省级研发机构全覆盖，在高端装备制造、新一代信息技术、生物医药、新能源、新材料、节能环保等重点产业集群加快布局重点（工程）实验室、工程（技术）研究中心、企业技术中心、院士工作站、制造业创新中心等省级创新平台。二是着力推进河南省技术创新中心建设。聚焦河南主导产业技术创新优势，有效整合相关创新资源，依托省内创新龙头企业，在5个主导产业和12个重点产业及战略性新兴产业，布局建设一批省级技术创新中心，突破一批制约产业发展的关键技术瓶颈，提升重点产业创新能力与核心竞争力。

三是立足特色优势打造省级实验室体系。在现有的 14 家省实验室基础上，继续探索完善省级实验室体制机制和建设模式，推动省实验室高效运行，为建设国家创新高地做出积极贡献。

3. 加快拓展技术转移转化平台

一是推动国家技术转移郑州中心高质量发展。坚持政府引导与市场机制并重，推进技术供需对接，为技术转移提供全链条、专业化、集成化公益服务，实现技术成果高效转移转化，助力河南打造国家创新高地。二是探索建设技术转移分中心。以国家技术转移郑州中心为核心，选择有条件的省辖市、省直管县作为区域技术转移重要节点，建设国家技术转移郑州中心的分中心，形成以国家技术转移郑州中心为主体的"1+N"型的技术转移服务网络，促进技术、人才、资金、服务"四类"要素的流动和融合。

4. 加快壮大市场化新型研发机构

一是建立新型研发机构培育机制。重点在主导产业突出、创新环境良好的高新区和产业集聚区，围绕高端装备、信息网络、新能源、新材料、节能环保、现代种业等特色优势领域，按照政府扶持、市场运作的原则，探索建立新型研发机构，加强各类科技创新成果的产业化转化能力。二是健全新型研发机构激励机制。落实国家及河南省新型研发机构激励政策，鼓励新型研发机构将科技成果优先在豫转移转化和产业化，并赋予其与国有科研机构在孵化载体服务、技术转移转化服务领域同等的待遇。三是加强新型研发机构要素支撑。优先保障新型研发机构建设发展用地需求，新型研发机构从省外引进的高层次人才符合相关扶持激励政策的，根据"从高、从优、不重复"的原则，享受住房安居、医疗保健、培训提升和子女入学等方面的优惠待遇；对其引进的外籍高层次人才在办理签证、居留、工作许可等方面开辟绿色通道，实行"容缺受理"。

（四）着力深化开放创新联动

1. 积极融入全球创新网络

一是优化开放创新生态。要以全球视野谋划和推动开放式创新，加快创新要素资源集聚河南省；高质量推进"双自联动"［中国（河南）自由贸易试验区和郑洛新国家自主创新示范区］，推动科技创新领域充分利用国内国际"两个市场、两种资源"。二是加强创新人才的开放合作。建议实施河南省高端引育计划，实行"全职+柔性"引才引智，扩宽海内外引才育才渠道，建立全球引才目录和引人体系，开展靶向引才、精准引才；建议实施海外名校英才入豫计划，开辟高端外国人才申请来豫工作许可绿色通道；同时，建议以高等院校、科研院所、创新平台、骨干企业等为主力，持续实施高层次人才国家化培养项目、国际人才合作项目，利用全球范围内的创新资源，联合培养一批学科领军人才、产业领军人才、青年创新人才。三是加强创新平台的开放合作。主动融入国家"一带一路"科技创新行动，积极开展"数字丝绸之路""创新丝绸之路"务实合作；支持省内有条件的企业与"一带一路"共建国家和地区深化合作，共建国际联合研究中心、联合实验室、科技园区、产业示范基地等创新平台。

2. 加强区域创新开放合作

一是着力优化区域创新布局。立足河南省的区位优势和交通优势，向北对接北京国际科技中心，向南对接武汉国家科技创新中心，向西对接成渝国家科技创新中心，向东对接上海国际科技创新中心，建立紧密创新合作关系，打造国家区域科技创新中心。二是吸引国内创新主体向豫集聚。立足推动传统产业高位嫁接，支撑优势产业未来化，引领未来技术产业化，加快建设省内重点产业领域和技术领域的创新平台，鼓励省重点实验室、省工程技术中心等创新平台与省外高等院校、科研院所、研发机构等以多种形式共建合作基地，提升创新要素集聚能力。三是鼓励省内创新主体主动"走出去"。大力推广"飞地"模式，让有实力的企业与海外资源通过并购、合作、共建等方式建立"科创飞地"，密切跟进国际科技发展趋势。

3. 加快推进创新链式融合

一是强化企业主导的产学研用协同创新。要充分突出企业科技创新的主体地位，让企业来主导建设一批产业技术创新战略联盟，聚焦企业发展方面的技术问题，让创新联盟选准技术突破方向、开展技术攻关，以此推动创新链与产业链深度融合。二是构建科技服务业联盟。要大力发展科技服务业，通过完善协作共享的科技服务体系，提高科技资源的集聚效率、转化效率，进而促进政策链、创新链与产业链融合发展。三是深化科技金融产品和服务创新。要进一步重视科技金融工作，在现在的基础上进一步扩大"科技贷"规模，同时，建议进一步整合科技成果转化引导基金、重点产业知识产权运营基金，聚焦新型研发机构、科技企业成长、科技成果转化等，让资金链与创新链进一步融合。

（五）着力推进创新生态优化

1. 优化创新创业环境

一是坚决落实中央文件精神。落实好国家《关于进一步加强科研诚信建设的若干意见》等文件精神及要求，以优化科技创新创业环境为目标，坚持预防与惩治并举，坚持自律与监督并重，坚持无禁区、全覆盖、零容忍，着力打造共建共享共治的科研诚信建设新格局。二是完善科研诚信工作机制和责任体系。履行好从事科研活动及参与科技管理服务的各类机构的科研诚信建设主体责任，发挥好学会、协会、研究会等社会团体的自律自净功能，强化科研人员学术道德、职业道德建设；探索建立科研人员自主合理使用经费承诺制度，保障科研人员学术自由和合法权益。三是创新监督检查机制。实行审慎包容监管，充分考虑科学研究具有的灵感瞬间性、方式多样性、路径不确定性特点，落实"三个区分开来"要求，建立鼓励创新、宽容失败的容错试错纠错机制，切实鼓励大胆探索者，宽容改革失误者，鞭策改革滞后者，形成敢为人先、勇于探索的科研氛围。

2. 强化创新创业载体支撑

一是以新模式引领发展。依托孵化器知名度、影响力和社会资源，针对初创企业急需解决的融资、管理问题，以资本为核心和纽带，通过媒体、创业活动等聚合方式，集聚天使投资人、投资机构，提供场地、科研设施等硬件服务和融资贷款、项目咨询等软件服务。二是加快发展新型孵化模式。建立"孵化+创投"等新服务模式，通过融资支持、人才服务、资源对接、市场推广等全链条服务，为创业期企业提供增值服务，让市场机制在企业孵化过程中发挥作用，实现创新资源的聚集、聚合、聚变。三是打造全过程创业孵化链条。通过政府增信引导社会风险资本、创业投资基金、保险机构等支持初创企业加速发展，大力探索投贷联动、投资孵化、风险补偿等多种金融支持措施；通过设置中央引导地方科技发展资金孵化载体专项、选派科技特派员等措施引导孵化载体围绕区域发展战略加强专业化建设，营造良好创新创业氛围；探索建立"众创空间—孵化器—加速器"链条孵化体系，将服务向前端和后端扩展，激发企业科技创新活力。

3. 营造创新创业氛围

一是确立人人成才、人人出彩的价值导向。讲好创新创业故事，培育推广创客文化，激发微观主体积极性、创造力，在全社会营造褒奖创业、敢为人先、勇于竞争的浓厚创新创业氛围。二是创新科技传播方式。要加强科技新闻传播，增强舆论引导能力，打造科技舆论引导的主阵地，营造崇尚创新、鼓励探索、宽容失败的社会氛围。三是加大创新创业扶持力度。分类制定和出台印发关于促进不同类型主体创新创业就业的实施办法和政策措施，支持多元化主体创新创业。譬如，把创新型中小微企业作为发明、技术创新、科技成果转化和新商业模式创新的主体来源，鼓励科技人员领办或参与创办科技型中小微企业，支持创新型中小微企业成长为河南省创新重要发源地；支持高等院校、职业学校深化产教融合、校企合作，共建共享一批实训基地，更好引导科研人员和大学生创新创业等。

（六）着力加强创新人才引育

1. 完善人才政策

立足河南省实际，以促进河南省经济社会发展为出发点和落脚点制定适应河南省科技人才发展的相关政策，为科技人才的发展和成长提供保障与服务。不断完善科技人才创新创业的体制机制，尤其要完善高端装备制造、现代金融、互联网等重点领域、关键领域的创新人才发展政策，继续释放人才制度红利，引导更多人从事科技创新工作，并着力提高人才待遇，加大政策激励力度，调动人才创新创造的积极性和能动性，提高人才政策的竞争力。加强对前沿、新兴领域科技人才的引进和培养，持续推进政策创新。积极探索创新人才引进、培养、评价、激励、流动、保障等方面政策，加大科技创新成果转化、股权期权激励等的政策创新力度。

2. 优化人才环境

一是要切实发挥河南省集聚高层次人才的政策优势。强化人才服务保障，增强河南省对创新人才的吸引力。二是要努力弥补河南省创新创业环境的不足之处，补齐河南省创新工作中的短板。三是要加强对企业等用人主体的监管。规范用人，在全省营造重视人才、尊重知识和人才的氛围，尤其要督促企业遵守相关法律，为创新人才愿意在河南就业提供最基本的福利保障，完善福利保障制度。

3. 引聚人才团队

加强对高层次创新型科技人才、高技能人才队伍的引聚。积极引进国内外高层次科技人才，以一系列重大人才工程为主要抓手，大力推进科技人才队伍建设，打响河南省"百人计划""中原学者"等高端人才引进知名品牌和"技能河南"特色品牌，制定和实施新的人才引进计划，推动人才队伍建设取得新的突破。

4. 加强人才培养

一是坚持需求导向，培养紧缺人才。从需求出发，大力培养河南省科技创新领域的紧缺人才，从而优化科技人才结构，壮大科技人才规模。二是坚持创新导向，培养领军人才。加快制定针对科技创新领军人才的培养计划和方案，努力培育一批科技创新领军人才。三是注重提高创新人才的整体素质，提高科技人才创新创业的能力。尤其要重视学校教育的基础性作用，加强学校教育，提高教育质量，融入先进的教育理念，不断探索培养科技人才的新模式、新方法，推动理论教育与实践锻炼相结合。

参考文献

完世伟主编《打好"四张牌"的河南实践》，社会科学文献出版社，2021。

王承哲主编《创新驱动发展的河南实践》，社会科学文献出版社，2022。

楼阳生：《奋力建设国家创新高地和重要人才中心》，《人民周刊》2022年第6期。

河南日报课题组：《创新发展已成为现代化河南建设的主旋律、最强音——"创新驱动、科教兴省、人才强省"战略实施报告》，《河南日报》2023年9月7日。

尹江勇：《奋力建设国家创新高地》，《河南日报》2022年1月4日。

《河南省人民政府关于印发河南省"十四五"科技创新和一流创新生态建设规划的通知》，河南省人民政府网站，2022年2月23日，http：//m. henan. gov. cn/2022/02-23/2403275. html。

《高举伟大旗帜牢记领袖嘱托为确保高质量建设现代化河南确保高水平实现现代化河南而努力奋斗——在中国共产党河南省第十一次代表大会上的报告》，河南省人民政府网站，2021年11月1日，https：//www. henan. gov. cn/2021/11-01/2338346. html。

综合篇

B.2
河南贯彻习近平关于科技创新的
重要论述研究

袁金星[*]

摘　要： 自党的十八大以来，习近平总书记围绕科技创新问题，提出了一系列重要论断，形成了习近平关于新时代科技创新的重要论述。这背后蕴含着深刻的理论逻辑、历史逻辑、实践逻辑和现实逻辑，要深入理解其中关于科技创新的地位论、道路论等基本内涵，明确河南科技创新的历史方位、阶段方位、水平方位、全国方位、梯队方位。贯彻习近平关于科技创新的重要论述，坚持党的全面领导，全力打造"五个高地"，推动创新成为河南高质量发展的最鲜明标志、最亮丽名片。

关键词： 科技创新　创新驱动发展　河南省

---

* 袁金星，河南省社会科学院创新发展研究所副研究员，主要研究方向为科技经济、区域经济。

一 习近平关于科技创新重要论述的形成逻辑

自党的十八大以来，习近平总书记围绕科技创新形成一系列重要论述，涉及科技创新的地位、道路、动力、关键等诸多方面，内容丰富、体系完整，蕴含深刻的理论逻辑、历史逻辑、实践逻辑和现实逻辑，是习近平新时代中国特色社会主义思想的重要组成部分，是指导我国科技创新事业取得历史性成就、发生历史性变革的科学理论，也是新征程上推进世界科技强国建设的行动指南。

（一）马克思主义中国化的理论逻辑

从理论维度看，习近平总书记关于科技创新的重要论述有深厚的理论基础。马克思在《资本论》中虽然没有直接使用"科技创新"这一名词，但他用"劳动资料的革命""机器的急剧改良"等来表述"科技创新"，特别是在第一次科技革命背景下，马克思、恩格斯注意到了科学技术对生产力的影响，并认为"科学是一种在历史上起推动作用的、革命的力量"。列宁对科学技术的相关论述主要以第二次科技革命为背景，他曾强调，"要建设共产主义，就必须掌握技术，掌握科学"。在马克思主义经典作家们看来，人们对科学技术的研究内容在理论上得到不断扩展，并已经认识到科学技术有助于更好认识事物发展的客观规律、进一步提升劳动生产率，从而带来更多物质财富；能够促使经济基础和上层建筑变革，改变社会生产关系，进而推动人类社会发展。

上述论述奠定了马克思主义关于科技创新的理论基础，我党也一贯重视科技创新的重要作用。进入新时代，习近平总书记放眼世界发展大势、着眼科技发展前沿、立足中国发展实际，围绕科技创新的方方面面提出了一系列重大理论观点，例如，提出"摆在国家发展全局的核心位置""科技创新是核心，抓住了科技创新就抓住了牵动我国发展全局的'牛鼻子'"等。这些论述的背后蕴藏丰富的理论基础，同时展现出继承性与创新性的统一，可以说是马克思主义科技观在当代中国的进一步丰富和发展。

（二）国家兴衰的历史逻辑

从历史维度看，习近平总书记关于科技创新的重要论述有着严密的历史逻辑。中华民族一直是追求创新、勇于创新的民族，革故鼎新的观念古已有之，历史经典著作中处处可见关于创新的精辟论述，"四大发明"更是见证了中国古代科学技术的繁荣，并推动了人类文明的进步。此外，中医药、天文历法、算术、水利、瓷器、丝绸等领域的创新也为人类做出了重要贡献。近代以来，中国错过了世界科技革命和工业革命的时代潮流，成为积贫积弱的国家，付出了"落后挨打"的惨痛代价，但自强图新的探索从未止步。

新中国成立以后，特别是经过改革开放 40 多年的发展，我国科学技术突飞猛进，从"九章"量子计算原型机到一体化全身正电子发射/磁共振成像装备，从国家新一代人工智能开放创新平台到中国空间站模型……取得了一个又一个"从 0 到 1"的突破，为赢得发展主动权奠定了坚实基础。习近平总书记强调，"科学技术从来没有像今天这样深刻影响着国家前途命运，从来没有像今天这样深刻影响着人民幸福安康"，这彰显了对国家兴衰、民族兴旺的深刻思考。在时代发展的洪流里，我国必须紧握创新发展大旗，拼搏奋斗，才能在突飞猛进的技术革命和产业革命中占有一席之地，才能实现中华民族伟大复兴的中国梦。

（三）我国发展的现实逻辑

从实践维度来看，习近平总书记关于科技创新的重要论述是立足国情、推进新时代中国特色社会主义事业的必然要求。伴随我国经济规模的持续扩大，数量型扩张的经济模式越来越难以支撑如此庞大的经济体量，迫切需要寻找新的突破口、支撑点。一方面，我国面临"中等收入陷阱"的风险挑战，一旦不能突破技术创新的瓶颈，就会使投入产出效率下降，发展就会陷入停滞；另一方面，我国经济进入"三期叠加"的新常态，经济发展呈现"速度变化、结构优化、动力转换"的特点，亟须实现新旧动能转换。

面对上述阶段性特征，加快增长方式从规模速度型粗放增长向质量效益型集约增长转变已迫在眉睫，科技创新成为引领发展的新引擎。时代发展要求把科技创新摆在更加重要的位置。习近平总书记把脉全球科技发展的新趋势、审视新时代中国具体国情和发展实际，多次强调科技创新的重要性，这些关于科技创新的重要论述体现了鲜明的问题导向，紧扣我国社会主要矛盾变化，使创新驱动发展战略成为立足全局面向全球、聚焦关键、带动整体的国家战略，成为新时代中国特色社会主义科技创新的科学指南和根本遵循。

（四）国际环境的倒逼逻辑

从现实逻辑看，习近平总书记关于科技创新的重要论述蕴含对国际局势、大国发展的深度思考和理性分析。全球开始进入产业变革时代，科技竞争日益激烈。一方面，发达国家大力推动科技创新，以期继续保持其领先地位。美国、德国、日本等均制定了相关的科技发展战略，以提升其国际竞争力。另一方面，新兴经济体积极抢占新一轮科技竞争制高点。印度、巴西、俄罗斯等新兴经济体也试图大幅提高创新能力，打破美日欧三足鼎立的局面。

总体来看，以信息化、智慧化、低碳化为主要特征的新一轮科技革命和产业变革正加速推进。传统意义上的基础研究、应用研究、技术开发和产业化的边界日趋模糊，科技创新与金融资本、商业模式融合更加紧密，技术更新和科技成果转化更加便捷，信息技术、生物技术、新材料技术等交叉融合频繁催生新的产业，云计算、大数据、移动互联网等不断扩展新的应用领域，诸多领域的重大技术突破和大规模产业化正在广泛进行。习近平总书记牢牢把握国际科技竞争发展态势，提出"科技立则民族立，科技强则国家强""在引进高新技术上不能抱任何幻想，核心技术尤其是国防科技技术是花钱买不来的"等，这些重要论述为加快建设科技强国、实现高水平科技自立自强提供了重要遵循。

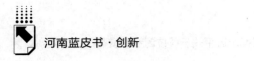

二 习近平关于科技创新重要论述的基本内涵

自党的十八大以来，习近平总书记围绕科技创新发表了一系列重要讲话，提出了一系列重大理论观点，内容丰富、分析透彻，具有很强的理论性、针对性、指导性，是顺应时代发展要求的。

（一）科技创新地位论：科技兴则民族兴，科技强则国家强

正确认识科技创新的地位，是发展、推动科技创新的基本前提。综观国际大势，大国之间的竞争，表面上是综合国力的竞争，本质上是国与国之间科技创新能力之争。习近平总书记站位全球视野，在历史纵深中准确把握科技创新的极端重要性，旗帜鲜明地强调抓创新就是抓发展，谋创新就是谋未来。一是把创新发展摆在"五大发展理念"之首，二是把科技自立自强作为国家发展的战略支撑，三是提出科技是第一生产力、人才是第一资源、创新是第一动力。当今世界正处于重大技术突破的关键期，新一轮信息技术深刻、广泛地影响着人们的生产生活方式以及思维方式，大量的新产业、新技术、新能源成为影响国家和地区经济增长的核心因素。在这样的时代背景下，习近平总书记上述论述，从理论与实践结合的角度进一步阐释了创新尤其是科技创新对当代中国的极端重要性，阐明了新时代新征程上创新发展的极端重要性，回答了新时代"科技创新是什么"的问题。

（二）科技创新道路论：坚定不移走自主创新道路

道路问题是最根本的问题。推动中国科技创新发展，必须走一条符合中国国情的科技创新之路。在这一问题上，习近平总书记给予了明确回答，即"中国科技创新必须坚定不移走自主创新道路"。与此同时，习近平总书记也强调，中国走自主创新道路的优势：一是制度优势，他多次强调"加快构建关键核心技术新型举国体制""发挥新型举国体制的优势"等。二是自力更生，自力更生是我们党发展壮大的重要优良传统之

一，从本质上讲，科技创新的要求就是自力更生。习近平总书记关于科技创新道路论的相关论述，应该说从理论、学理上进一步明确阐释了我国科技创新发展的有利条件、基础条件和发展优势，对谋划区域创新的顶层设计、主要任务、实现途径等具有重要指导意义，回答了新时代"科技创新怎么干"的问题。

（三）科技创新体制论：改革科技体制激发创新活力

体制机制决定科技创新的动力活力。长期以来，习近平总书记高度重视科技体制改革工作，指出："如果把科技创新比作我国发展的新引擎，那么改革就是点燃这个新引擎必不可少的点火系。"习近平总书记围绕科研经费管理、科研项目管理、科技资源优化配置、科技成果转化、科技评价制度等提出了一系列重要制度安排和改革举措。可以说，正是在习近平总书记关于科技体制改革重要论述的指导下，我国积极向科技体制改革要活力、要动力，科技体制改革呈现全面发力、多点突破、持续向纵深推进的良好局面。从推动创新驱动发展战略的顶层设计，到搭建科技体制改革的"四梁八柱"，在很多重点领域和关键环节都取得了实质性进展，科技创新基础性制度框架基本确立。习近平总书记围绕科技体制改革形成的重要论述，有针对性地回答了科技创新"动力是什么"的根本性问题，将指引我国科技体制改革持续深化，进一步释放创新引擎的新动能。

（四）科技创新战略论：实施创新驱动发展战略

战略决定方向，方向决定道路，道路决定命运。习近平总书记指出："实施创新驱动发展战略，是加快转变经济发展方式、提高我国综合国力和国际竞争力的必然要求和战略举措。"习近平总书记在党的十八大报告中明确提出"实施创新驱动发展战略"；在2014年8月中央财经领导小组第七次会议上详细阐述了实施创新驱动发展战略的基本要求，并做出了重要战略部署；在党的十九大报告中提出"创新是引领发展的第一动力"；党的二十大报告再次强调"加快实施创新驱动发展战略"，以习近平同志为核心的党中央不断深化对创新发展规律的探索。特别是关于创新驱动发展的重要论述，富有深刻的思想性、战略性、系统性，又具有鲜明的时代性、指导性、实践性，科学回答了"什么样的创新驱动发展""以创新驱动什么样的发展""怎样以创新驱动发展"等问题，为新时代科技创新工作指明了前进方向、提供了根本遵循，使我国科技事业发生了历史性、整体性、格局性重大变化，为经济社会平稳健康发展提供了重要战略支撑。

（五）科技创新目标论：建设世界科技强国

2018 年 5 月 28 日，习近平总书记出席中国科学院第十九次院士大会、中国工程院第十四次院士大会并发表题为"为建设世界科技强国而奋斗"重要讲话，强调"我们比历史上任何时期都更需要建设世界科技强国"。2022 年 5 月，《求是》杂志刊发习近平总书记重要文章《加快建设科技强国，实现高水平科技自立自强》，明确了加强原创性引领性科技攻关、强化国家战略科技力量、建设全球人才高地等 5 个方面的重点任务；同时，党的二十大报告再次强调"加快建设教育强国、科技强国、人才强国"。习近平总书记关于"建设世界科技强国"的重要论述，是在实践—认识—再实践—再认识的基础上，立足科技创新发展实际做出的目标选择，体现了中国共产党的道路自信和使命担当，是实现"两个一百年"奋斗目标的关键一环，同时为我国整体科技水平从跟跑向并行、领跑的战略性转变注入强大动力。

三 新征程河南贯彻习近平关于科技创新重要论述所处的新方位

当前，河南同全国一道，踏上了现代化建设新征程，新征程上贯彻习近平总书记关于科技创新的重要论述必须清醒地认识和把握全省科技创新所处的坐标方位，蓄势聚力建设国家创新高地，奋力谱写新时代中原更加出彩的绚丽篇章。

（一）历史方位：从跟跑转向并跑

河南深入实施创新驱动发展战略，奋力打造国家创新高地。经过多年努力，区域创新体系日益完善，创新主体量质齐升，新技术、新产品、新业态、新模式不断涌现，科技创新在全省发展大局中的支撑作用不断强化。全省科技进步对经济增长贡献率由 1978 年的不足 20%，到现阶段与全国同步超过 60%。短短 70 多年的时间里，河南科技创新实现了历史性、整体性的重大变革，正由过去的跟跑转向并跑，全省农业科技进步贡献率达 64.1%，稳居全国第一方阵，① 甚至在高端装备制造业的一些领域实现领跑。

（二）阶段方位：从模仿式创新转向自主创新

河南早期受思维观念、科技资源和发展基础限制，只能沿着"引进、模仿、模仿式创新、自主创新"的路径蓄势发展，时至今日，全省自主创新的整体实力和能力都跃上了新台阶，从研发投入变化情况可见一斑。研发投入是衡量一个地区科技创新能力的重要指标。2021 年，全省财政科技支出为 351.2 亿元，是 2012 年的 5 倍。2012~2021 年研发经费投入年均增速为 14%，2021 年研发经费投入突破 1000 亿元，2022 年达到 1143.26 亿元；研发经费投入强度由 2012 年的 1.05% 上升至 2022 年的 1.86%，与全国平均水平间的差距呈加速缩小态势。② 不断加大研发投入，是河南科技进步和综合竞争力提升的重要体现。随着全球首例在开放道路上无人驾驶的大客车，中国第一台无人驾驶的拖拉机，驰骋海内外工程施工现场、软硬通吃的全系列盾构机等成功研发，科技创新正在河南产业结构转型升级、增强经济新动能方面发挥关键作用。从"河南制造"到"河南创造"，河南科技发展已从模仿创新阶段迈入自主创新阶段。

---

① 《这十年，河南交出"三农"亮眼成绩单》，"河南日报客户端"百家号，2022 年 10 月 12 日，https：//baijiahao.baidu.com/s？id=1746410528952586801&wfr=spider&for=pc。
② 《喜迎二十大　中原更出彩｜改革澎湃出彩动能》，河南人大网，2022 年 9 月 21 日，https：//www.henanrd.gov.cn/2022/09-21/147304.html。

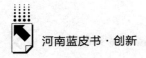

（三）水平方位：从速度数量型转向质量效益型

河南底子薄、实力弱，多年来，数以万计的科技工作者接续奋斗，科技发展从几近空白到"向科学进军"，创新实力跑出了"加速度"。《2022年全国科技经费投入统计公报》显示，2022年河南R&D经费投入为1143.3亿元，居全国第11位，保持了较快增长态势。高投入赢得高回报，2022年，河南专利授权量达135990件，其中发明专利授权量达14574件，分别是2012年的5.1倍、4.6倍；有效发明专利拥有量达67164件，每万人有效发明专利拥有量为6.8件，是2012年的7.5倍，年均增速在20%以上。① 高新技术企业数量由2012年的751家增至2022年的10000余家。这表明，河南科技创新成果转化及产业化水平得到显著提升，全省正在以提升科技创新产出质量和效率为目标，加快由速度数量型转向质量效益型。

（四）全国方位：优势领域力争上游

河南正视自身与发达省份、全国平均水平间的差距，一方面，积极补短板、强弱项。比如针对创新主体不足、质量不高等突出问题，不断健全"微成长、小升规、高变强"创新型企业梯次培育机制，科技型中小企业从最初的不足千家发展到目前的2万余家，稳居全国第一方阵。另一方面，河南将现有若干重点优势领域作为创新主攻方向，努力强优势求突破。特别是以实施重大科技专项战略为抓手，形成了盾构装备、特高压输变电装备、新能源汽车、超硬材料等在全国具有技术和市场优势的产业。截至2023年上半年，全省的超硬材料产业领域人造金刚石和立方氮化硼产量分别占全国的80%、95%，金刚石微粉、复合超硬材料、培育钻石产量均占全国的80%左右；中铁装备盾构机市场占有率居全球第一；郑煤机矿用液压支架产销量世界第一、自动化程度全球最高；平高电气、许继集团特高压输变电成套设备

---

① 《河南加快建设知识产权强省步伐》，大河网，2023年4月18日，http：//newpaper. dahe. cn/dhjkb/html/2023-04/18/content_ 637025. htm。

全国领先，中信重工特种机器人全国规模最大，中国一拖大中型拖拉机国内市场占有率第一。① 与此同时，河南在科技创新体系建设、科技创新环境优化等方面全面发力，推动全省科技创新实力稳步提升。优势领域力争上游与现代科技创新治理体系不断完善并进，河南科技创新在全国发展大局中的地位和作用将进一步凸显。

（五）梯队方位：位居全国第二梯队

根据中国科学技术发展战略研究院发布的《中国区域科技创新评价报告 2022》，从综合科技创新水平指数评价结果来看，河南与重庆、湖北、陕西、安徽、山东、四川、湖南、辽宁、福建、江西、宁夏、吉林、河北、黑龙江、山西、甘肃、广西、贵州、海南、内蒙古同属综合科技创新水平指数低于全国平均水平，但高于 50 分的第二梯队。从全国排名来看，2022 年河南综合科技创新水平指数得分为 62.31 分，排第 17 位，较 2021 年提升 2 位，较 2012 年提升 5 位；其中，高新技术产业化水平指数全国排第 9 位，较 2021 年提升 2 位。

四　新征程河南贯彻习近平关于科技创新重要论述的对策建议

科技是国家强盛之基，创新是民族进步之魂。踏上新征程，河南必须深入践行习近平总书记关于科技创新的重要论述，让创新成为河南高质量发展的最鲜明标志、最亮丽名片。

（一）坚持党对科技事业的全面领导

习近平总书记强调："中国共产党领导是中国特色科技创新事业不断前

---

① 《七大产业集群如何打造？来看现场"剧透"》，"大河网"搜狐号，2023 年 9 月 7 日，https://www.sohu.com/a/718362340_ 121315。

进的根本政治保证。"自党的十八大以来，以习近平同志为核心的党中央先后提出"实施创新驱动发展战略""创新是引领发展的第一动力""教育、科技、人才是全面建设社会主义现代化国家的基础性、战略性支撑"等，这些谋划部署是一脉相承、与时俱进的，同时，组建了中央科技委员会，统筹推进国家创新体系建设和科技体制改革，为我国科技体制改革提供了坚强的政治保证。新征程上，河南践行习近平总书记关于科技创新的重要论述，必须把党对科技事业的全面领导放在首要位置。一方面，要继续完善省委书记和省长担任"双主任"的省科技创新委员会运行机制，全面发挥科技创新委员会全省科技工作宏观调控最高决策指挥机构的作用，强化顶层设计，持续进行体系化、高密度、渐次推进的战略部署。另一方面，要继续深化机构改革和相关体制机制改革，重点是领会《党和国家机构改革方案》相关精神，结合河南实际，扎实推进科技部门科学有序改革重组，最大限度激发创新活力。

（二）全力打造创新策源高地

创新策源能力是自主创新能力的核心，是原始创新能力的集中体现，习近平总书记多次强调"要坚定不移走中国特色自主创新道路"。新征程上，河南践行习近平总书记关于科技创新的重要论述，自觉扛起高水平科技自立自强的使命担当，努力实现从"0"到"1"的原创性突破，打造创新策源高地。一是力争进入国家战略科技力量第一方阵。一方面要支持嵩山、神农、黄河等省实验室聚焦农业安全、黄河安澜、信息技术等国家战略科技需求，争创国家实验室，提升河南服务国家大局能力；另一方面要围绕育种、量子计算、网络安全等领域，实施一批科学工程和计划，争取更多纳入国家布局。二是开展"名校名所"十年行动计划。加大郑州大学、河南大学"双航母"建设高水平研究型大学支持力度，将河南科技大学、河南工业大学等高校打造成"双一流"建设第二梯队，瞄准世界科技前沿，聚焦全省发展战略导向，引进建设若干世界一流新型研发机构，形成基础研究力量体系化布局。三是以全球视野、一流标准巩固河南"三足鼎立"科技创新大格局。要加快省科学院与中原科技城、国家技术转移郑州中心一体化发展，大力支持中原农谷打造现代农业科技创新高地，深化省医学科学院与中原医学科学城融合发展，同时，争取布局建设重大科技基础设施，形成重点领域核心基础原创能力。

（三）全力打造技术引领高地

开展关键核心技术攻关是科技创新的永恒主题，也是提升区域科技创新能力的重点任务，习近平总书记多次强调"核心技术是买不来的"。新征程上，河南践行习近平总书记关于科技创新的重要论述，应聚焦重点产业建圈强链，坚决打赢关键核心技术攻坚战，力争在产业链高端和价值链核心取得重大突破，打造技术引领高地。一是加快布局面向未来产业的前沿技术。要设立未来产业科技攻关专项，分层次分阶段布局氢能与先进储能、6G、量子互联网、人工智能、脑科学等前沿技术及产业，加强未来技术应用场景建设，突破一批前沿引领技术，培育一批未来产业。二是攻关战略性新兴产业关键技术。聚焦新一代信息技术、生物医药、新能源及智能网联汽车、先进材料等战略性新兴产业，实施"揭榜挂帅"模式的联合攻关机制，建立技术长板，形成自主优势。三是推动传统产业数字化智能化高端化发展。聚焦电子信息、高端装备制造、新型材料、现代食品制造等传统产业，以数字化转型战略为牵引，加快建设共性技术研发和测试平台，打造工业互联网平台创新体系；加快数字化赋能制造业转型升级，重点推进数字化设计、智能化生产、个性化定制等新场景应用，实现传统产业基础再造和产业链提升。

（四）全力打造产业创新高地

产业链创新链"双链"融合是提升产业链供应链现代化水平的重要举措，也是提升区域创新能力的重要抓手，习近平总书记多次强调"要围绕产业链部署创新链、围绕创新链布局产业链，推动经济高质量发展迈出更大步伐"。新征程上，河南践行习近平总书记关于科技创新的重要论述，应打通科技强到产业强、经济强的高质量发展通道，打造产业创新高地。一是构筑产业集群全球竞争新优势。开展产业创新发展导航行动，以产业需求为导向，推动创新资源向产业集聚，培育具有国际竞争力的创新型产业集群，重点打造万亿级的装备制造、现代农业、新材料创新型产业集群以及5000亿级的新能源及智能网联汽车、生物医药创新型产业集群，增强"河南智造"核心竞争力。二是培育壮大创新型企业集群。强化企业"双链"融合主体作用，持续实施创新型企业树标引领行动、高新技术企业倍增计划、科技型中小企业"春笋"计划等，完善"微成长、小升规、高变强"的梯次培育机制，形成创新型企业集群发展体系。三是开展成果转化"加速行动"。重点推动国家技术转移郑州中心高水平运营，以及标准化推广智慧岛双创载体建设，助力科技成果向现实生产力加速转化。

（五）全力打造开放创新高地

开放创新是经济全球化的必然趋势。习近平总书记指出"自主创新是开放环境下的创新，绝不能关起门来搞，而是要聚四海之气、借八方之力"。新征程上，河南践行习近平总书记关于科技创新的重要论述，应充分利用河南的地理区位优势，发挥枢纽功能，打造开放创新高地，全面提升河南的创新资源调配能力。一是链接国内创新高地。面向北京、上海、粤港澳大湾区、成渝、武汉等科技创新中心，按照政府引导、市场化运作方式，设立异地孵化器，探索开放型新兴产业引育机制；推动高新区、开发区等与上述地区一流园区通过共建创新中心、开放服务资源等合作方式，推进技术、人才、资本、信息等要素高效流动。二是链接全球创新网络。加大对国际科技合作项目的支持力度，搭建多主体、多层次、多类型的国际创新协同载体，建成以河南为枢纽，链接国际与长三角、"一带一路"共建国家和地区的国际创新合作网络，打通对接国际高端科技创新资源的开放合作新通道。三是加强与国家科教资源的对接。与国家相关部委建立常态化沟通机制，争取更多国家科教资源在河南布局；积极与国家发改委、中科院、工程院对接，推进大科学装置建设，增强河南国家战略科技力量。

（六）全力打造人才集聚高地

人才是第一资源。"创新之道，唯在得人。"习近平总书记指出"谁拥有了一流创新人才、拥有了一流科学家，谁就能在科技创新中占据优势"。新征程上，河南践行习近平总书记关于科技创新的重要论述，要抢抓全球人才流动新机遇，聚天下英才而用之，打造人才集聚高地，为国家创新高地建设提供人力支撑和智力支持。一是大力集聚高端人才。发挥人才政策叠加优势，全面推进河南省高端引智计划、中原英才计划等，全方位引进海内外战略科学家、科技领军人才和创新团队，高质量培育青年科技人才和卓越工程师，造就一支高端人才密集、结构素质优良、竞争优势凸显的科技创新人才队伍。二是构建"热带雨林"式人才生态。着力以产业、项目、平台集聚人才，构建以创新价值、能力、贡献为导向的科技人才评价体系，探索采用年薪工资、协议工资、项目工资等方式聘任高层次科技人才。三是提升各类人才服务保障水平。完善"全生命周期"人才服务体系，建立联系服务专家制度，鼓励重点用人单位设立人才服务专员，为各类人才妥善解决住房、医疗、子女入学等问题。

参考文献

《习近平谈治国理政》第四卷，外文出版社，2022。

习近平：《高举中国特色社会主义伟大旗帜为全面建设社会主义现代化国家而团结奋斗：在中国共产党第二十次全国代表大会上的报告》，人民出版社，2022。

《习近平关于科技创新论述摘编》，中央文献出版社，2016。

B.3
河南省打造一流创新生态问题研究[*]

张祝平[**]

摘　要： 打造一流创新生态、建设国家创新高地是河南省委、省政府的重大战略举措，虽然河南省打造一流创新生态具有一定的基础与优势，但是协作协同力度有待加强、部分政策亟待调适，基层创新生态基础薄弱、创新平台数量质量亟须提升等问题仍有待破解。针对存在的问题，本报告提出强化统筹协作能力、逐步完善顶层设计，营造基层创新生态、培育优质创新创业主体等对策建议。

关键词： 科技创新　一流创新生态　河南省

加快建设科技强国，实现高水平科技自立自强，是党和国家做出的重大战略部署。党的二十大报告指出，要坚持创新在我国现代化建设全局中的核心地位，培育创新文化，营造创新氛围，形成具有全球竞争力的开放创新生态。河南省在省十一次党代会上提出了"两个确保""十大战略"的目标任务。其中，明确要求高度重视创新工作，强力推进一流创新生态打造。一流创新生态，主要表现在建设的创新平台一流、凝练的创新课题一流、培育的

---

[*] 本报告系河南省哲学社会科学规划项目"河南打造一流创新生态问题研究"（项目编号：2023JC049）和河南省价格协会 2023 年度重大项目"河南推进中国式现代化的焦点与难点及其政策策略"（项目编号：HNJX2023-07-02）的阶段性研究成果。
[**] 张祝平，中共河南省委党校教授，校学术委员会委员，硕士研究生导师，研究方向为科技创新、文旅产业等。

创新主体一流、集聚的创新团队一流、创设的创新制度一流、厚植的创新文化一流等六个方面。

近年来，河南省高度重视一流创新生态的打造，成立了省级科技创新委员会，省委书记、省长担任双主任，紧抓改革顶层设计与落地落实，出台了《河南省委、省政府关于加快构建一流创新生态建设国家创新高地的意见》《河南省"十四五"科技创新和一流创新生态建设规划》，从发展思路、工作导向、工作重点、组织保障等方面对一流创新生态打造工作进行了谋划部署。特别是中国共产党河南省第十一次代表大会召开，提出把创新摆在发展的逻辑起点、现代化建设的核心位置。从做出"不进则退、慢进亦退、不创新必退"的论断，到把创新驱动、科教兴省、人才强省战略置于"十大战略"之首，再到把打造一流创新生态作为建设国家创新高地的根本之策，新一届省委领导班子坚持把创新作为新时期引领河南省经济社会高质量发展的"第一动力"和"最大增量"，坚定不移实施创新驱动发展战略，以构筑一流创新生态的战略思维塑造"中优"的发展格局，以建设国家创新高地的实践举措奠定"两个确保"的稳固基石。[①]

一 河南省加快打造一流创新生态的现实意义

（一）响应国家应对世界百年未有之大变局的迫切要求

以往历次科技革命和产业变革，无一不是由西方国家主导实施的，在新一轮科技革命和产业变革中，虽然美英等西方国家仍占据主导优势，但中国等新兴国家已崭露头角，展现出蓬勃的发展态势。世界发展的历史和实践已经证明，科技创新不仅能够深刻改变世界发展格局，而且能够深刻

---

① 《张占仓：河南倾力奏响创新驱动高质量发展的时代乐章》，河南省社会科学院网站，2022年6月24日，https://www.hnass.com.cn/Article/index/cid/75/lid/141/id/7765.html。

影响国家和民族的命运。可以说科技创新与国运紧密相连,党中央、国务院之所以重视科技创新工作,原因就在于推进科技创新、打造一流创新生态,可以应对当今世界正经历的百年未有之大变局,以及我国发展面临的国内外环境变化。作为我国人口第一大省和经济总量排名前五的省份,河南省有责任、有义务下大力气做好科技创新工作,下苦功夫打造好一流创新生态,以河南一流创新生态建设积极响应我国建设科技强国战略。加快打造一流创新生态,建设国家创新高地,不仅关系到河南省能否实现从农业大省向国家创新高地的战略转型,也关系到能否为确保高质量建设现代化河南、确保河南高水平实现现代化,谱写新时代中原更加出彩的绚丽篇章提供有力科技支撑,更关系到河南省是否具备深入贯彻中央部署、加快建设科技强省的担当。

(二)新发展理念下培育河南改革发展动力的内在需求

打造好一流创新生态是河南省委、省政府自觉践行新发展理念的具体实践。树立新发展理念,是党中央在新时代做出的重大决策部署,创新理念位居五大新发展理念之首。树立新发展理念,打造一流创新生态是推动河南重大战略部署落地,培育改革发展动力的内在需求。河南省委、省政府之所以将"创新驱动、科教兴省、人才强省战略"排在"十大战略"之首,正是因为如今的创新资源竞争非常激烈,河南省的科技创新工作落后于先进省份。这与河南省的创新主体间沟通不畅、创新资源不足、创新环境不能让创新主体满意等各类因素叠加相关。推进科技创新、打造一流创新生态,能够有效解决以上问题,从而提高科技成果产出、增加规模以上工业企业利润、促进经济社会全面提质发展。打造一流创新生态,不仅是河南省贯彻落实省十一次党代会精神、推动河南重大战略部署落地、培育改革发展动力的重要举措,也是进一步推动河南省在创新生态资源争夺中夺得先机、赢得主动的重要抓手,是培育河南省改革发展动力的内在需求。

二　河南省打造一流创新生态尚需完善之处

（一）协作协同力度有待加大，部分政策亟待调适

一是协作力度尚需加大。虽然河南省注重同国家级科研部门以及周边省市的科技创新平台对接合作，但是通过与周边的省份进行对比发现，河南省的科技创新协作力度还不够大，河南省与中科院、中国工程院、国家技术创新中心等的沟通联系常态化机制仍需进一步健全，尚未形成与周边省份一体化协调发展的一流创新生态。二是管理部门职能协同有待优化。与创新相关的制度由人社、财政、组织、科技等部门制定，而创新体系与创新能力则分别由科技、教育、发改、工信、国资委等机构主导，创新资源有效配置和部门协同水平有待提升。调研中多家单位反映河南省存在引进人才手续审批时间长等问题，这导致一部分人才因手续烦琐和等待时间过长而放弃。三是职称和荣誉政策亟待调整。在河南省当前的职称和荣誉评定体系中，仍普遍存在唯课题级别、唯论文数量、唯学历层次等评定导向，忽视科研人员创造的经济社会价值。如河南省培育的部分农副产品被广泛种植于河南、山东等地，极大地提升了农业生产价值，使其成为河南省乡村振兴的支柱产业，但培育人员因现行职称政策而长期未能解决职称的评定问题。此外，无视研究成果是否有助于解决河南省甚至我国经济社会发展中存在的现实问题、政策制定时是否被采纳，仅关注所谓的"学理"而非实践能力等问题依然没有得到解决。同时，在荣誉评定时，即将退休人员占据较大比例，且职务优先、论资排辈现象仍未发生根本改变。四是现有政策对创新成果保护乏力。虽然近年来河南省不断加强知识产权保护，但知识产权侵权案件屡禁不止，如河南省曾获国家科技进步一等奖的一个农作物种子，屡被侵权却因缺乏强有力的政策保护措施，企业被迫自行成立打假部门，耗费了巨大的精力和财力。

（二）基层创新生态基础薄弱，创新平台数量质量亟须提升

一是基层科技部门效能受限。河南省县区级科技经费严重不足，基层科创科普工作受到极大限制。此外，当前许多基层科技部门还存在工作人员年龄普遍较大、兼职、不熟悉业务等诸多问题，导致科技创新政策得不到很好的落实，既无法很好地承接上级业务，也不能满足该县区科技创新需求。① 二是创新型企业总数偏低。当前全省高新企业为 6333 家，仅占全国总数的 2.3%，省会郑州拥有高新技术企业的数量为 2944 家，在 9 个国家中心城市中排名靠后，与成都（6113 家）和武汉（6225 家）相比差距较大。三是创新平台数量质量亟须提升。从平台载体数量来看，河南省现有省级以上科技企业孵化器、大学科技园、众创空间等创新创业孵化载体393 家，与发达省份相比具有较大差距；从平台载体质量来看，河南省现有国家级创新平台 172 家，低于安徽（210 家）、山东（242 家）等周边省份。

（三）高端创新人才数量不足，本土人才流失未被重视

一是高端创新人才尤为短缺。河南省高端创新领军人才尤为短缺，目前全省共有两院院士不足 30 人，占全国总数的比重不足 2%，国家杰青、长江特聘等高端人才数量远低于中东部其他省份。河南省高技能人才只有 226 万人，占全部技能人才的比重仅为 25.1%，占比比全国平均水平低 4.9 个百分点，创新高地建设迫切需要"人人持证、技能河南"来支撑。二是河南省名校名所占比与高学历人才占比均较低。河南省高校众多（151 所），但"双一流"高校仅有 2 所。河南省的国家重点实验室、中科院系统的研究所、国家级工程技术研究中心等数量都远低于全国平均值。河南省现有本科及本科以上人口 198 万人，仅占河南省总人口的 2.1%，占比尚不及甘肃、

---

① 宋克星：《构建国家一流创新生态建设国家创新高地——关于创新高地的学习思考》，《河南教育（高等教育）》2020 年 12 月，第 20~23 页。

云南、青海等省份。虽然河南省的创新人才资源丰富，但是高层次研究人才缺口较大，人才吸引力不足。三是人才流失现象严重。在河南省引进人才的同时，大批本土人才相继流失，例如某著名汽车生产企业，其氢燃料领域首席专家等相继离职，且往往是以团队的方式，近几年该企业已有 800 余名人才相继流失。

（四）投融资生态有待优化，科创市场缺乏活力

一是科创企业普遍存在融资难题。投资公司规模较小且缺乏风险承受能力。省内投资公司大多规模较小，难以向企业提供大额融资，且投资风险承受力较弱，投资过于保守，政府引导资金受国有资产保值增值考核制约，投资主要限定在 IPO 投资领域。特别是科创投入整体偏低。2021 年河南省研发投入强度为 1.68%，低于全国平均水平（2.40%）0.72 个百分点；其中河南省在基础研究上的投入仅占全部研发投入的 2.3%，不足全国平均水平（6.0%）的一半。二是创新生态活力有待提升。河南省全民创新创业活力有待提升。从私营工业企业万人拥有率来看，河南省每万人拥有私营企业 12.3 家，不仅远低于浙江省（68.6 家）和江苏省（58.8 家），也低于全国平均值（20.9 家）。从万人发明专利拥有量来看，河南省每万人发明专利拥有量为 4.4 件，上海市、北京市分别是 60.2 件和 155.8 件，全国平均值为 15.8 件。三是河南省企业创新能力有待增强。从民营工业企业占比来看，规模以上企业数量仅占民营工业企业总量的 61.38%，浙江省为 80.52%；从入选科技创新型企业来看，河南省瞪羚企业数量不足湖北省的 1/3、陕西省的 1/2，全省尚无一家独角兽企业；从自建研究机构比例来看，山东、江苏等省已实现大中型工业企业全覆盖，河南省的覆盖率仅为 20%。四是先进制造业集群数量较少、发展水平不高。在国家发改委公布的国家级战略性新兴产业集群名单中，河南省入选 2 个，安徽省和湖北省分别入选 3 个和 4 个。在工信部公布的先进制造业集群"国家队"名单中，河南省无一入围，同属中西部地区的四川、安徽、湖南、陕西等省均有斩获。

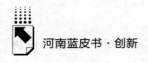

三 加快打造河南省一流创新生态的对策建议

（一）强化统筹协作能力，逐步完善顶层设计

一是推动协作发展。河南省应进一步完善其与中国科学院、中国工程院、科技部、中国科协等部门协作机制，提升河南省主动融入国家科技发展大局的能力。主动探索与长三角、京津冀、粤港澳大湾区等地区的合作机制，引入优势创新资源，提高资源使用效能。强化与山东、山西、湖北等省份的区域协同发展，促进创新要素自由流动，推动公共创新资源共享共用，打造中部地区和黄河流域创新共同体。二是重点区域精准发力。打造一流创新生态，既要全省同步推进，又要突出重点区域，更要局部精准发力。要鼓励郑州、洛阳、新乡、许昌等科创基础较好的地市先行先试，加快郑洛新国家自主创新示范区建设的同时，培育创新社区，形成创新生态。例如，美国硅谷、北京中关村都是依托一流创新社区发展而来的，郑洛新国家自主创新示范区可以以创新社区为突破口，率先构建局部创新生态体系，形成一流创新生态示范区。三是改革科研能力评价体系。优化科研组织模式，促进科技成果的中试熟化，同时优化职称和荣誉评定体系，进一步激发科研人员的创新活力。在职称评定、荣誉评定等导向上，要向创新人才倾斜，重视科研人员创造的经济社会价值，鼓励科研人员将论文写在大地上、写在车间里、写在创新一线上，切实为河南省经济社会发展建言献策和创新领域做出突出贡献。四是加大知识产权保护力度。强化知识产权保护措施，调动科创人员的创造主动性，促进社会资源的优化配置，全方位增强自主知识产权保护能力，增强我国科技创新的全球竞争力。发挥政策信息的导向作用，支持企业在重点领域、关键技术等方面掌握自主知识产权。

（二）营造基层创新生态，培育优质创新创业主体

一是强化基层科技部门职能。完善县区级科技局和科协的人员编制、

经费拨付、科创科普场馆等配备，切实保障基层科创科普工作的开展实效，以基层科技部门力量的增强有效提升河南省具备科学素质的公民比例。可成立县区科技创新工作领导小组，加强对科技创新工作的统筹谋划和支持。同时，借鉴广西桂林市临桂区的做法，在科技创新任务较重的县区恢复单独设立的科技局，或重新组建科技局，优化职能，增加编制，扩充人员，加强人员队伍建设。二是提升企业研发创新能力。支持国有大中型企业与科技部门按比例共同出资设立联合专项资金，建立长效稳定创新投入机制。支持国有大中型企业牵头创建实验室、工程研究中心、技术创新中心等创新平台，对研发经费投入达到一定额度的规模以上企业进行奖补，使更多市场主体成为"创新主体"。推广研发贷、人才贷、成果贷、专利贷等科技信贷产品，为承担国家重大科技项目的民营企业提供长期限、低成本的融资支持。促进大中小企业的融通发展，培育从源头创新到技术孵化再到应用落地的创新生态。同时注重整合教研资源。推动教育资源与科研资源优化整合，如积极探索河南农业大学、河南科技学院、省农科院、地市农科院等单位合理分工、协同合作的工作机制，推动河南优势学科做大、弱势学科做强；推动教育资源和产业领域教产融合，改变河南省部分学科（如车辆工程）发展滞后于产业发展的现状，以学科发展为引领，以河南省产业发展为依托，优化省内高校学科设置，增强学科创新能力，强化教产融合，力争建设一批能够强力支撑河南省重点产业与社会事业发展的优势学科。三是提升创新平台能级。积极培育上市企业，引进创新型企业，推动各类高端要素资源集聚。积极引进国家工程技术研究中心、国家工程实验室、国家工程研究中心等高端创新平台。同时整合升级研发、检测、测试等科技服务平台，降低创新型企业科创成本，依托平台载体培育特色鲜明的创新型中小微企业集群，加快先进技术向中小微企业辐射转移，支持其发展为产业关联集群。充分发挥科技特派员的桥梁纽带作用，支持高校、科研院所创新农业科技服务方式，与地方共建乡村振兴科技示范基地、乡村振兴发展研究院、农业科技专家大院、乡村振兴人才培养基地等科技服务载体。

注重畅通平台载体与政府对话机制，借鉴陕西省西安市的举措，西安市规定市委、市政府主要领导每人每月至少一次亲自深入平台载体，实地了解并解决载体运营过程中遇到的难题。如果市领导因故本月未能去载体实地调研，则需要向市委书记汇报未能前去的原因并于下月补齐，为平台载体和政府之间建立了良好的沟通协调机制。

（三）强化人才支撑体系，壮大科技创新人才队伍

一是要创新人才引进方式。着眼于国际国内一流高端创新人才和河南省急需高层次人才，加大对掌握产业核心技术的高层次创新人才与创新团队的精准引进力度，压减环节、简化手续、节约时间，破除引才的制度性障碍。通过做大做强创新平台，进一步增强人才的磁吸效应，吸引更多人才来豫创新创业。实施豫籍人才回流计划，打好"老家河南·心灵故里"感情牌。施一公、万卫星等众多河南籍创新人才分布全球，河南省应通过乡情感召，探索实施"豫籍创新人才回流"计划，吸引更多在外求学、工作的豫籍人才回豫工作。鼓励高校和科研院所提高科研人员待遇，优化科研环境，完善科研评价体系，提高青年科研人员的创新积极性和科研积极性，为青年创新人才发展保驾护航。推出特色化人才医疗、住房、子女入学服务以及社区、物业、教育等配套服务，满足创新人才的个性化生活需求。二是要做好"创新借脑借地"。推出"高端人才飞地计划"。启动海内外精英"创新借脑"工程。加大项目引才力度，对河南省重大创新科研课题，不要再仅限于向河南省发布。做好"创新借地"工作。建议出台关于推动"科创飞地"建设的意见，支持郑洛新国家自主创新示范区建设"科创飞地园"，吸引省外科研机构在"科创飞地园"落地分支，形成打通河南省利用域外创新要素的渠道。三是要做好人才育苗式投资。推动河南省高校设立创新创业课程，持续培养并最大限度留住专业人才。鼓励高校拓展与国内外高校的联系渠道，适当拓宽人才交流平台，通过留学、访问、邀请等方式互通有无。采取多种方式对优秀人才进行重点培育。打破地域限制，鼓励各地市开展产

学研联结与合作，加快本土高端人才培养，为核心技术攻坚奠定人才基础。

（四）持续优化投融资生态，有效激发科创市场活力

一是推动科技创新金融配套发展。加大对企业自主创新所得的税前抵扣力度，对一些重大科技项目实行免征进口关税，对专业化程度较高的小微初创企业建立精细化的项目资助制度，对中小企业提供广泛的融资渠道，设置合理且优惠的税制体系等。二是推动创新载体开展行业自治。加强金融、人才、技术、环境等方面的服务，支持民营企业开展标准创新。引导规模以上企业、科技型企业、专精特新企业、瞪羚企业等积极参与标准制定。大力推进低成本、便利化、全要素、开放式的创新载体建设，效仿上海实施"不备案、不注册、不登记"的方式，成立创新载体联盟开展行业自治，对大型创新载体的发展需求"一事一议"，支持有条件的众创空间等载体挂牌上市。对中小型孵化器、加速器、产业园、星创天地等创新载体加大资金支持力度，对创新载体的建设不应过多考虑其经济贡献能力，而应重视其社会效益，将创新载体建设作为提升河南省全民创新意识、增强创新能力、营造创新环境的"火种"，最终形成"星星之火，可以燎原"的态势。三是提升创新生态运行能力。培育具有高新技术含量的龙头企业，集中力量提升核心业务能力，并勇于跨越自身组织边界，通过专业化分工协作提高创新成功率，同时发挥市场的基础性配置作用，进一步加大研发投入，确保科技创新成果高效转化。以企业为创新主体，推动郑汴产业同城化，推动郑州都市圈产业分工合理有序、多元互补发展，逐步打造全省公有和民营创新主体互补性产业格局。加快技术转移平台和成果转化平台建设，构建符合市场规律和国际规范的国家技术转移体系，推进核心技术专利的标准化和规范化，打破科研与市场脱节的局面，促进创新成果转化为生产力。四是增强先进制造业引领能力。依托河南省现有先进制造优势行业和优势企业，以提升产业技术创新能力和核心竞争力为目标，在智能传感、能源化工、装备制造、新材料等领域，打造全国乃至世界级的产业集群，对标武汉光谷、安徽声谷，加速打造

郑州传感谷、中原农谷等若干个国家级产业高地。要充分发挥先进制造集群的创新主体作用，积极引导主导产业、重点产业中的骨干企业、领军企业、头部企业大力建设产业研究院、中试基地，形成河南省先进制造产业集群的快速发展态势。

B.4
河南省建设国家创新高地的影响因素及创新评价分析

曹 雷*

摘 要： 基于新发展理念和创新驱动发展战略的大背景，通过选取全国 31 个省（区、市）2017～2021 年相关数据，构建创新能力评价指标体系，从创新基础、创新投入、创新产出 3 个维度进行实证研究。结果表明，全国各省份的创新能力总体呈现良好的增长趋势，创新能力得分均明显上升，但地区差异依然存在。虽然河南的创新能力得分提升较为明显，但创新基础环境有待优化，创新潜力有待挖掘，基础研究投入长期偏低，原始创新能力薄弱，将阻碍国家创新高地建设目标的实现。因此，河南应采取多种措施改善创新基础条件，提高创新效率，激发创新潜力，推动国家创新高地建设。

关键词： 国家创新高地 主成分分析法 高质量发展 河南省

科技是国家强盛之基，创新是民族进步之魂。全面建成社会主义现代化强国，推动高质量发展，关键要依靠科技创新转换发展动力。建设创新高地正是许多国家和地区提升综合竞争力与应对新一轮科技革命的重要举措。习近平总书记在党的二十大报告中提出"加快建设世界重要人才中心和创新高地"，向全党、全国吹响了创新高地建设的铮铮号角。河南省第十一次

---

* 曹雷，河南省社会科学院统计与管理科学研究所高级统计师，研究方向为区域经济、经济社会统计。

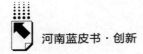

党代会立足河南发展新的历史起点，以前瞻30年的眼光，对现代化河南建设做了系统部署，提出了锚定"两个确保"、实施"十大战略"，并做出"打造全国创新高地"的战略决策，彰显了河南省委、省政府对国家创新高地建设的雄心壮志。

一 河南创建国家创新高地的战略意义

（一）建设国家创新高地是新旧动能转换的内在要求

习近平总书记指出，创新是一个民族的灵魂，是一个国家兴旺发达的不竭动力。踏上全面建设社会主义现代化国家新征程，我国社会主要矛盾和经济高质量发展面临的条件、手段、环境、动力都发生了深刻的变化，特别是人口红利、资源红利、环境红利、要素红利等传统发展优势在逐渐消失；要实现社会主义现代化强国必须保持经济的持续稳定发展，必须加快培育新的发展动能。为此，党的二十大报告提出，必须深入实施科教兴国战略、人才强国战略、创新驱动发展战略，开辟发展新领域新赛道，不断塑造发展新动能新优势。河南作为全国经济大省，正处于由要素驱动、投资驱动向创新驱动转换的关键节点，唯有依靠科技创新，才能实现经济社会的全面协调和可持续发展。建设国家创新高地，不仅是迅速提升河南创新驱动能力、加快河南新旧动能转换的客观需要，也是新时代全面贯彻新发展理念的重大举措。

（二）建设国家创新高地是推动高质量发展的必由之路

习近平总书记指出，高质量发展是全面建设社会主义现代化国家的首要任务，关系中国式现代化建设全局。没有创新，就没有高质量发展，创新居于新发展理念的首要位置。当前河南科技创新站在了新的历史起点，全社会 R&D 经费投入已突破千亿元大关，到了可以大有作为的关键阶段。只有用发展的眼光解决前进中的问题，才能在国家创新生态新一轮重塑中，让"创新创业在河南"成为省内外创新创业者的普遍共识。"两个确保"、"十大战略"、建设国家创新高地的宏伟目标，以及在未来产业上前瞻布局、在新兴产业上抢滩占先、在传统产业上高位嫁接，这些都离不开科技创新。可以说，科技创新是产业转型升级的关键变量和根本动力。只有通过打造全国创新高地，提升河南创新驱动能力，才能有效实现"质量变革、效率变革、动力变革"三大变革，推动河南高质量发展行稳致远。

（三）建设国家创新高地是顺应新一轮科技革命的必然选择

当前，全球新一轮科技革命和产业变革深入发展，其辐射范围之广和影响程度之深前所未有。在科技的推动下，全球涌现出一大批互联网、物联网、云计算、大数据、人工智能、区块链等新兴技术和产业，对传统生产力、生产方式、生活方式和消费方式产生颠覆性影响，引发全球产业结构和布局趋势性调整重塑。河南要想在新一轮经济竞争中保持奋进态势，实现弯道超车、换道领跑，就必须加快建设以实体经济为支撑的现代化产业体系，在产业发展新赛道上争取主动权，这主要体现在科技创新这一关键变量上，只有打造全国创新高地，迅速提高河南科技创新能力，牢牢把握发展主动权，才能在新一轮科技革命中争取主动权。

（四）建设国家创新高地是加快经济强省建设的客观需要

习近平总书记指出，科学技术是第一生产力，创新是引领发展的第一动力。《中共中央关于制定国民经济和社会发展第十四个五年规划和二〇三五年远景目标的建议》明确提出了人才强国、科技强国等 11 个强国建设目标。自党的十八大以来，河南迈入经济强省建设阶段，经济总量连续 19 年居全国第 5 位，跻身全国经济大省，但人均指标、创新实力等有待进一步提升，经济发展大而不强、大而不优、大而不新的局面尚未扭转。实现"两个确保"目标，需要实现"河南制造向河南智造转变、河南速度向河南质量转变、河南产品向河南品牌转变",持续提升一二三产业的竞争力和创新力,而这些都离不开科技创新的支撑。

二 河南建设国家创新高地的现实基础

近年来,随着创新驱动发展战略的持续实施,全省创新体系不断完善,创新环境逐步优化,创新活力持续迸发,科技创新事业取得优异成绩,真实生物研发投产首个国产新冠特效药阿兹夫定、多氟多打破国外垄断成功研发电子级氢氟酸、金源朝辉生产的压延铜箔飞入中国空间站和核心舱……一大批在全国叫得响、更具科技范儿的"河南制造"频频出圈走出国门,成为现代化河南的新标识。河南已具备了由科技大省向科技强省迈进的基础,全省科技创新事业迎来新的加速发展契机。

(一)创新综合实力持续提升

研发经费投入稳步增加。研发投入是衡量一个地区科技创新能力的重要指标。2022 年,河南省研究与试验发展(R&D)经费内部支出达 1143.3 亿元,是 2012 年的 3.7 倍,2012~2022 年,河南 R&D 经费内部支出年均增长13.91%,高于同期全国平均增速 2.1 个百分点;R&D 经费投入强度由 2012年的 1.07%升至 2022 年的 1.86%(见图 1),年均提升 0.08 个百分点,高于全国同期年均水平 0.02 个百分点。科技支出强势增长。2012~2022 年,全省财政科技经费支出从 69 亿元增长至 411 亿元,增长了 5.0 倍,占一般公共预算的比重由 1.4%提升至 3.9%,创历史新高。科技成果转化量质齐升。2022 年,全省技术合同成交数达 2.24 万份,是 2012 年的 5.3 倍,年均增长 18.2%;技术合同成交额为 1025.3 亿元,是 2012 年的 25.5 倍,年均增长 38.2%。专利授权数突飞猛进。截至 2022 年,河南专利授权量达135990 件,其中,发明专利授权量为 14574 件,分别是 2012 年的 5.1 倍、4.6 倍;每万人有效发明专利拥有量为 6.8 件,是 2012 年的 7.5 倍,年均增速在 20%以上。

图1　2012~2022年河南省R&D经费内部支出和投入强度

资料来源：河南省统计局。

（二）创新人才队伍建设成效显著

河南不断完善升级人才政策体系，制定出台系列引才、用才举措，努力打造人才汇聚新高地和人才创新优选地。截至2021年底，河南人才资源总量达1201万人，较2012年增加170万人。成功举办5届中国·河南招才引智创新发展大会，累计签约各类人才20余万人；其中，签约硕士、博士以及副高以上职称人才9.4万人，落地人才合作项目2289个。全省R&D人员由2012年的18.51万人增长到2021年的34.67万人，年均增长7.2%，高于全国平均水平0.9个百分点。2022年，河南共遴选中原学者8人、中原科技创新领军人才29人、中原科技创业领军人才30人，引才、育才、用才相衔接的高层次创新创业人才开发体系日益完善。

（三）创新载体不断壮大优化

以重建重振河南省科学院为契机，河南搭建一批高端创新平台载体，加速推进郑洛新国家自主创新示范区建设，标准化建设"智慧岛"双创载体，先后吸引国家技术转移郑州中心、国家超算郑州中心、国家农机装备创新中心、国家生物育种产业创新中心、郑州国家新一代人工智能创新发展试验区等"国字号"平台落户河南，全省创新载体和创新基础不断夯实。自 2021 年以来，河南相继挂牌运行嵩山、神农种业、黄河、龙门、中原关键金属、龙湖现代免疫等 16 家省实验室（见表 1），为现代化河南建设贡献源源不断的科技硬核力量。

表 1　河南省实验室名单

序号	实验室名称	所在地市
1	嵩山实验室	郑州市
2	神农种业实验室	总部新乡市、注册地郑州市
3	黄河实验室	郑州市
4	龙门实验室	洛阳市
5	中原关键金属实验室	总部郑州市、基地三门峡市
6	龙湖现代免疫实验室	郑州市
7	龙子湖新能源实验室	郑州市
8	中原食品实验室	漯河市
9	天健先进生物医学实验室	郑州市
10	平原实验室	新乡市
11	墨子实验室	郑州市
12	黄淮实验室	郑州市
13	中州实验室	郑州市
14	牧原实验室	南阳市
15	中原纳米酶实验室	郑州市
16	尧山实验室	平顶山市

资料来源：根据新闻报道整理。

截至 2022 年末，河南共有省级及以上企业技术中心 1545 个，其中，国家级 93 个；省级及以上工程研究中心（工程实验室）964 个，其中，国家级 50 个；省级及以上工程技术研究中心 3345 个，其中，国家级 10 个；省重点实验室 242 家，重大新型研发机构 16 家，创新龙头企业 116 家，瞪羚企业 104 家，高新技术企业 8387 家，科技型中小企业 15145 家，总量居中部地区首位。截至 2023 年 9 月，全省国家级高新区数量达 9 家，居全国第 5 位，其中，平顶山、安阳、焦作和南阳高新区在全国排名分别提升 14 位、9

位、17位和11位；省级高新区有35家，实现了17个省辖市和济源示范区全覆盖。

（四）规模以上工业企业研发活动全覆盖

企业是创新活动开展和创新成果转化的主体，而规模以上工业企业是全省经济高质量发展的基石，因此推动规模以上工业企业研发活动全覆盖是促进全省经济转型升级的关键所在。近年来，在全省R&D经费投入中，规模以上工业企业R&D经费投入占比始终在80%以上，引育规模以上工业企业研发活动是推动全省研发水平持续提升的主要抓手。2012~2021年，全省规模以上工业企业有R&D活动的企业占比提升21.0个百分点，年均提升2.3个百分点。截至2022年末，全省共有高新技术企业10872家，比上年增加2485家；河南省工信厅认定的专精特新企业有1183家，数量再创新高。

三　河南及全国各省份创新能力评价研究

（一）指标选取与指标体系构建

基于新发展理念和创新驱动塑造发展新优势背景，遵循指标选取原则，借鉴相关学者研究，从创新基础、创新投入、创新产出3个维度，选取14个具体指标，构建一套创新能力评价指标体系（见表2）。

表2　创新能力评价指标体系

目标层	指标层	指标单位	指标序号
创新基础	每十万人口高等学校在校生人数	人	X_1
	第三产业增加值占GDP比重	%	X_2
	教育支出占一般公共预算支出比重	%	X_3
	有R&D活动的企业数	个	X_4
	科技企业孵化器在孵企业数	个	X_5

续表

目标层	指标层	指标单位	指标序号
创新投入	R&D 经费投入强度	%	X_6
	R&D 人员折合全时当量	人年	X_7
	R&D 人员投入强度	%	X_8
	科技支出占一般公共预算支出比重	%	X_9
创新产出	专利申请授权数	项	X_{10}
	每万人发明专利授权量	项	X_{11}
	R&D 课题数	项	X_{12}
	新产品销售收入	万元	X_{13}
	技术市场合同成交额	万元	X_{14}

（二）数据来源与研究方法

由于部分省（区、市）2022 年数据缺失，为保证评价结果的客观性和有效性，故本报告的研究时限为 2012～2021 年，数据主要来源于历年《中国科技统计年鉴》《中国统计年鉴》。主成分分析是一种客观赋权方法，其基本思路是通过降维方法把多个变量化为少数几个主成分。这些主成分能够反映原始变量的绝大部分信息。因此，本报告采用主成分分析法计算河南及全国各省（区、市）创新能力得分。

（三）评价过程

由于原始指标单位和量纲不同，首先对原始数据进行标准化处理；其次利用 SPSS 软件对标准化后的数据进行主成分分析，KMO 和巴特利特检验系数为 0.846，反映出数据结构具有很强的相关关系，适合进行主成分分析。对选取的 14 个因子进行旋转后提取出 2 个主成分，且前两个主因子的方差累计贡献率为 83.76%，这表明选择前 2 个主成分已足够代替原来的变量。

根据旋转后的因子载荷矩阵发现，主成分 F_1 在每十万人口高等学校在校生人数（X_1）、第三产业增加值占 GDP 比重（X_2）、R&D 经费投入强度

（X_6）、R&D 人员投入强度（X_8）、科技支出占一般公共预算支出比重（X_9）、每万人发明专利授权量（X_{11}）、R&D 课题数（X_{12}）、技术市场合同成交额（X_{14}）上载荷值较大，可称创新综合实力因子。主成分 F_2 与教育支出占一般公共预算支出比重（X_3）、有 R&D 活动的企业数（X_4）、科技企业孵化器在孵企业数（X_5）、R&D 人员折合全时当量（X_7）、专利申请授权数（X_{10}）、新产品销售收入（X_{13}）的关联度极高，可称为创新政策因子。进一步计算得到全国 31 个省（区、市）创新能力得分及在全国的排名情况（见表 3）。

表 3　2017 年和 2021 年全国 31 个省（区、市）创新能力得分及排名

省（区、市）	2017 年				2021 年			
	F_1	F_2	F	位次	F_1	F_2	F	位次
北　京	3.685	-0.968	1.371	1	4.829	-0.580	2.140	2
天　津	1.147	-0.808	0.175	7	1.560	-0.718	0.427	9
河　北	-0.705	0.002	-0.353	17	-0.399	0.238	-0.082	17
山　西	-0.600	-0.441	-0.521	21	-0.468	-0.362	-0.415	23
内蒙古	-0.606	-0.692	-0.649	28	-0.683	-0.588	-0.635	29
辽　宁	-0.024	-0.551	-0.286	15	0.304	-0.543	-0.117	18
吉　林	-0.151	-0.673	-0.411	19	0.218	-0.773	-0.274	19
黑龙江	-0.453	-0.616	-0.534	24	-0.073	-0.707	-0.388	21
上　海	1.627	-0.595	0.522	5	2.314	-0.424	0.953	5
江　苏	-0.080	2.055	0.982	3	0.449	3.337	1.885	3
浙　江	-0.089	1.312	0.608	4	0.389	2.434	1.406	4
安　徽	-0.325	0.128	-0.100	9	0.341	0.573	0.456	8
福　建	-0.489	0.062	-0.215	12	-0.171	0.531	0.178	12
江　西	-0.668	-0.069	-0.370	18	-0.115	0.143	0.013	15
山　东	-0.404	0.918	0.253	6	0.119	1.677	0.894	6
河　南	-0.758	0.251	-0.257	14	-0.158	0.406	0.122	14
湖　北	-0.064	0.076	0.005	8	0.560	0.411	0.486	7
湖　南	-0.412	-0.062	-0.238	13	0.166	0.348	0.256	10
广　东	-0.009	2.063	1.021	2	0.392	3.943	2.158	1
广　西	-0.726	-0.264	-0.497	20	-0.373	-0.203	-0.288	20
海　南	-0.555	-0.720	-0.637	27	-0.130	-0.821	-0.474	27
重　庆	-0.097	-0.501	-0.298	16	0.185	-0.218	-0.016	16
四　川	-0.360	-0.055	-0.209	11	0.157	0.210	0.183	11

省（区、市）	2017 年				2021 年			
	F_1	F_2	F	位次	F_1	F_2	F	位次
贵　州	-0.821	-0.225	-0.525	22	-0.624	-0.184	-0.405	22
云　南	-0.691	-0.394	-0.543	25	-0.512	-0.375	-0.444	24
西　藏	-0.701	-0.802	-0.752	31	-0.674	-0.836	-0.754	31
陕　西	-0.053	-0.273	-0.163	10	0.428	-0.158	0.137	13
甘　肃	-0.563	-0.503	-0.533	23	-0.341	-0.557	-0.449	25
青　海	-0.716	-0.758	-0.737	30	-0.678	-0.781	-0.729	30
宁　夏	-0.419	-0.757	-0.587	26	-0.284	-0.662	-0.472	26
新　疆	-0.824	-0.507	-0.667	29	-0.820	-0.390	-0.606	28

（四）评价结果分析

从综合得分情况来看，与 2017 年相比，2021 年全国 31 个省（区、市）的创新能力综合得分均明显上升，且有 15 个省（区、市）的得分大于平均值，反映出近年来各省（区、市）更加重视创新驱动发展。2021 年，广东、江苏、北京、浙江、山东、上海、四川、湖北、湖南、河南和安徽等 11 个省（市）的 R&D 经费投入超过千亿元；北京、上海、天津、广东、江苏和浙江等 6 省（市）的 R&D 经费投入强度超过全国平均水平。

从全国排名来看，2021 年，广东的创新能力综合得分超过北京跃居全国第 1 位，北京降至第 2 位，江苏、浙江、上海分列第 3~5 位，与 2017 年保持一致。湖北追赶速度加快，超越安徽升至第 7 位；但受疫情等各种因素影响，天津排名降至第 9 位。

从排名变化情况来看，2021 年排名上升的省（区）有 8 个，分别是黑龙江、安徽、江西、湖北、湖南、广东、云南、新疆；其中，黑龙江、湖南、江西均上升 3 位，表明这些省份的创新驱动发展效果显著。2021 年排名下降的省（区、市）有 7 个，分别是北京、天津、山西、内蒙古、辽宁、陕西、甘肃；其中，陕西和辽宁下降 3 位，山西、天津和甘肃下降 2 位，这些省（区、市）创新转型依然面临困难，持续创新优势尚未建立。

总体来看，全国各省份创新能力均在稳步提升，但地区差异依然存在。南北地区差距依然较大，在创新能力综合得分前 10 位的省（区、市）中，位于南部的省（市）有 7 个。从几大城市群内部排名差距来看，长三角一体化水平较高，三省一市排名均在前十；京津冀地区内部差异较大，北京一枝独秀，天津和河北相对落后；东北地区整体排名靠后。

从河南来看，2017 年和 2021 年创新能力综合得分均居全国第 14 位，虽未发生变化，但得分却从 -0.257 上升到 0.122，提高了 0.379。这表明，随着河南区位条件的不断改善、经济的高质量发展、科技投入不断加大及科技政策的密集出台，河南的创新发展趋势良好，创新综合实力显著增强。尤其是河南省第十一次党代会将创新驱动、科教兴省、人才强省战略放在"十大战略"之首，把创新摆在现代化建设的逻辑起点，为河南加快建设国家创新高地提供了千载难逢的机遇。

具体来看，与 2017 年相比，2021 年河南的第三产业增加值占 GDP 比重、R&D 经费投入强度、R&D 人员投入强度、科技支出占一般公共预算支出比重、每万人发明专利授权量、R&D 课题数、技术市场合同成交额等指标发展较快，其中，第三产业增加值占比提高 5.7 个百分点，每万人发明专利授权量、R&D 课题数、技术市场合同成交额分别是 2017 年的 1.7 倍、1.5 倍、7.9 倍，全省创新产出水平明显提升，推动河南创新综合实力因子得分快速提升，得分从 2017 年的 -0.758 增加到 2021 年的 -0.158，提高了 0.600，提高幅度居全国前列；在全国的位次也从第 29 位升至第 19 位，前进 10 位。

此外，河南在专利申请授权数、有 R&D 活动的企业数、科技企业孵化器在孵企业数、新产品销售收入等方面取得了较快发展，推动全省创新政策因子得分从 0.251 提高到 0.406，增加了 0.155。但要清醒地认识到，河南的创新政策因子得分居全国的位次不升反降，从 2017 年的第 5 位降至 2021年的第 8 位，反映出河南的创新环境不够优化和创新潜力有待进一步挖掘，尤其是河南作为人口大省、经济大省，其教育支出占一般公共预算支出比重却下降 1.0 个百分点，导致全省科教资源匮乏，基础研究投入长期偏低。

2021 年，河南的基础研究投入仅占全国的 1.4%，不足湖北的一半，与北京、上海、江苏、广东等发达地区相比差距更大。这反映出河南在核心技术方面的研发重视不足，原始创新能力薄弱，长此以往将阻碍国家创新高地目标的实现。

四　河南加快建设国家创新高地的对策建议

当今世界百年未有之大变局加速演进，创新既是重塑全球和区域竞争格局的关键变量，又是一个大的经济综合体实现高质量发展的引领性力量，更是全国各省份参与区域竞争的主战场。河南作为全国经济大省，能否在中国式现代化大局中掌握发展主动权，谱写新时代中原更加出彩的绚丽篇章，都取决于科技创新这个"关键变量"。进入新发展阶段，踏上经济由大变强的新征程，河南必须保持清醒，时刻牢记"国之大者"和"省之要者"，敢于并善于借鉴科技创新先进发达省份经验，增强服务国家战略科技力量建设的责任感，下定决心，排除万难，坚定不移走好创新驱动高质量发展之路，奋力打造国家创新高地。

（一）保持"定力"，坚持创新驱动，实现关键突破

加大政府对科技创新的投入力度。争取中央财政加大对河南省科技创新的支持力度，探索省级、市级财政科技投入协调联动机制，发挥财政科技投入对全社会创新投入的放大、示范、增效作用，引导企业、高校、科研机构等加大研发投入。推动关键核心技术"冲破桎梏"。紧抓重建重振省科学院契机，主动对接、深度嵌入全国战略科技力量体系，高效发挥省实验室引领带动作用，努力在 5G、高端装备、新材料、生物育种、智能网联汽车、新能源、生物医药及高端医疗装备等领域实现新突破，争取省实验室进入国家实验室基地或全国重点实验室行列。借鉴江苏、山东、上海等地的经验，牵头联合组建产业技术研究院，加强重点产业关键共性技术研发和成果转化，加快推进国家重大科技创新平台在豫布局。将郑洛新国家自主创新示范区建

设成制造业与科技创新深度融合的核心区域，形成新经济高地。坚持企业创新主体地位，促进各类创新要素、创新资源向企业集聚，形成以企业为主体、以市场为导向、产学研用深度融合的技术创新体系，加快培育一批创新龙头企业、产业链领航企业、制造业单项冠军企业、专精特新"小巨人"企业、瞪羚企业，支撑引领经济社会高质量发展。

（二）增强"活力"，注重数字引领，加快智能转变

数字经济作为新时代发展的产物，已成为新的经济增长点和构建现代化经济体系的重要引擎。依托郑州国家大数据综合实验区，打造全国区域性数据中心枢纽。依托郑州国家中心城市建设中原数字港，打造"数字丝绸之路"枢纽，推动全国各类数据资源和创新资源向郑州汇聚，抢占数字经济发展制高点。依托郑东新区智慧岛、郑州高新区大数据产业园，打造黄河鲲鹏产业生态链，打造以"智能终端、新型显示、集成电路、智能传感器"为核心的电子信息制造产业集群，增强数字经济发展"硬核"支撑力量。借鉴发达国家和先进省市的经验，在郑州、洛阳等地设立数字技术成果转移转化中心，推动数字技术迭代和转化应用。

（三）释放"张力"，完善体制机制，促进功能外溢

加快实施创新驱动发展战略是党的二十大报告为实现我国经济高质量发展做出的重大专项部署。创新驱动的实现要求坚持科技创新与体制机制创新"双轮驱动"，而技术创新则为创新驱动发展的关键引擎。完善科技管理基础制度，持续深化科技体制改革，从科技研发、成果产业化、金融支撑、资源优化配置4个方面打造科技创新平台，建立科技咨询支撑行政决策的科技决策机制，加快构建分工合理、梯次接续、协同有序的创新体系，积极营造有利于科技创新的制度环境。立足本地重点优势产业链，加快部署创新链，打好关键核心技术攻坚战，实施关键核心技术攻关工程，打通科技创新成果转化"最后一公里"。研究出台科技创新政策清单、问题清单、共享清单和减负清单等"四大清单"，完善科技领域安全工作协调机制，建立健全科技

安全风险预警、风险评估化解、信息研判、研发活动安全管理、重点科研机构与设施安全保障等制度。

（四）激发"潜力"，完善考核评价，促进提质增效

合理设计科技创新评估考核指标体系，根据原创性科技成果、战略性新兴产业、高层次科技人才、重大创新平台、创新创业生态构建一级评价指标，重点考核"全社会研发经费投入增长""每万人口高价值发明专利拥有量"等指标，强化科技创新策源功能。大力培育科技人才。学习上海等地的引才聚才经验，花大力气重点引进创新领军人才、创业领军人才和杰出青年人才。建立科研创新成果产权激励制度，对重点关键领域急需人才"一人一策"、量身定制，引进国际化产业高峰人才，千方百计提高人才待遇，最大限度发挥人才效能，让其创造性得到充分发挥。持续实施"人人持证、技能河南"，加快发展职业教育、技工教育，健全校企合作、工学一体培养制度，培育更多"能工巧匠"。借鉴江苏、上海等省市建立天使投资风险补偿资金进行风险补偿的经验，通过"风险投资+政府补偿"模式，引导更多资源资本支持种子期、初创期科技型中小企业茁壮成长，并长成参天大树。对部分颠覆性、重大关键共性技术，探索采取"悬赏""科研众包"方式，并负责"任务分包"和经费分配，营造不同智力资源相互融合的营商环境。

参考文献

河南日报课题组：《创新发展已成为现代化河南建设的主旋律、最强音》，《河南日报》2023年9月7日，第T02版。

谷建全：《打造全国创新高地与高校创新取向》，《河南教育（高等教育）》2022年第12期。

王中亚：《新发展阶段河南建设国家创新高地的问题与对策》，《黄河科技学院学报》2023年第6期。

郭建军等：《举全省之力建设国家创新高地》，《河南日报》2021年8月18日，第

9 版。

王婉劼：《河南建设数字经济新高地策略研究》，《统计理论与实践》2022 年第 11 期。

彭爱华：《我省有效发明专利年均增长超 20%》，《河南工人日报》2023 年 8 月 31 日，第 2 版。

郭丁然：《郑洛新自创区核心区 GDP 首次破千亿》，《河南商报》2022 年 9 月 20 日，第 A03 版。

李娜：《"河南这十年"科技创新实力提升最快创新成果产出最多》，《郑州日报》2022 年 9 月 20 日，第 1 版。

B.5
河南省18地市科技创新能力评价分析

河南省社会科学院课题组*

摘　要：　进入高质量发展阶段，提升科技创新能力为获得更广阔的经济增长空间提供了关键着力点。课题组对河南省18地市的科技创新能力进行评价研究，根据创新驱动发展战略要求，构建了由5个一级指标、26个二级指标组成的河南省科技创新能力评价指标体系，并利用最新的年度公开数据进行了评价分析，郑州市、洛阳市和新乡市在评价结果中排在前3位。与此同时，结合评价分析结果和创新领先地区经验做法，提出河南各地市应通过加快打造一流创新生态、"补短板"和"扬优势"形成区域协调发展新格局、因地制宜探索差异化创新发展路径和提升创新驱动高质量发展成效等途径，进一步提高城市科技创新能力，助推河南争创国家创新高地。

关键词：　科技创新能力评价　创新型城市　高质量发展　河南省

一　河南省科技创新能力评价指标体系构建

党的二十大明确指出"科技是第一生产力、创新是第一动力"。新时代中国经济的发展动力逐步向科技创新驱动转变，科技创新已成为经济社会发展的主引擎，内在地要求各个地区不断提升科技创新能力。科技创新能力是一个相对复杂的概念，学术界尚没有统一的界定，需要从多角度对其进行评

---

* 课题组组长：王玲杰，河南省社会科学院党委委员、副院长，研究员。课题组成员：杨东风、高泽敏、赵雅曼、冯凡栩、史璇、王楠。执笔人：赵雅曼，河南省社会科学院创新发展研究所研究人员，主要研究方向为科技创新管理与评价。

价。创新型城市以其创新治理完备有效、创新主体充满活力、创新要素配置高效、创新平台支撑有力的特点，为建设创新型省份和国家发挥了支撑引领作用，也为河南省18地市的科技创新能力评价提供了标杆和参考依据。因此，课题组在贯彻新发展理念和创新驱动发展战略的基础上，充分借鉴国内外相关研究成果，构建了河南省科技创新能力评价指标体系，形成了评价分析的基本框架。

（一）构建评价指标体系的思路和原则

课题组构建河南省科技创新能力评价指标体系时，主要有以下两个思路：第一，评价体系和评价过程要体现全面性、公正性和科学性。课题组在借鉴《国家创新型城市创新能力评价报告2022》和其他相关研究的基础上，充分研讨后对评价指标体系进行了设定和完善。第二，评价指标体系紧扣"以科技创新作为经济发展核心驱动力"这一核心要义。我国全面步入高质量发展阶段后，科技创新能力包含的范围更广、层次更深，创新基础、创新活动、成果转化、发展质量等都是深刻影响科技创新能力的关键因素，因此这些方面都要尽量囊括到评价指标体系中。

依据上述思路，课题组构建了河南省科技创新能力评价指标体系，主要遵循了三个方面的原则：一是全面性。评价指标体系要充分反映科技创新能力的概念内涵与外延特征，需要包含创新治理、创新功能、创新成效等多维度的统计指标。二是客观性。评价指标主要选取定量指标，且尽量采用纳入国家或部门统计标准的指标，统计数据来源于统计局的统计年鉴、历年《国民经济与社会发展统计公报》以及相关政府部门的公开信息，以确保评价过程和结果的公开性、规范性。三是数据可得性和有效性。全面可靠的数据是开展评价分析的前提，课题组在确保基础数据来源公开、权威可靠的基础上，对其进行整理、计算得到部分评价指标数据，如若一些数据无法获得，则将相应指标从评价指标体系中剔除。

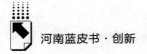

（二）评价指标的设计和选取

根据全面性、科学性、数据可靠性等原则，结合创新驱动发展的要求，课题组构建了一个包含 5 个一级指标、26 个二级指标的河南省科技创新能力评价指标体系。其中，一级指标涵盖创新治理能力、原始创新能力、技术创新能力、成果转化能力和创新驱动能力 5 个维度，体现了评价体系的全面性、科学性。在具体二级指标的设计上，创新治理能力包括全社会研发经费支出占地区生产总值的比重、财政科技支出占比公共财政支出的比重、万名就业人员中研发人员数量、万人普通高校在校生数、人均实际使用外资金额；原始创新能力包括规模以上工业企业基础研究经费占研发经费的比例、普通高等学校数、研发单位数、省级以上重点实验室数、院士工作站数；技术创新能力包括规模以上工业企业研发经费支出占营业收入的比重、高新技术企业数、创新龙头企业数、省级新型研发机构数、万人发明专利拥有量；成果转化能力包括技术合同成交额占地区生产总值的比重、国家级科技型中小企业数、瞪羚企业数、省级以上科技孵化器和大学科技园数、省级以上众创空间数、规模以上工业企业新产品销售收入占营业收入的比重；创新驱动能力包括人均地区生产总值、居民家庭人均可支配收入、城乡居民家庭人均可支配收入之比、高新技术产业增加值占工业增加值的比重、$PM_{2.5}$ 年平均浓度。

与《国家创新型城市创新能力评价报告 2022》的指标体系相比，河南省科技创新能力评价指标体系在基本框架上保持不变，但对一些统计指标进行了修改，例如在原始创新能力指标中删去了高层次科技人才数、"双一流"建设学科数、国家级科技成果奖数，加入普通高等学校数、研发单位数、省级以上重点实验室数、院士工作站数等。最终，在河南省科技创新能力评价指标体系中，除城乡居民家庭人均可支配收入之比和 $PM_{2.5}$ 年平均浓度是负向指标外，其余指标均是正向指标（见表 1）。

评价指标体系的修改主要考虑两方面的情况：一是数据的可得性。部分指标数据不可得，只能从指标体系中替换或删除。二是评价对象的层次和特点。尽管都聚焦于地级以上城市，但城市发展水平和创新能级存在差异。《国家创新型城市创新能力评价报告》针对的是全国范围内的创新型试点城市，这些城市普遍经济基础好、创新能力强，与课题组所关注的河南省18地市不同。因此，对现有指标体系进行了合理的优化，例如将国家级科技孵化器、大学科技园、双创示范基地数替换为省级以上科技孵化器和大学科技园数。

表 1　河南省科技创新能力评价指标体系

一级指标	二级指标
创新治理能力	全社会研发经费支出占地区生产总值的比重（%）
	财政科技支出占公共财政支出的比重（%）
	万名就业人员中研发人员数量（人/万人）
	万人普通高校在校生数（人）
	人均实际使用外资金额（美元）
原始创新能力	规模以上工业企业基础研究经费占研发经费的比例（%）
	普通高等学校数（个）
	研发单位数（个）
	省级以上重点实验室数（个）
	院士工作站数（个）
技术创新能力	规模以上工业企业研发经费支出占营业收入的比重（%）
	高新技术企业数（家）
	创新龙头企业数（家）
	省级新型研发机构数（个）
	万人发明专利拥有量（件）
成果转化能力	技术合同成交额占地区生产总值的比重（%）
	国家级科技型中小企业数（家）
	瞪羚企业数（家）
	省级以上科技孵化器和大学科技园数（家）
	省级以上众创空间数（家）
	规模以上工业企业新产品销售收入占营业收入的比重（%）

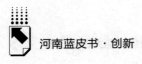
续表

一级指标	二级指标
创新驱动能力	人均地区生产总值(万元)
	居民家庭人均可支配收入(万元)
	城乡居民家庭人均可支配收入之比
	高新技术产业增加值占工业增加值的比重(%)
	PM$_{2.5}$年平均浓度(微克/立方米)

(三)评价方法

河南省18地市科技创新能力评价采用标杆法,即对被评价对象给出基准值,并以此标准衡量所有被评价对象,得到单项指标的得分。具体地,根据年度截面数据将各观测点指标表现最优的地市得分记为100分,其他地市的得分按其指标值与该项最高值的比例计算。负向指标先取倒数进行正向化处理,再计算指标得分。各指标得分f_{ij}计算公式如下:

$$f_{ij} = X_i/X_{\max} \times 40 + 60$$

其中,i表示观测点,j代表河南省18地市。数值为百分制,评定标准:70分及以下为"较差",70~80(含)分为"一般",80~90(含)分为"良好",90分以上为"优秀"。为保证评价的客观性,本研究对一级指标、二级指标的权重均进行等权处理。根据河南省18地市二级指标的得分与权重计算其加权平均值,得到一级指标得分,再对5个一级指标得分进行加权平均,得出河南省18地市科技创新能力综合得分。

(四)数据来源

为保证评价结果的客观性、公正性,以及考虑到数据的可得性,评价分析所使用的基础数据大部分来自《2022河南统计年鉴》《2021年国民经济与社会发展统计公报》,部分基础数据来自政府相关部门的公开数据,数据统计时间截至2021年底。此外,评价指标体系中的比例类指标和人均指标利用基础数据计算得到，例如全社会研发经费支出占地区生产总值的比重、万人发明专利拥有量等。

二 河南省18地市科技创新能力评价结果与分析

课题组利用河南省科技创新能力评价指标体系，结合公开、可靠的统计数据，通过定量分析方法得到评价结果。

（一）综合评价结果

由综合评价结果可知，郑州市、洛阳市和新乡市的科技创新能力排前3位，第4位至第18位分别是焦作市、许昌市、南阳市、济源市、鹤壁市、漯河市、驻马店市、三门峡市、开封市、平顶山市、濮阳市、安阳市、信阳市、商丘市、周口市（见图1）。根据计算，2021年河南省18地市科技创新能力的平均得分为73.84分，综合评价等级为"一般"。超过平均水平的地市分别是郑州市、洛阳市、新乡市和焦作市，这几座城市位于河南省的中间位置，其余地市得分均低于平均水平，尤其是位于北部的濮阳市和安阳市，位于南部的信阳市，以及位于东部的商丘市和周口市。河南省科技创新能力呈现"中间强，南北弱"和"西强东弱"的空间分布格局。

信阳市、商丘市和周口市2021年科技创新能力总体水平不高，得分均低于70分，评价等级为"较差"。三个地市的实际情况各不相同，位于河南省最南部的信阳市地处鄂豫皖三省交界，除原始创新能力得分位列第七外，其余一级指标得分都处于中下游，尤其是创新治理能力和技术创新能力指标得分较为落后，均排在第17位，因此总排名相对靠后；周口市同信阳市一样，存在农业占比较高、发展底子薄的短板，创新治理能力和技术创新能力指标得分在全省的排名均靠后，是制约其科技创新能力提升的主要原因。商丘市则稍有不同，商丘市总排名落后的原因不仅在于创新治理能力、技术创新能力指标得分较低，而且创新驱动能力指标得分居于18地市末位。可以看出，近年来信阳市、商丘市和周口市在创新治理和技术创新方面面临一定的困难。

这些地市需要在改善创新治理环境、加大政府支持力度和提高企业技术创新积极性等方面下功夫。

与上述河南东南部三市相比,北部的濮阳市和安阳市2021年科技创新能力得分状况稍好,但仍处于河南省18地市下游,评价等级为"一般"。值得注意的是,濮阳市的技术创新能力指标得分排第8位,但创新治理能力、原始创新能力、成果转化能力和创新驱动能力指标得分排名均位于下游。安阳市则只在成果转化能力指标上表现相对较好,其余指标得分情况不佳,从而拉低了总排名。

以郑州市为中心,洛阳市、新乡市、焦作市、许昌市均位于河南省科技创新能力总评价排名的前列,占据排行榜前五,除洛阳市得分进入"良好"等级外,其余地市评价结果均表现为"一般",与排名第一的郑州市还有较大差距。开封市脱离了全省排名的第一方阵,居第12位。可以看出,位于郑州大都市区、中原城市群、郑洛新国家自主创新示范区等战略叠加区域的地市,在创新治理、原始创新、技术创新、成果转化和创新驱动方面存在明显优势,具备创新发展、带动周边、辐射全省的潜力和竞争力。除此之外,

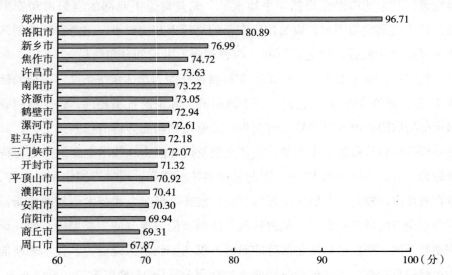

图1　2021年河南省18地市科技创新能力综合评价结果

南阳市在"北强南弱"的局势下突出重围，在 18 地市科技创新能力评价结果中位列第六，较大的经济和人口规模为原始创新、技术创新和成果转化等提供了强有力的支撑。

（二）分项指标的评价情况

1. 创新治理能力指标

创新治理能力指标包括全社会研发经费支出占地区生产总值的比重、财政科技支出占公共财政支出的比重、万名就业人员中研发人员数量、万人普通高校在校生数和人均实际使用外资金额 5 个二级指标。该项指标排名前五的地市分别是郑州市、洛阳市、济源市、鹤壁市、新乡市（见图 2）。其中，郑州市得分为 95.59 分，评价等级为"优秀"，洛阳市、济源市、鹤壁市、新乡市得分在 80~90（含）分，评价等级均为"良好"。具体地，郑州市财政科技支出占公共财政支出的比重、万名就业人员中研发人员数量、万人普通高校在校生数 3 个二级指标得分均排在河南省第 1 位；洛阳市创新治理能力指标得分为 89.41 分，仅次于郑州市，全社会研发经费支出占地区生产总值的比重、财政科技支出占公共财政支出的比重和万名就业人员中研发人员数量指标得分分别排在第 1 位、第 2 位和第 3 位；济源市创新治理能力指标得分为 83.68 分，万名就业人员中研发人员数量、人均实际使用外资金额、全社会研发经费支出占地区生产总值的比重和万人普通高校在校生数指标得分分别排在第 2 位、第 3 位和第 4 位，严重制约其创新治理能力提升的二级指标是财政科技支出占公共财政支出的比重，得分排第 17 位，创新财政支持力度稍显不足；鹤壁市创新治理能力指标得分为 81.82 分，其人均实际使用外资金额指标得分排在全省首位，而财政科技支出占公共财政支出的比重、万名就业人员中研发人员数量、万人普通高校在校生数和全社会研发经费支出占地区生产总值的比重 4 个二级指标分别位列第三、第七、第十和第十三；与济源市、鹤壁市不同的是，新乡市在创新治理能力一级指标的得分不高，仅有 80.42 分，排名第五，落后于科技创新能力综合排名，主要原因在于人均实际使用外资金额、财政科技支出占公共财政支出的比重两个二级指标得分较低，分别排在第 8 位、第 9 位。

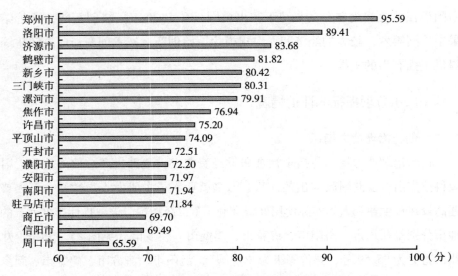

图2　2021年河南省18地市创新治理能力指标评价结果

2. 原始创新能力指标

党的二十大报告明确指出，原始创新是影响国家科技水平和核心竞争力的重要因素，是抢占科技制高点的重要途径。原始创新能力的二级指标包括规模以上工业企业基础研究经费占研发经费的比例、普通高等学校数、研发单位数、省级以上重点实验室数、院士工作站数。原始创新能力指标得分排在前5位的地市分别是郑州市、驻马店市、洛阳市、新乡市和许昌市（见图3）。从一级指标得分情况来看，除郑州市达到"优秀"外，其余地市多集中表现为"较差"，得分等级出现了断档现象。排第1位的郑州市得分（93.26分）比第2位的驻马店市得分（71.35分）高21.91分，这表明两地市原始创新能力差距较大，但是排在第3位至第18位的地市原始创新能力指标得分差距不大。其中，郑州市的普通高等学校数、研发单位数、省级以上重点实验室数、院士工作站数4个二级指标得分均位列全省第一，省级以上重点实验室数量比其他17个地市的总和还要多，具有极大的优势，充分体现了近年来郑州市建设国家中心城市和国家区域性科技创新中心的成效。未来，郑州市将继续强化创新策源功能，集聚高端创新资源，增强基础研究原始创新能力，重塑实验室体系，加快引进大院名所，增强战略科技力量和打造"人才高地"。驻马店市的规模以上工业企业基础研究经费占研发经费的比例、研发单位数、院士工作站数、省级以上重点实验室数和普通高等学校数指标的排名分别为第一、第九、第十二、第十四和第十六，排名之间差距较大。该市在规模以上工业企业基础研发经费占研发经费的比例方面有显著优势。而在各个二级指标方面表现都不是很突出的鹤壁市、三门峡市和济源市在全省的排名靠后。

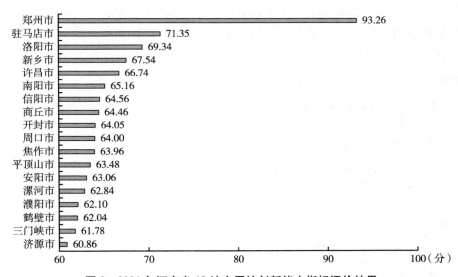

图3　2021年河南省18地市原始创新能力指标评价结果

3. 技术创新能力指标

技术创新是以企业为主体，以科学技术知识及其创造的资源为基础，以创造新技术为目的的创新活动。由于数据可得性，课题组主要选取了规模以上工业企业研发经费支出占营业收入的比重、高新技术企业数、创新龙头企业数、省级新型研发机构数、万人发明专利拥有量5个二级指标来衡量技术创新能力。具备一定的技术创新能力是企业获取竞争优势和实现可持续发展的重要保障，企业作为科技创新的主力军，技术创新能力强就意味着地区的创新活动高度活跃、创新要素高度集聚，代表着城市具有较强的科技创新能力。技术创新能力指标得分排在前5位的地市分别是郑州市、洛阳市、新乡市、南阳市和焦作市（见图4）。郑州市得分为96.07分，技术创新能力保持"优秀"水准，除规模以上工业企业研发经费支出占营业收入的比重指标得分排在第8位以外，其余二级指标得分均位列第一；洛阳市、新乡市、南阳市得分均处于"一般"水平，分别是79.69分、75.89分和71.00分，洛阳市和新乡市的各项二级指标排名与其技术创新能力排名相差不大，但南阳市的5个二级指标得分差距较大。南阳市的规模以上工业企业研发经费支出占营业收入的比重、高新技术企业数、创新龙头企业数、万人发明专利拥有量指标得分分别排在第1位、第4位、第4位、第10位，这意味着南阳市在工业发展领域R&D经费投入增长较快，其他方面指标的改善将会显著提升其技术创新能力的排名。

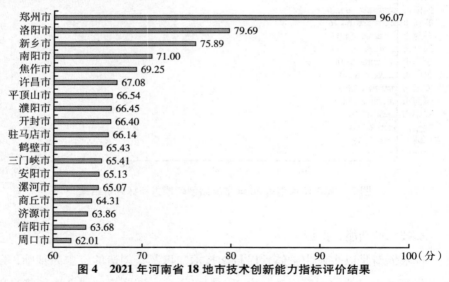

图4　2021年河南省18地市技术创新能力指标评价结果

4.成果转化能力指标

科技成果转化是创新过程不可或缺的一环，成果转化能力指标包括技术合同成交额占地区生产总值的比重、国家级科技型中小企业数、瞪羚企业数、省级以上科技孵化器和大学科技园数、省级以上众创空间数、规模以上工业企业新产品销售收入占营业收入的比重6个二级指标。国务院印发的《实施〈中华人民共和国促进科技成果转化法〉若干规定》强调"要打通科技与经济结合的通道，促进大众创业、万众创新，鼓励研究开发机构、高等院校、企业等创新主体及科技人员转移转化科技成果，推进经济提质增效升级"。该项指标得分排在前5位的地市分别是郑州市、洛阳市、焦作市、新乡市和南阳市（见图5）。在成果转化能力方面，郑州市依然遥遥领先，2021年，郑州市技术合同成交额占地区生产总值的比重、国家级科技型中小企业数、瞪羚企业数、省级以上科技孵化器和大学科技园数、省级以上众创空间数、规模以上工业企业新产品销售收入占营业收入的比重均以绝对优势位列全省第一；洛阳市、焦作市、新乡市和南阳市位列第二方阵，与郑州市差距较大，均处于"一般"水平，在国家级科技型中小企业数、瞪羚企业数、省级以上科技孵化器和大学科技园数、省级以上众创空间数方面仍有较大追赶空间；从城市的指标得分特点来看，许昌市科技成果转换平台和载体数量不少，但技术合同成交额占地区生产总值的比重、规模以上工业企业新产品销售收入占营业收入的比重指标得分较低，制约着许昌市成果转化能力排名的提升。

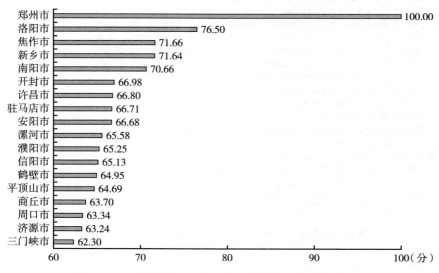

图5　2021年河南省18地市成果转化能力指标评价结果

5. 创新驱动能力指标

创新驱动作为高质量发展的重要抓手，在经济社会发展中的地位和作用日渐凸显。创新驱动能力指标选取了人均地区生产总值、居民家庭人均可支配收入、城乡居民家庭人均可支配收入之比、高新技术产业增加值占工业增加值的比重、PM$_{2.5}$年平均浓度5个二级指标，这些指标均与城市人口规模、地区经济发展水平存在一定的关联性。从指标评价结果来看，各地市在创新驱动能力方面发展差距不大，郑州市、济源市、许昌市、焦作市、三门峡市和鹤壁市得分均超过90分，表现为"优秀"，其余地市得分均在80~90（含）分，达到"良好"等级。洛阳市在该项指标上排名靠后的主要原因在于城乡居民家庭人均可支配收入之比、高新技术产业增加值占工业增加值的比重两项指标得分分别排第18位、第11位。新乡市创新驱动能力指标得分排名靠后，主要是因为人均地区生产总值排第11位以及PM$_{2.5}$年平均浓度排第13位，新乡市在个别指标上存在明显的短板。

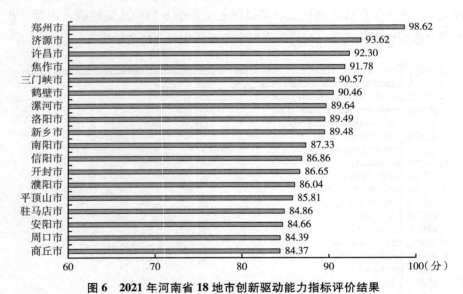

图6　2021年河南省18地市创新驱动能力指标评价结果

三　政策建议

第一，加快打造一流创新生态。在国家创新驱动战略导向下，许多省份均提出打造国家创新高地，不断培育壮大创新发展动能，位于我国创新第一方阵的广东、江苏、浙江、山东和安徽等省份，都把制度顶层设计和创新生态体系构建作为重点来打造优势，为河南省建设国家创新高地提供经验借鉴。首先，要坚持科技创新和体制机制创新"双轮驱动"，以改革驱动创新，推进以促进科技创新为中心的创新体制机制改革，建立完善与科技攻坚和应急攻关相适应的体制机制，采取人才引育、金融支持、项目支撑、减负纾困等政策措施，加快推动企业研发中心和创新平台建设，营造良好的法律、政策、社会、文化环境，持续增强企业创新主体地位，满足各方创新主体的需求，充分释放全社会巨大的创新潜能；其次，要不断完善科技创新治理体系。探索推行同科技革命和产业变革方向相匹配的敏捷治理模式，从管理制度、分配方式、引导政策、政府投入、组织模式等多层次完善科技治理体系顶层设计，坚持多元主体共治，整合和优化科技资源，重塑治理流程。开展科技人才评价改革试点，最大限度激发人才创新创造活力。要围绕重要学科领域和创新方向完善战略科技人才、科技领军人才和创新团队培养发现机制，健全创新激励和保障机制。在全社会弘扬工匠精神、科学家精神，营造尊重知识、尊重劳动、尊重人才、尊重创造的环境，形成崇尚科学的风尚，鼓励青年科技才人脱颖而出；最后，要构筑开放式创新生态，促进创新资源双向开放和流动。积极搭建国际科技合作重大平台，创新对外科技合作模式，面向"一带一路"重点合作区域，在更宽领域深化与共建国家和地区的科技创新合作。主动融入全球科技创新网络，深度参与全球创新治理，增强创新要素集聚和创新资源整合能力。

第二，推动形成区域协调发展新格局。一方面要着重"补短板"，支持更多地市开展创新型城市建设。全力推进高能级创新平台建设，优化创新平台布局和研发平台培育机制，充分发挥其在集聚创新资源、开展技术研发、促进成果转化和提供技术服务方面的带头作用；统筹建设产业创新载体，新建一批省级高新区、国家级高新区，引导集聚创新创业要素，优化创新创业环境，推动高新区高质量发展；河南省重点高校数量较少，高校科技创新能力较弱。要聚焦教育强省和国家重要人才中心建设目标，统筹推进高校布局、学科学院和专业设置调整优化,推动高等教育向量质并重、内涵提升转变;健全创新引领型企业集群发展体系,着重培育战略性新兴企业和瞪羚企业。另一方面要不断"扬优势",增强核心地区辐射带动作用。郑州市作为河南省的省会,地理位置优越,具有丰富的资源和广阔的市场空间,在"三区一群"建设、国家区域科技创新中心和国家中心城市建设等政策优势叠加下,郑州市应积极主动运用自身的发展经验和成果,影响并促进全省各地市的协调发展。系统推进中原城市群、郑州都市圈建设,将周围城市的力量集聚起来形成累积效应,同时发挥这些城市群的示范和辐射作用,及时将最新的科学技术、方针政策、创新成果等辐射到周边城市,再由周边逐渐向外围扩散,最终带动河南省各地市创新协同发展。继续发挥郑洛新国家自主创新示范区体制机制优势,在引进培育高层次人才、建设重大科研设施、发展科技金融、优化营商环境等方面实施更具竞争力的政策措施,推进创新改革试验,探索形成一系列带动发展的体制机制。开展跨区域创新合作,促进创新资源的双向流动和高效利用,推进区域一体化发展。

第三,因地制宜探索差异化创新发展路径。一方面,各地市在创新链中的主体功能不同。对于科教资源和高端人才集聚的郑州市来说,要强化原始创新功能,增强硬核科技支撑,在事关未来发展的战略领域占领制高点,打造原始创新策源地,力争将郑州建成创新体系健全、创新绩效高、经济社会效益好、创新辐射作用强的区域科技创新高地;对于创新能力尚可的洛阳市、新乡市等,建议立足国家创新型城市建设要求,加强与创新领先地区的合作,优先布局具有发展潜力和高附加值的战略性新兴产业,打造产业技术创新高地和创新增长极;而对于科技资源相对匮乏、经济发展相对落后的其他地市要优化整合创新资源,集聚多样创新要素,进一步拓宽创新资源供给渠道,强化创新资源集聚和成果转化功能。另一方面,地区科技创新的优势领域不同、重点发展产业不同。因此,各地开展基础研究、技术开发或成果转化都需要结合自身资源禀赋和创新功能定位,找准创新发展模式,进一步因地制宜探索差异化创新发展路径。同时,建立差异化创新政策体系,充分发挥各自的产业优势,围绕产业链部署创新链,围绕创新链布局产业链,缩小地区之间创新发展差距，构建优势互补的区域发展格局。

第四，提升创新驱动高质量发展成效。当前，我国已由高速增长阶段转向高质量发展阶段，立足新发展阶段，推动高质量发展，迫切需要更多高质量科技创新供给，进一步把科技创新融入经济社会发展的各方面各环节，从而找准新发展理念下的发展领域、发展重点、发展路径和方法。对此，要持续提升科技创新投入强度，合理配置创新资源，分别发挥政府创新投入和企业创新投入在不同领域、不同阶段的优势，加大对战略性新兴产业和未来产业的支持力度；强化企业创新主体地位，充分发挥龙头企业的核心作用，建立都市圈龙头骨干企业培育库，以龙头企业为引领推动产业链跨区域协同合作；完善科技成果转化服务体系，创新"产学研用"合作方式，扩大产学研融合型城市、企业、高校试点范围，促进教育链、人才链与产业链、创新链深度融合、有机衔接。优化科技中介服务，构建多维度科技金融服务网络，加速优质企业上市挂牌融资；同时，抓知识产权就是抓创新，保护知识产权就是保护创新。要加大知识产权保护力度，加快创新要素与知识产权保护体系的协同发展，打造知识产权创新保护链，营造公平公正、开放透明的知识产权法治环境和市场环境，加强知识产权创造、运用和保护。

参考文献

赵志耘、杨朝峰、张志娟：《国家创新型城市创新能力监测与评价》，《科技导报》2021年第21期。

张鹏、熊思勇、杨朦：《苏州城市创新能力研究——基于〈国家创新型城市创新能力评价报告（2022）〉的指标分析》，《江苏科技信息》2023年第15期。

王翔翔、刘瀑：《城市发展转型提升创新水平吗？——来自国家创新型城市试点的证据》，《经济经纬》2023年第2期。

王志刚：《新时代科技创新工作的根本遵循和行动指南》，《科技日报》2023年9月7日，第1版。

朱承亮：《新时代我国科技创新发展的伟大成就与展望》，《科技智囊》2023年第7期。

科技创新篇

B.6
河南省新型研发机构高质量发展研究

杨东风*

摘　要：　自 1990 年开始，在金融危机和国内经济实现历史性变革的背景下，我国新型研发机构逐渐在东部沿海地区兴起。伴随新型研发机构的不断发展和壮大，河南省在人才输送、技术创新以及相关成果转化方面成绩显著，进而逐渐得到社会各界和国家相关政府部门的重视。新型研发机构的蓬勃发展，展现了国家对新型产业发展的重视，顺应了时代发展的潮流。因此，建设新型研发机构，积极引导新型研发机构发展壮大，对有效促进国家以及各地区科技创新体制改革具有重要意义。

关键词：　研发机构　高质量发展　河南省

---

* 杨东风，河南省社会科学院创新发展研究所所长、编审，主要研究方向为行政管理、人事人才等。

新型研发机构指主要从事科研与技术开发及相关活动，采用多元化投资、企业化管理和市场化运作，具有独立法人资格的以知识探索、技术创新和成果转移转化为主要组织活动形式的机构。2015 年 9 月 25 日，中共中央办公厅、国务院办公厅印发的《深化科技体制改革实施方案》，明确提出要鼓励发展社会化新型科研机构，并将深入探索其非营利性运行模式作为未来工作的重点发展方向之一，并在 2016 年《国家创新驱动发展战略纲要》中明确要求发展面向市场的新型研发机构。2019 年 9 月 19 日，科技部颁布了《关于促进新型研发机构发展的指导意见》（以下简称《意见》），提出强化新型研发机构建设的 18 条具体措施。新型研发机构逐渐成为我国创新体系建设的重要力量，通过体制创新，构建多元化的创新服务模式，新型研发机构展现出强大的创新活力。

一 新型研发机构的基本概念

1996 年深圳市政府与和清华大学合作成立了国内最早的新型研发机构——深圳清华大学研究院，随着学者的关注度不断提升，自 2002 年起，针对新型研发机构的研究逐渐系统化。由于与传统的研发机构存在较大差异，新型研发机构属于新生代产物，国内学者对其并未达成统一的认识，目前较为常用的称呼有"产业技术研究院"、"工业技术研究院"和"新型研发（科研）机构"等。

对于"新型研发（科研）机构"而言，其最早于 2013 年由学者陈宝明提出，进而得到越来越多学者的认可。随着研究的不断深入和发展，该类研究机构所涵盖的内容越来越广泛。随着涉及的内容越来越广泛，"新型研发（科研）机构"在宣传和推广方面更加便捷，同时随着称呼和用语逐渐统一，有效避免了研究的混乱，有助于学者进行深入研究。

对于我国的新型研发机构而言，其是经济发展以及科技进步的产物，与传统的研发机构相比，新型研发机构无论是在机制创新、相关科研成果转化，还是在创新人才的引进和输出方面，均展现出较高的效率，取得了较好的效果，自身特点突出，同时呈现我国社会主义市场经济独有的特点。本研究认为，新型研发机构是我国科研体制和创新机制改革的产物。在区域创新改革过程中，新型研发机构是以政府相关部门为主体建立的一种全新的区域性创新发展平台。新型研发机构贯穿创新发展的整个价值链条，同时有效跨越了创新价值链条的"死亡谷"地带，通过整合实现了不同创新要素的全新组合与发展，是未来传统研发机构变革和发展的方向。

二 新型研发机构的特点

第一，多样化的投资主体。对于新型研发机构而言，投资主体往往呈现多元化，由社会资本与政府资本共同组成，投资的方式更加灵活多样，市场化运作程度较高，操作更加便捷，能够有效识别差异化的研发需求。

第二，独特、高效的管理运作模式。一般来说，新型研发机构的主要决策部门为理事会，同时具体的运营管理和经营由院长与所长共同负责。新型研发机构的投资方主要为政府部门、科研机构、高等院校以及企业等，其运营模式依照市场化运作以及科技创新规律，构建了区别于传统研发机构的全新运行机制，有效整合各类创新主体优势。新型研发机构在人才使用方面，不拘泥于传统的用人模式，在公开透明以及优胜劣汰的原则下，实现人才的有效选拔和任用，同时打破地域限制，实现人才使用的全球化。

第三，组建具有多层次目标的新型研发机构。新型研发机构成立的主要目的是有效促进和带动区域经济转型发展，加快科技成果转化，借助科技创新促进产业升级和发展。

第四，基于地区产业特性实现科技与经济发展的有机融合。对于新型研发机构而言，其运作不仅能够服务创新活动的某个环节，同时贯穿创新链条的全流程，通过基础创新、产业创新以及社会财富创造等多链条，有效带动价值链各个环节的创新与发展。新型研发机构不仅具有较强的研发功能，同时能够有效实现技术服务以及产业化发展。

三 新型研发机构的模式分类

目前，广东省是我国新型科研机构发展较早的省份，目前广东省拥有各类新型研发机构 297 家，建设主体涉及政府相关部门、高等院校、科研院所、企业、相关社会组织、产业发展联盟、科研团体以及相关个人等。新型研发机构的形式也呈现多元化，具有企事业单位形式、民办非企业机构以及社会团体等。新型研发机构的组建方式一般有单位或个人单独承办、由一家企业主导建立、多家企业联合组建等。常见的联合办理方式主要有由政府相关部门主导，高等院校、科研院所以及相关企业共同组建，以及由社会组织或科研院所、企业主导，其他单位共同组建两种。对于新型研发机构来说，主导单位往往起到了决定性作用，其组建的目的较为明确，同时投入的资金也最多，一定程度上决定了新型研发机构的运行机制和管理模式。基于不同组建单位主体的类型，可以将新型研发机构大体划分为政府主导类型、高等院校主导类型、企业主导类型、社会组织主导类型以及团队或个人主导类型等。

四 我国新型研发机构的先进发展经验

广东省新型研发机构在全国起步较早，随着新一轮科技革命以及产业革命的不断发展与推进，我国科技创新进入全新、快速发展时期，尤其是从"科"到"技"的变革过程不断加快，对于问题导向型的相关科学研究不断增加。新兴学科以及相关领域的不断发展，有效带动了科技以及相关产业的发展。目前，国内各地区创新发展要素呈现多样化形式，各要素的流动以及组合不断加速，有效推动我国新型研发机构建设的科技发展模式创新。随着时代的发展和科技进步，新型研发机构逐渐呈现网络化、平台化以及生态化的发展趋势。归纳起来，广东省的新型研发机构呈现以下几个方面的特点。

（一）领导重视

广东省委、省政府高度重视新型研发机构建设，将其作为省、部、院产学研合作的重要抓手之一，同时给予大力支持。广东省在 2005 年与教育部和科技部开展了省部联合产学研试点，并在 2009 年与中国科学院开展了全方位的战略合作，重点推动全国重点高校以及科研机构与广东省开展全方位的创新合作，在广东省搭建全新的创新平台，进而将广东省打造成"孔雀东南飞"的落脚点。省委、省政府将"新型研发机构建设"作为全省促进创新驱动发展的"八大抓手"（高新技术企业重点培育、新型研发机构建设与运营、企业技术重点改造与创新、各级科技企业孵化器重点打造和创新平台建设、高水平大学和理工科大学建设、开展核心技术攻关、加强创新人才队伍建设、发展科技金融）中的第二大抓手，成为地方党委、政府年度工作报告的重要考核指标。据统计，截至 2019 年底，广东省科技厅备案、省政府授牌命名的新型研发机构已达 297 家。[①]

（二）政策支持

近年来，全国各省（区、市）先后出台了一系列鼓励新型研发机构发展的具体措施及优惠政策，大大促进了新型研发机构的发展。例如，2018 年北京市政府相关部门颁布了《北京市支持建设世界一流新型研发机构实施办法（试行）》，瞄准世界前沿建设一批新型研发机构；上海市科委印发《关于促进新型研发机构创新发展的若干规定（试行）》，将其视为增强科技创新中心策源能力的重要突破口；广东省科学技术厅颁布《广东省科学技术厅关于新型研发机构管理的暂行办法》，鼓励高质量发展新型研发机构，实现全省各省辖市省级重大新型研发机构全覆盖，其中，建有省级以上高新区的省辖市原则上拥有不少于 2 家重大新型研发机构，省委、省政府在新近出台的一系列重大政策文件中，进一步明确新型研发机构在粤港澳大湾区发展规划中的战

---

① 数据由广东省科技创新监测研究中心袁永伟同志提供。

略定位，瞄准世界前沿和世界 500 强企业，研究制定一系列与国际接轨的优惠政策。这提升了广东省新型研发机构的发展质量、发展速度和"卡脖子"技术创新能力。

（三）加大投入

各省（区、市）不断加大对新型研发机构建设的财政投入，如广东省在原有的一系列优惠政策的基础上，对重大新型研发机构给予 2000 万元的财政奖补；各省辖市财政也纷纷给予不低于 100 万元的奖补。福建省的奖补力度更大，对于首次确定的新型研发机构，其通过非财政资金方式购买的相关科研仪器、设备以及软件等，给予 50% 的补贴，补贴总额最高可达 3000 万元；对于非独立法人的新型研发机构补贴最高可达 2000 万元，对于独立法人的新型研发机构补贴金额最高可达 5000 万元，对于仪器设备补贴超过 3000 万元的部分，依据市、区相关财政体制进行层级分担。上海、浙江、江苏等经济发达省份，对于符合相关条件的科技类社会组织以及研发服务类企业，给予相应的研发补贴，大力补助研发机构开展相关创新活动，对于上年非财政类经费支持的相关研发经费给予不超过 30% 的补贴，单一机构补贴不超过 300 万元。

五　河南省新型研发机构发展现状

近年来，河南省委、省政府高度重视新型研发机构建设，在工作启动的当年，就将新型研发机构建设纳入《省委省政府关于贯彻落实〈国家创新驱动发展战略纲要〉的实施意见》《省委省政府关于加快推进郑洛新国家自主创新示范区建设的若干意见》。河南省以《关于加快建设全国重要人才中心的实施方案》为指引，根据河南省的实际情况拟定了"1+20"一揽子人才政策，制定出台了《河南省"十四五"科技创新和一流创新生态建设规划》《关于加快构建一流创新生态建设国家创新高地的意见》《实施"创新驱动、科教兴省、人才强省"战略工作方案》《河南省"十四五"人才发展人力资源开发和就业促进规划》等一系列配套政策与措施，为构建新型研发机构及一流人才发展生态制定了方针路线。省人社厅、省科技厅等职能部门在全省范围内大力推进这项工作，全省上下推进新型研发机构建设工作，围绕产业发展完善新型研发机构建设和发展的顶层设计与整体布局，主动谋划、主动服务。

（一）基本情况

在政策扶持上，河南省研究出台专项扶持政策和实施方案。《扶持新型研发机构发展若干政策》从税收优惠、资金扶持、人才激励等 20 个方面加大对新型研发机构的支持力度。将新型研发机构建设纳入省委、省政府"四个一批"重大战略决策，制定《河南省重大新型研发机构遴选和资助暂行办法》，并据此开展了首批省重大新型研发机构遴选和资助工作，确定了郑州信大先进技术研究院、郑州中科新兴产业技术研究院等 10 家机构为首批省重大新型研发机构，并以省政府名义命名，省财政按照有关规定给予4129 万元资金支持，为全省新型研发机构建设工作树立了标杆。

在科学管理上，河南省印发《河南省新型研发机构备案和绩效评价办法（试行）》，对符合条件的机构及时备案入库，并做好跟踪服务工作；对于一些条件暂不具备的机构，也登记在册，对标辅导，做好备案储备工作。同时，注重新型研发机构宣传和示范引领工作。2019 年 5 月，省政府组织召开了"科技创新'四个一批'经验交流会"。在此次交流会上，超过 10 家新型研发机构的相关负责人开展了深入的沟通和交流，通过经验分享，为全省新型研发机构的运营模式和管理模式改进提供了思路与借鉴。与此同时，借助《河南日报》等媒体进行深入报道和宣传，对近年来河南省新型研发机构取得的发展成果和创新优势进行了全面报道，提高了社会各界对新型研发机构的认知和接受程度。当前，全省各系统对新型研发机构的建设已从形成共识到实践行动，从全面推进到逐步深化，并呈现加速推进态势。

从产业布局上看，河南省的新型研发机构涉及新一代信息技术行业、新能源行业、生物医药行业、智能制造行业、节能环保行业、纳米材料行业、3D 打印等行业，既能支撑辐射河南省传统产业转型升级，又能引领服务河南省战略性新兴产业发展。从空间布局上看，河南省新型研发机构的分布范围逐渐扩大，已覆盖17个省辖市（目前仅有驻马店尚未布局建设省级新型研发机构）。从投资主体来看，主要有通过引进高端创新资源，合作建设的新型研发机构；聚焦地方强大的市场需求，企业内设研发中心，为相关产业和中小企业提供技术服务的新型研发机构；依托省属高校优势学科及科研院所的优势研究领域，聚焦科技资源，结合地方产业基础，与当地政府合作建设的新型研发机构；仅围绕河南省重点支柱产业以及战略性新兴产业，坚持以产业项目为依托，省内科研院所与知名企业联合建设的新型研发机构；聚焦地方传统产业转型升级需求，企业独资或自然人联合出资设立的新型研发机构。

（二）突出特点

1. 以体制机制创新为导向，引导新型研发机构建设

河南省将"采用多元化投资、企业化管理、市场化运作，且具有新型的科研管理体制，将研发作为产业，将技术作为商品"的企业、事业、民办非企业单位纳入备案管理。目前，经备案的新型研发机构共102家，其中事业类16家；民办非企业类8家；企业类78家，占比达76.5%。新华三大数据技术有限公司、洛阳智能农业装备研究院有限公司、河南驼人医疗器械研究院有限公司、巩义市泛锐熠辉复合材料有限公司等一批研发特征明显的公司制新型研发机构涌现。

2. 加强对外合作与人才交流，促进新型研发机构发展

结合河南省产业发展需求和战略布局，整合创新资源，通过省部会商、院地合作等多种形式，河南省新型研发机构主动与中科院及直属院所、双一流高校、知名企业等对接，引进建设了郑州中科新兴产业技术研究院、洛阳尖端技术研究院、清华大学天津高端装备研究院、洛阳先进制造产业研发基地等一批高端新型研发机构，带动了产业发展，吸纳了一批高层次创新人才。同时，河南省新型研发机构通过公开招募、联合攻关、项目合作等方式，同时吸引了大量行业科技创新优秀人才以及领军人物，以个人或团队的

形式来豫发展。据统计，截至 2022 年底，河南省共汇聚 4383 名"全职+柔性"高精尖人才，同时通过特殊渠道，有效引进两院院士、外籍院士以及长江学者和杰出青年等高素质、高层次人才 73 名。

3. 坚持市场化运作，推动新型研发机构创新及成果转化

有效引导和推动新型研发机构深入产业一线，通过与企业直接对接，深入开展研究、技术研发及创新成果转化，重点推进产学研用深度融合，充分适应市场变化，从而做到研发功能差异化、研发方向市场化，满足企业需求。据统计，截至 2022 年底，全省新型研发机构累计荣获省部级以上科技奖励 203 项，尤其一些重点项目成果以及装备在国家蛟龙项目、航母项目以及港珠澳大桥项目中得到了有效应用；拥有有效发明专利 853 件，牵头或参与制定国家标准 32 项；组织实施科技成果转化项目 117 项，实现技术交易合同 1637 项，成交额达 12.5 亿元；累计孵化企业 384 家。

4. 统筹各方资源，合理优化新型研发机构的整体运行环境

2019 年颁布的《河南省扶持新型研发机构发展的若干政策》从税收优惠、资金扶持、人才激励等 20 个方面对新型研发机构给予大力支持，为新型研发机构营造了良好的运行环境。《河南省重大新型研发机构遴选和资助暂行办法》以及《河南省新型研发机构备案和绩效评价办法（试行）》的出台，为推进河南省新型研发机构的健康有序发展提供了重要保障。同时，通过《河南日报》等主流新闻媒体及自媒体的宣传，全省新型研发机构的相关成果以及发展优势得以呈现，大大提高了社会影响力以及社会认知度。当前，全省上下在新型研发机构的相关建设上，已从中达成共识到实践行动，从全面推进到逐步深化，并呈现加速推进态势。

（三）存在的问题

目前，河南省新型研发机构的整体建设工作起步较晚，尽管已初具规模，但与东部沿海发达省份相比仍存一定的不足之处。

首先，服务地方经济发展能力相对不足。整体来看，全省的新型研发机构数量偏少，分布不均衡，60%集中在郑洛新自主创新示范区；单体规模偏小，多数新型研发机构处于初创期，规模效应还未充分释放。河南省新型研发机构注册资金在 5000 万元以上的（含 5000 万元）有 20 家，超 1 亿元的仅有 9 家，分别占备案总数的 20%、9%。孵化能力偏弱，全省新型研发机构平均孵化企业仅 3.8 家。

其次，可持续发展的体制机制尚不健全。当前，河南省相继出台了《郑洛新自主创新示范区 2017 年创新引领型机构专项行动计划》《河南省重大新型研发机构遴选和资助暂行办法》，以及《河南省新型研发机构备案和评价办法（试行）》等举措，地级市也相继出台了相关新型研发机构优惠政策，新型研发机构备案后评价评估择优支持机会机制尚未形成，没有形成自上而下、省市系统性、一体化的扶持体系，同时对特殊行业和重点领域的支持力度不足。河南省新型研发机构的内部利益共享机制以及协同发展机制还不够完善和健全，创新成果转化以及市场化运作机制和渠道不够顺畅，自我造血能力不足，一定程度上限制了河南省新型研发机构的健康发展。对于新型研发机构来说，其核心竞争力来自机构内部的高层次人才以及团队，受制于大环境、研发经费以及相关政策的影响，河南省在新型研发机构高水平人才引进以及留人方面还存在一定的问题。一些新型研发机构成立的时间较短，目前运作还主要依赖于政府扶持。新型研发机构的扶持周期为 3~5 年，如果该周期内新型研发机构仍不能实现自我运营和可持续发展，在失去地方政府的相关支持后运营将面临较大的困难和压力。

最后，尚未形成鼓励新型研发机构建设发展的系统化政策支持体系。对于河南省来说，新型研发机构的建设起步相对较晚，目前，河南省重大项目立项、投资融资和招投标等审批门槛较高、审批程序较为复杂，特别是政府采购招投标要求提供 3 个以上"第三方应用典型案例"，这对于新型研发机构来说，是一道不小的门槛。这在当前，中央大力推动新型研发机构发展的形势下，在建设阶段完成后，如何进一步破除制约其快速发展的体制机制障碍，帮助新型研发机构解决突出问题，亟待进一步探索和深化改革。

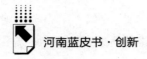

六　加快河南省新型研发机构创新发展的对策建议

党的十九届五中全会通过的《中共中央关于制定国民经济和社会发展第十四个五年规划和二〇三五年远景目标的建议》明确提出，坚持创新在我国现代化建设全局中的核心地位，把科技自立自强作为国家发展的战略支撑，摆在各项规划任务首位，专行专章部署。党的二十大报告指出，"教育、科技、人才是全面建设社会主义现代化国家的基础性、战略性支撑。必须坚持科技是第一生产力、人才是第一资源、创新是第一动力，深入实施科教兴国战略、人才强国战略、创新驱动发展战略，开辟发展新领域新赛道，不断塑造发展新动能新优势"。这是以习近平同志为核心的党中央基于全球的发展趋势，以战略发展的眼光进行的重要战略部署，明确未来我国"十四五"时期的发展以及未来更长周期的发展与进步，需要将创新以及科技强国作为重要发展方向，这也为河南省在新一轮发展中加快新型研发机构建设提供了行动指南，要求我们把新型研发机构建设及科技人才创新作为高质量发展的重要决策支撑，乘势而上，抓住关键领域重点突破、瞄准竞争前沿求得先机，把握关键人才乘势而上，为全面建成创新型河南积极做出贡献。

（一）指导思想

秉持习近平新时代中国特色社会主义思想，深入贯彻落实党的二十大精神和习近平总书记调研指导河南工作时的重要讲话精神，时刻关注世界科技前沿，以国民经济发展为主要方向，以国家的相关重大需要为目标，按照"体系总体布局、生态环境优化、招大引强培优、融通创新发展"的建设方针，以产业前沿引领关键共性技术研发与应用，打造创新资源集聚、组织运行开放、治理结构多元的产业技术创新体系，建立健全以企业为主体、市场化运作为导向，以及产学研深度融合的高水准新型研发机构，有效实现科研力量的合理布局以及创新要素的合理配置，完善科技成果转化与产业化运行机制，不断加强对关键核心技术的研发，有效促进创新链、产业链以及资金链的有序融合，为提升关键领域产业竞争力、推进科技人才高质量发展、构建具有全国一流水平和河南特色的全域创新体系，提供强有力的科技人才支撑和保障。

（二）基本原则

按照"优化生态环境、激活创新动能、招大引强培优、融通创新发展"的建设方针，统筹科技创新和产业优化升级，全面部署建设一批研发创新与转化功能型新型研发机构，通过有效整合科研力量，不断加大产业技术的有效供给，大力推动科技成果的现实转化以及转移，促进科技创新与社会经济发展的深度融合，打造更多创新驱动的行业。

1. 坚持前瞻引领、重点突破

持续推进高能级新型研发机构建设，以攻克重点领域关键共性技术与"卡脖子"技术为重点，部署重大新型研发机构，推动高端创新平台前瞻性、系统性布局，不断增强科技创新力量，有效推动核心技术攻关，加大高水平科技创新供给，打造创新策源新优势。

2. 坚持目标导向、双链驱动

紧紧扭住制造业高质量发展这个主攻方向，以提升产业基础能力和产业链水平为目标，围绕产业链部署创新链，围绕创新链布局产业链，加快高水平新型研发机构发展，塑造更多依靠创新驱动的高质量发展新格局，打造产业创新优势。

3. 坚持融通创新、完善体系

围绕创新型河南建设的战略定位和核心目标，推进新型研发机构体制机制创新，加速创新链、产业链、资金链、人才链的深度融合，通过打造以企业为主体、以市场化运作为导向，以及产学研高度融合发展的技术创新发展体系，形成大中小企业和各类主体融通创新发展的新局面，打造创新生态新优势。

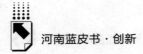

4. 坚持以人为本、激发活力

立足调动广大科技人才的积极性，以信任为前提、以激励为重点、以诚信为底线，重点培养和打造一批行业领先的优秀人才，并重点培养青年科技人才队伍及科研队伍，形成全方位、宽领域、多层次、高水平的对外开放合作新格局，打造人才引领新优势。

（三）总体部署

当前，新征程要求加快建设科技强国，具体到河南，就是要不断加强创新型河南建设。新型研发机构建设不仅关系到创新型河南建设，也关系到河南在中部地区经济高质量发展的深刻调整与科技创新体系的重构，是这一体系中尤为关键的核心力量。

总体部署是基于指导思想和基本原则落实落细落地的方式方法。要能够通过战略层面的总体部署，有效实现新型研发机构对河南省全面发展的战略支撑以及全面引领，把河南省创新体系中不少亟待解决的突出问题、不少亟待补上的明显短板解决好，全面改变河南省核心技术发展能力不足、受制于人的问题，将原始创新以及前瞻性的技术创新作为全省经济持续发展、产业变革以及国家安全的重要支撑。

综合来看，对于新型研发机构来说，在战略规划上要能够充分考虑当前的实际，基于现状充分考虑未来的发展方向，以技术创新为指引，沿着产业强省、经济强省以及中原区域强大的发展路径，不断加快新型研发机构建设。要坚持以"四个面向"为主要牵引，认真做好各项关键核心技术的攻坚工作，尤其在一些关键共性技术方面、前沿性引领技术方面以及现代工程类技术方面和颠覆性技术方面取得重要突破，基于当前一些"卡脖子"问题从新型研发机构等体系建设上入手——进行扭转，改变当前关键核心技术被动局面，争取在较短的时间内实现核心关键技术由跟跑、并跑向领跑方向转变。新型研发机构要坚持以市场为导向，通过市场化运作有效激发各主体活力，强化企业创新主体的地位和作用，借助产学研模式深化改革，加大研发方面的投入，促进各产业链的全生命周期运作，不断推动新型研发机构的建设和发展,强化科技创新的战略支撑作用。

在产业领域上,新型研发机构的总体部署要顺应时代发展潮流,大力发展新一代信息技术、生物技术、高端装备以及新能源汽车等行业,争取实现技术突破和创新,尽快将研发成果转化为实际产能和生产力;同时,要注重各产业链的稳定性以及安全性,不断加大关键产品以及核心技术的攻关力度,将产业链条的短板补齐,不断开发和拓展全新的产业链条,打造创新能力强、附加价值高以及安全性稳定的产业链条,紧紧围绕新技术、新产品以及新业态和新模式进行创新与开发,争取抓住实体经济发展的时代机遇。

在人才发展支撑策略上,总体部署要充分发挥市场的调节作用,同时要充分发挥政府的调节作用,实现不同创新要素的有效整合与配置,按照引进共建一批、优化提升一批、整合组建一批以及重点打造一批的建设思路,打造高水平新型研发机构,不断加大高素质人才的引进力度,有效激发创新人才的激情和活力,大力提升不同产业的拉动力,加速从基础性研究到创新研发成果的转化,将产业链条做实,打造现代化的产业链条。

对于引进共建一批模式而言,要通过各种渠道和方式吸引国内外高层次院校、科研院所、高素质创新人才团队、国家级科研组织和机构、央企和大型地方性国有企业、全球 500 强企业以及实力强劲的外资研发性科技企业,来河南成立新型研发机构,或通过联合河南省内高等院校和相关科研机构组建新型研发机构。

对于优化提升一批模式而言,推动高等院校、科研机构、重点实验室以及工程研究中心内部机制和管理模式变革,推动其逐步向新型研发机构方向转型。重点推动省级重点企业研究院以及产业创新综合体向高水平、全新性研发机构方向转型。

对于整合组建一批模式而言,将多学科研究发展、产业链条全面化和丰富化,以及不同区域联动作为发力点,紧紧围绕重大科研项目开展创新研究,整合相似研究方向、关联紧密以及资源较为集中的研发机构,通过强强联合和资源整合,打造具有资源优势和技术优势的新型研发机构。通过整合企业或科研机构的优势资源,将企业、高等院校和科研院所进行联合建设,

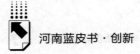

组建新型研发机构，实现资源共享和技术突破。

对于重点打造一批模式来说，紧紧围绕河南省重大战略性新兴产业发展需要，以及传统性产业转型升级过程中对于关键重点领域的相关技术需求，基于现有省级新型研发机构，选择一批优势显著、能力较强的机构进行重点培养和扶持，进而打造一批国内外领先并具有前瞻性的新型研发机构，通过重点培育高素质科技人才和科研团队，抓住机遇打造科技创新前沿。

（四）总体目标

自党的十八大以来，我国科技取得了突飞猛进的发展，在科技方面的投入力度不断加大，科技产出成果显著，推动我国科技事业实现质的飞跃。"十三五"时期，我国研发投入强度由 2.06% 增加到 2.23%。在全球创新指数排名中，我国由 2015 年第 29 位提升到 2020 年第 14 位，我国逐步迈入创新型国家行列。国内发达省份，纷纷把新型研发机构建设作为区域未来发展的重点和战略支撑之一，以世界前沿科技为方向，借助市场化机制，基于国家重大发展需要，将科技兴国、人才强国以及创新发展战略作为突破口，逐步强化区域创新体系建设，进而提升区域的技术能力和科技水平。新型研发机构快速发展，北京市、广东省、江苏省等国内创新型省市新型研发机构的研发投入占比普遍达到 60% 以上，核心技术产品收入占比不低于 60%，创新治理能力明显提升，新型研发机构多样性、协同性和包容性的创新生态已初步形成，在基础研究、应用研究和产业化方面实现了深度融合，科技创新策源能力也得到全面提升，新型研发机构进入新一轮高度密集建设期。

这对河南省来说，具有十分重要的启示和借鉴意义，要能够通过上述指导思想、基本原则和总体部署，按照国家科技创新"两步走"的战略安排，显著增强全省科技创新实力，使创新型省份建设迈上新台阶。考虑到目前河南省的实际，到 2025 年，全省新型研发机构建设重点领域、总体布局和关键环节的体制机制改革取得实效，研发投入占比不低于 15%，基本达到中部地区的先进水平是完全有可能的。这一研判，一是源于研发机构本身的研发投入普遍不低于企业 10~15 倍的统计学分析；二是源于全省在新型研发机构建设上的新一轮重大决策和部署，最为关键的是，新一轮科技革命和产业变革迅猛发展，为河南省带来了难得的战略机遇。因此，通过新型研发机构建设，完全能够实现全省创新治理能力的显著提升，新型研发机构多样性、协同性和包容性的创新生态也将进一步加快形成，基础研究、应用研究和产业化深度融合，科技创新策源能力全面提升，河南省新型研发机构在中部地区创新网络中将发挥关键节点作用。

到 2035 年，建成富有活力的区域创新体系，涌现一批国家级科研机构、创新平台和创新企业，产出一批具有全国影响力的原创成果。河南省新型研发机构成为全国创新网络的重要枢纽，重大新型研发机构的核心功能明显增强，为河南建成国家创新型强省提供坚强有力的科技支撑。

（五）主要任务

"十四五"期间，新型研发机构逐渐成为我国现代化科研机构组织体系的重要一环。对河南省新型研发机构的建设而言，目前存在的一系列问题亟待解决，需要结合河南省当前科技发展的实际，构建系统性的支持体系。具体来说主要有以下几个方面。

一是加快高水平新型研发机构建设。推动河南省传统优势基础产业转型升级，并打造全新的战略性新兴产业链条，将政府引导与市场化运作进行融合，支持郑洛新自主创新示范区针对中央或国家级科研机构、国家重点建设高等院校、中央以及大型国有企业等国家级优势资源在河南省建设新型研发机构；重点吸引国内外一些重点大学、科研院所、世界 500 强企业以及实力雄厚的外资研发型企业在河南省成立新型研发机构；大力引进国家级（重点）实验室、技术创新中心以及创新平台和外资全球研发中心在河南省成立新型研发机构。积极主动适应新一轮科研组织范式变革，以更加开放的胸怀和前瞻性的视野，积极主动融入国内外技术创新网络，在一些重大产业领域布局设立一批重大新型研发机构，在更广领域、更大范围、更高层次上，瞄准产业搞创新、创新机制抓转化、集聚资源补短板。

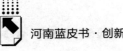

二是加快平台型新型研发机构建设。紧紧围绕前沿科学技术发展和前瞻性产业需要及科技创新理念，基于源头创新以及系统创新方式，促进基础研究、应用研究和产业化研究深度融合，创新链条前后端联系更加紧密、与产业链对接更加精准，支持各省辖市联合省内外高校、科研机构、企业等各类创新主体，在当地以技术、人才、资本、市场等创新要素共建的产学研合作联合体转建新型研发机构；国内外高校、科研机构在河南省国家高新区、国家创新型城市设立新型研发机构。构建以企业为运营主体、市场需求为发展导向，以及产学研深度融合发展的技术创新体系，发展一批各具特色的平台型新型研发机构，与重大新型研发机构形成梯次接续的系统布局，支持大中小企业和各类主体融通创新，营造充满生机活力的创新生态，打破央地、省内外、不同所有制间的制度藩篱和思想障碍，打通科技成果转移转化的"最后一公里"，让人才、技术以及科研成果等多重创新要素实现有效的流动和充分融合，构建创新链、产业链、资金链、政策链相互交织、相互支撑、协同联动的系统化创新支持体系，为河南省全域高质量发展提供强大动力。

三是完善促进新型研发机构发展的相关制度、法律法规。不断优化和完善省、市（区）、县三级财政优惠政策以及相关扶持制度。为新型研发机构营造良好的运营环境，在重大项目立项、投资融资和政府招投标等制度设计上，有针对性地深化改革、消除瓶颈，建立完善捐赠资助制度、税收制度、监督制度以及退出制度等。与此同时，有效引导新型研发机构不断对内部管理制度进行创新和完善，进而构建科学化、现代化的治理机制。落实税收优惠政策，符合条件的非营利性省重大新型研发机构依法享受企业所得税、房产税和城镇土地使用税等方面的优惠政策。机构进口科研用品免征进口关税和进口环节增值税、消费税。省重大新型研发机构名单由省科技厅报省政府审定后，提供给主管税务机关按照规定办理。

四是充分发挥各省辖市党委政府和产业界的积极性。地方政府要进一步明确新型研发机构的功能和定位，制定出有效的扶持发展策略。地方政府要制定科学的研发机构扶持办法，探索以政府购买服务的方式对新型研发机构基本运营费用进行支付，具体涉及新型研发机构的基础性建设、人员费用以及相关前瞻性研究费用等。针对一些产业基础和共性技术研发相关机构和研发活动，地方政府在提供政策和资金扶持的同时，要充分发挥市场的调节作用，吸引社会资本的加入。发挥政府性基金引导作用，充分发挥科技成果转化引导基金作用，省市联动，鼓励和吸引各类社会资本跟进设立子基金，为新型研发机构发展提供长期稳定的资金保障。省、市各类创业投资风险基金对新型研发机构及其孵化的科技型中小企业给予重点支持。对于地方政府，要将有限的资金资源集中投放到新型研发机构的成果转化产业以及创新性科技企业发展上。对于省创新引领基金，通过设立子基金的方式，借助市场化方式有针对性投资和扶持新型研发机构创新创业项目。对于省级新型研发机构的相关项目，要将其纳入省创新引领基金项目库，进而给予充分的资源和政策支持。

五是深入探索多元投入对共性技术以及战略性、基础性、前沿领域研究的支持机制，应加快布局国内领先、国际先进的战略性新型研发机构。应充分发挥我国的制度优势，积极拓展新型研发机构建设发展的支持渠道，在"重大新型研发机构"建设的基础上，积极引进培育一批由国内外战略科技力量组织牵头的新型研发机构，支撑全省重大战略性产业参与国内外竞争，成立全球联合实验室、海外研发机构以及创新孵化中心等，重点引进转化一批具有重大科研成果的项目，形成以新型研发机构为主力、企业为运行主体、国际高端价值链为导向、产学研深度融合的高精尖产业技术创新体系，提升全省战略性新兴产业的国际竞争力，积极参与大科学计划与工程，共建"一带一路"国际合作平台，构建开放共享的创新创业生态。

参考文献

张芬芬：《创新驱动发展战略下南京新型研发机构推进机制研究》，《中国高校科技》2021 年第 6 期。

龚瑞、姚正:《"四个一"创新主平台战略契机下安徽省新型研发机构发展实践研究》,《安徽科技》2019 年第 1 期。

陈少毅、吴红斌:《创新驱动战略下新型研发机构发展的问题及对策》,《宏观经济管理》2018 年第 6 期。

《新型研发机构机制创新,助力创新驱动发展战略》,《东莞日报》2014 年第 11 期。

河南省深度融入"一带一路"科技
合作的现状、问题及对策

唐晓旺 *

摘　要： 　共建"一带一路"倡议提出十年来，河南加快推进与共建国家的科技合作，取得了丰硕的成果，合作载体不断完善，合作领域不断拓展，合作项目稳步推进，合作热点不断形成。同时，也应当看到，共建"一带一路"国家总体科技水平和科技合作的活跃度参差不齐，河南与共建"一带一路"国家科技合作的领域、深度和层次都有待拓展，国际科技合作还面临一系列新的风险。未来一个时期，河南深度融入"一带一路"科技合作，需要加快贯彻实施国家"一带一路"科技创新行动计划，加大对国际科技合作的支持，不断优化开放创新生态，以高质量国际科技合作推动河南经济高质量发展，努力建设高水平的现代化河南。

关键词： 　"一带一路"　科技合作　开放创新生态

　　当前，世界经济政治格局加速调整、全球高质量发展和构建人类命运共同体，为"一带一路"科技合作带来了新的契机。世界尤其是发展中国家面临新冠疫情发生后经济的衰退，贫富差距进一步扩大，气候变化面临严峻挑战，能源短缺、粮食短缺、公共卫生等问题加剧，都亟待围绕这些课题加强国际科技合作。新技术特别是数字化、人工智能、绿色技术，带来了伦理

＊ 唐晓旺，河南省社会科学院改革开放与国际经济研究所研究员，主要研究方向为经济体制改革、制度型开放以及区域经济、产业经济发展等。

安全等挑战，也需要在治理方面加强科技合作。河南加快实施"创新驱动、科教兴省、人才强省"战略，需要加快与共建"一带一路"国家的科技合作，以高质量科技合作推动经济高质量发展。

一 十年来河南"一带一路"科技合作的成就

（一）国际科技合作平台加快建设

河南省积极推进"一带一路"科技创新行动计划，加快落实科技人文交流、共建联合实验室、科技园区合作和技术转移等4项行动。十年来，河南省依托高等院校、科研院所、科技型企业等，建设国际联合研发中心、国际技术转移中心、国际科技合作创新联盟等国际科技合作基地，一大批国际科技合作平台如雨后春笋般不断涌现。河南已建成省级国际联合实验室275家，与近50个国家和地区建立了合作关系，技术合同成交额突破千亿元，新建河南省杰出外籍科学家工作室20家，实施河南省高端外国专家项目69项，资助63名高层次人才出国培训。河南省与白俄罗斯国家科委建立全面合作关系，建成了中白道路建设科研中心、中白环境工程国际联合实验室和中白激光技术科研中心；与吉尔吉斯斯坦国立农业大学正在筹建"吉—中农牧业示范中心"；与赞比亚政府合作共建中赞腔镜中心。这些国际科技合作平台的建立，为河南省与共建"一带一路"国家开展科技合作提供了重要载体。

（二）国际科技合作领域不断拓展

十年来，河南省利用上海合作组织、中国—阿拉伯国家合作论坛、中国—中亚科技合作中心等载体，推动与共建"一带一路"国家的科技合作，合作领域不断拓展、水平日益提高。在工程技术领域，河南省与俄罗斯、白俄罗斯在光学、有色金属综合回收、化工能源和道路养护、环境工程、激光科学等方面开展了密切的项目合作。在化工能源等领域，河南省与俄罗斯圣彼得堡正在开展深度合作。在医疗卫生领域，河南省积极参与疫情防控国际合作，选派骨干赴西亚、中亚和非洲地区开展疫苗临床试验，与智利、古巴、利比里亚、泰国等共享防控经验。十年来，河南省国际科技合作水平明显提高，得到了国家的赞扬和肯定。河南省人民医院外籍专家荣获"黄河友谊奖"，河南省派出的中国援赞比亚第 22 批医疗队荣获赞比亚"五一劳动奖"。河南国际科技合作领域的不断拓展，为河南经济发展增添了新动能，也为广大发展中国家经济发展做出了贡献。

（三）国际科技合作项目稳步推进

十年来，河南省科技部门通过国际科技合作项目，支持高等院校、科研机构、科技企业等与共建"一带一路"国家开展多层次科技交流，取得了明显的成效。郑州大学与里斯本大学合作的"金属催化 C-H 键官能团化反应研究"、河南省高远公路养护技术有限公司与白俄罗斯国家技术大学合作的"重轴载沥青路面承载性能快速检测与评价技术"、洛阳师范学院与意大利都灵理工大学合作的"中意智慧城市合作研究室"等项目稳步推进，为河南发展高新技术产业、推进经济转型提供了科技支撑，成为"一带一路"国际科技合作的典范。同时，这些国际科技合作项目的顺利实施，为河南"一带一路"经贸投资合作提供了技术支撑，也为河南实现与共建"一带一路"国家民心相通提供了契机和载体。

（四）国际科技合作热点不断涌现

随着河南融入"一带一路"建设的稳步推进，国际科技合作的热点不断涌现，现代农业、新能源开发、绿色低碳技术等领域相继成为"一带一路"国际科技合作的热点。以农业为例，"组团去中亚"正在成为河南农企对外投资新热点。2004 年起，省科技厅组织河南科技学院和商丘天一生物技术有限公司，在吉尔吉斯斯坦开展作物育种、大棚蔬菜、畜牧养殖、中草药种植技术示范。2014 年 11 月，河南省政府与塔吉克斯坦签署了加强农业产业合作项目谅解备忘录，已有 11 家豫籍企业或机构在塔吉克斯坦落户。目前，河南省农业先进适用技术还在哈萨克斯坦、乌兹别克斯坦等中亚国家

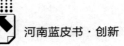

开花结果；来自以色列的滴灌旱作技术也在河南省落地生根。随着这些国际科技合作热点的不断涌现，河南省一大批企业持续深耕"一带一路"，为河南国际科技合作打开了新局面。

二 十年来河南"一带一路"科技合作的突出问题

（一）国际科技合作水平有待提高

目前，参与共建"一带一路"的152个国家，基本上以亚非拉发展中国家为主，客观上制约着"一带一路"科技合作水平的提高。众所周知，世界高新技术及其产业的分布，主要集中在欧美、日本等发达国家和地区，这些国家和地区整体上缺席共建"一带一路"倡议，而参与共建"一带一路"的国家，总体科技水平和科技合作的活跃度参差不齐。近年来，与河南开展科技合作的共建国家，主要是白俄罗斯、乌克兰、俄罗斯、波兰、乌兹别克斯坦等国家，这些国家本身没有站在世界科技的最前沿，其总体科技水平相对不高，河南与其开展科技合作，更多的是现有科技产能的输出，对提升河南科技创新水平作用相对有限。总体看来，由于欧美、日本等发达国家和地区的缺席，河南省与共建"一带一路"国家的科技合作水平总体有待提高。

（二）国际科技合作深度不够

近年来，河南省与共建"一带一路"国家科技合作深度不尽相同，很多活动集中于部分国家，而不少国家还没有开展深度合作。与河南开展科技合作的共建"一带一路"国家，主要集中在中亚、俄罗斯、非洲等地，其中，河南与俄罗斯、白俄罗斯、乌克兰等国家科技合作较深，在光学、有色金属综合回收、化工能源和道路养护、环境工程、激光科学、新能源等高技术领域都有较多的合作，也取得了丰硕的成果。与东欧、中东、非洲一些国家，如罗马尼亚、以色列、埃塞俄比亚、赞比亚等，也开展了一些科技合作，但是广度和深度有待拓展。而在非洲中部、大洋洲等地区，与河南省开展国际科技合作的国家还很少，很多国家至今没有与河南开展科技合作，在高科技领域的合作基本是空白。

（三）国际科技合作层次较低

近年来，河南省与共建"一带一路"国家开展科技合作，主要集中在技术交流与分享、知识共享与合作等环节，而在技术转移应用、科学研究、技术研究等环节的科技合作都有待加强。如河南与吉尔吉斯斯坦、哈萨克斯坦、乌兹别克斯坦等中亚国家的农业科技合作项目，主要围绕作物育种、大棚蔬菜、畜牧养殖、中草药种植技术示范等技术交流环节展开，层次相对较低；与俄罗斯、白俄罗斯等国家开展的能源科技合作项目，也主要是传统能源开发领域，绿色低碳等新能源技术开发项目较少；与埃塞俄比亚、赞比亚等非洲国家开展的医疗卫生领域的科技合作，则主要是河南医疗技术在当地的推广普及，科技合作层级相对较低。

（四）国际科技合作面临诸多风险

当今世界，国际秩序正处于加速调整之中，国际科技合作也不免受到一定的影响。从近年来的实践看，河南与共建"一带一路"国家科技合作也确实存在一系列的政治、法律、市场等风险。乌克兰等一些国家存在地缘政治风险，给科技合作项目带来一定影响，使得一些合作项目难以为继。此外，受俄乌战争、新冠疫情等因素的影响，一些发展中国家经济发展受阻，经济持续疲软，也影响科技合作项目的推进。总体而言，现阶段河南与共建"一带一路"国家科技合作面临一系列风险挑战，给深化"一带一路"科技合作提出了新的要求。

三 河南深度融入"一带一路"科技合作的对策建议

（一）积极贯彻实施国家"一带一路"科技创新行动计划

国家"一带一路"科技创新行动计划是全国参与"一带一路"科技合

作的指导性文件，河南未来一个时期深入融入"一带一路"科技合作，需要加快贯彻落实国家"一带一路"科技创新行动计划。一是优化拓展河南省国际联合实验室建设布局，优先支持与共建"一带一路"国家联合共建实验室，同时为申报国家"一带一路"联合实验室奠定基础。推动国际联合实验室的横向协作和资源共享，强化考核评估，不断提升建设水平。二是组织实施"一带一路"科技合作项目，引导省内创新主体参与共建"一带一路"，不断提升与共建"一带一路"国家科技合作层次与水平。实施一批有影响力的国际科技合作项目，通过汇聚国际科技力量，突破一批重点领域关键技术。加强与共建"一带一路"国家的科技交流与合作，积极开展"数字丝绸之路""创新丝绸之路"务实合作。鼓励省内有实力的研发机构积极参与国际科技合作，提高吸纳全球科技知识的能力。三是加快推动共建"一带一路"重点国家科技合作。积极推动与俄罗斯、白俄罗斯在能源化工、节能与绿色发展等领域开展科技示范合作；在高端制造、现代农业等领域，与以色列、乌克兰等国家建立联合研发平台，加快建设"一带一路"国际科技合作基地。四是引进海外高层次人才和团队，引导支持先进技术项目在豫落地。实施技术转移机构培育计划，加快建设专业化技术转移人才队伍。持续办好开放创新暨跨国技术转移大会，打造河南的国际科技合作品牌。

（二）强化"一带一路"国际科技合作的政府支持

"一带一路"科技合作是一项系统工程，需要发挥政府、企业、社会等多种力量，同时，国际科技合作还存在一系列政治、法律、市场等风险，需要强化政府的政策支持。一是加快建设郑洛新国家自主创新示范区，组织实施一批科技创新合作重点项目，探索先进技术联合孵化、跨境加速和产业化落地推动的新模式。持续完善"成果中关村、转化郑洛新"的常态化合作机制。以世界视野、开放姿态加快建设嵩山实验室、神农种业实验室、黄河实验室，集聚高端创新资源要素，打造科研"国家队"。二是发挥开发区在生产制造、产业链配套、市场渠道等方面综合优势，建设一批科技成果转化中试基地，构建"研发中心—中试基地—产业园区"全链条技术研发和转化体系。梳理开发区主导产业链、供应链发展"卡脖子"问题，与高水平科技创新平台、链群之上的龙头企业、高新技术企业围绕关键技术节点，联合开展重大科研项目攻关。三是建立政府间科技合作关系，与共建"一带一路"国家共建技术研发中心、技术转移机构和科技创业园。依托高校和科研院所，引进海外关键技术和研发团队，建设联合实验室、科技成果转移转化基地。鼓励有条件的科技企业孵化器、大学科技园建设国际孵化基地，开展国际企业境外孵化服务，促进国际交流培训和项目合作。四是实施新型基础设施提升工程，加快建设神农种业实验室等创新驱动平台，组建重大任务导向的创新团队及创新集群，强化与中国科学院及世界一流高校的战略合作，深化网络安全、人工智能、自动驾驶、云技术、大数据、数字治理等细分领域创新合作，共建创新"一带一路"和绿色"一带一路"。

（三）进一步优化河南开放创新生态

开放创新生态是"一带一路"国际科技合作需要，推进与各个国家创新生态的开放连接，需要加强政府间的合作，让市场和企业之间的产业链、创新链互相交融。就河南来说，要优化开放创新生态，需要在创新规划、创新标准方面加强合作。一是加强"一带一路"科技合作的顶层设计和统筹协调，充分考虑各国特点和利益诉求，对接各国科技发展战略，推动共同发展，建设开放创新生态，统筹面向"一带一路"科技合作的资源布局。二是增加市场企业端政策的供给，进一步发挥市场机制以及企业、民间组织的连接作用。在项目合作基础上，扩展在规划制度建设方面的统一性合作，开展开放创新生态的共商、共建、合作，以及新规则、新伦理规范的制定合作。三是在双边合作基础上，进一步扩展多边机制的合作，倡导开放合作理念，探索扩大有共同利益的合作领域，欢迎其他科技发达国家共同加入，推进与共建国家的科技合作和技术转移。四是构建"一带一路"智库网络，推进科技合作，包括协商制定科技发展战略等，并开发监测共建"一带一路"国家科技合作与开放创新生态的指标体系，从而为自我检查和改进提供指南。

参考文献

林子涵：《"一带一路"日益成为科技合作创新之路》，《人民日报》（海外版）2022年12月12日。

缪琦：《"一带一路"科技合作面临新需求和挑战，专家给出建议》，第一财经网，2023年9月9日。

B.8
河南省科技文化创新融合助力
乡村文化振兴研究

赵晶晶　周翠英*

摘　要：　乡村振兴是实现中华民族伟大复兴的重大任务，而乡村文化振兴则是乡村振兴的应有之义，当前，国家高度重视科技文化融合工作，河南如何结合自身实际，在抢抓科技文化融合带来的机遇和挑战中更好更快实现乡村文化振兴，实现"提高文化软实力""从文化大省到文化强省"，是一个亟待解决的现实课题。在全面掌握河南乡村文化振兴发展现状的基础上，本报告从建立乡村文化振兴内生机制，构建乡村文化资源平台新体系，延展乡村文化发展新空间等方面提出助力乡村文化振兴的实践路径。

关键词：　科技　文化　乡村振兴　河南省

乡村振兴是实现中华民族伟大复兴的重大任务，而乡村文化振兴则是乡村振兴的应有之义，并为"产业、人才、生态、组织"等四个方面的振兴提供源源不断的精神涵养和不竭动力。当前，国家高度重视科技文化融合工作，河南如何结合自身实际，在抢抓科技文化融合带来的机遇和挑战中更好更快实现乡村文化振兴，并为实现"提高文化软实力""从文化大省到文化强省"等贡献智慧力量，是一个重大而又亟待解决的现实课题。

---

* 赵晶晶，河南省社会科学院创新发展研究所助理研究员，主要研究方向为人事人才、创新发展、科技文化；周翠英，河南职业技术学院副教授，主要研究方向为科技文化、乡村振兴。

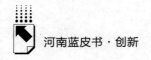

一 科技文化融合助力河南乡村文化振兴的战略意义

（一）有利于丰富乡村发展理论和城镇化理论

河南省 2022 年城镇常住人口 5633 万人，乡村常住人口 4239 万人，常住人口城镇化率为 57.07%。如何促进城乡要素的有效流动，让农村留得住人，成为"看得见山，望得见水，记得住乡愁"的美丽乡村，这些都需要以发展着的理论指导发展着的实践。而"文化要素"在乡村振兴战略中的充分融入、乡村文化产业发展评价指标体系的构建、科技融入乡村文化振兴的路径研究将有助于丰富乡村发展理论和城镇化理论，为河南省乡村振兴提供理论支撑。

（二）有利于深化文化传承与创新理论

乡村是中华优秀传统文化的重要起源地和承载地，研究乡村文化振兴的路径，可以为中华优秀传统文化的传承和创新提供新的适应时代发展的实践方式。同时，借助日新月异的科技力量来探究乡村文化振兴的路径，可以为文化传承与创新打开新的思路和视野，一方面既能传承优秀文化，并在此基础上实现创新与发展；另一方面还有利于实现文化与科技的深度融合，推动科技与文化的双向融入，进一步深化文化传承和创新理论。

（三）有利于发展社会融合和可持续发展理论

科技文化融合视域下的乡村文化振兴，不仅有利于促进乡村之间的交流和合作，而且也有利于打破城乡之间、乡村之间、村村之间的信息壁垒，通过数字化手段，可以实现城市、乡镇、村庄间的资源共享，促进社会资源的均衡分配，缩小三者之间的现实差距。反过来讲，研究科技文化融合视域下的乡村文化振兴路径也有利于扩展社会融合和可持续发展理论范畴，从而让更多人参与和关心乡村发展。

（四）有助于为经济发展寻求新的发展路径

河南立足扩大内需战略基点，坚定供给侧结构性改革战略方向，紧紧围绕满足全省人民日益增长的精神文化需求目标，努力构建文化强省新发展格局，已进入全面建设现代化河南的新征程。科技与文化的融合能将人工智能、增强现实、大数据、云计算等现代信息技术和科技手段用于破除传统乡村文化产业发展的瓶颈和障碍，并带动相关产业的联动发展，从而有效助力乡村经济发展，为乡村群众创造更多就业机会，进而改善乡村居民生活水平。

（五）有助于乡村文化保护、传承与传播

乡村文化通过与科技的深度融合，可以得以有效记录和保存，从而解决部分传统乡村文化传承后继少人或无人的现实问题，确保"稀有类""国宝级"乡村文化类型和技艺不会随时代发展而消失；同时，科技与文化的融合冲破了乡村因地理和信息的封闭而带来的不利影响，通过在线展示、虚拟体验、直播互动等方式，让更多的人通过网络云端感受和体验乡村文化，加大乡村文化传播力度，开拓乡村文化传播渠道。

二 科技文化融合视域下河南乡村文化振兴现状分析

结合到河南省文化和旅游厅、河南省科学技术厅、河南省统计局、河南省委宣传部等相关部门走访调研的情况，本报告全面掌握有关乡村文化与科技融合产业发展情况的第一手资料，通过分析研究，发现目前河南乡村文化与科技融合发展仍处于破题起势阶段，还有许多基础工作需要进一步推进。概括起来，主要有四个方面。

（一）乡村文化与科技融合潜在需求巨大与顶层设计不足并存

河南乡村文化底蕴丰厚，在长期的发展过程中形成了中原文化、名流文化、科技文化、民俗文化等丰富多彩的文化资源。随着乡村振兴的持续推

进，挖掘、运用好丰厚的文化资源，通过新的技术手段、新的产业链条让乡村文化焕发新活力、形成新价值已经成为文化事业、文化产业发展的内在需求。但从顶层设计看，虽然实践有需求，但还缺少专门的规划引领、政策引导。从河南现有文化与科技产业发展政策看，从《河南省乡村文化振兴五年行动计划》到《河南省"十四五"文化旅游融合发展规划》，从《河南省公共数字文化工程实施方案》到河南省文化和旅游厅《关于推动数字文化产业高质量发展的实施意见（征求意见稿）》，大都只是对乡村文化与科技融合发展提出了原则性要求，没有形成体系化的政策框架和规划设计。以《关于推动数字文化产业高质量发展的实施意见（征求意见稿）》为例，仅仅强调要着力实施文化产业赋能乡村振兴计划，全面推进乡村运营工作。总的来看，河南目前还没有乡村文化与科技融合方面的专项政策，这在政策体系上属于缺项。

（二）乡村科技文化融合探索持续丰富与市场机制作用发挥不足并存

2020 年以来，河南以"乡村文化合作社"等基层公共文化服务为抓手，灵活运用政府引导、新乡贤返乡创业、文化能人带动、融合产业发展等多种建设模式，深入挖掘特色文化资源，力图突破农村文化建设缺人才、缺资金困局。"乡村文化合作社"在丰富群众文化生活、培育文明乡风方面成效显著，散落在乡间的文化资源得以被整合，村民可感知、可参与的乡村公共文化服务水平得以提升，同时此模式为乡村文化融合发展并有效连接商业模式完成经济效益转化提供了接口，打造了"汇聚文化资源、打造文化品牌、发展文化产业"的文化产业发展"一条龙"良性生态。同时，河南还在积极探索"乡村民宿+乡村公共文化服务""特色小镇+乡村公共文化服务"等新模式，为农民提供阅读推广、小微讲座、艺术培训等特色文化服务项目，并勾画城乡之间的社区、乡村综合文化中心交流互动蓝图，吸纳文化志愿服务力量，推进文化与旅游公共服务机构功能加速融合。这些探索更多是以政府主导来展开的，如何运用市场机制、市场力量让乡村文化在与科技融合中实现新的增值收益，推动乡村文化产业化发展，形成产业链，还需要进一步探索。

（三）乡村文化产业结构持续改善与科技文化融合发展水平不均衡并存

在多种政策的支持鼓励下，河南省乡村文化产业与多元产业的融合初现成效。产业内部结构分析显示，惯常的以文化产品销售业与制造业为主力的结构正逐渐向以文化服务业为主力的结构转变，文化服务业占文化产业的比重逐步提升，尤其是文化旅游业。比如登封市大冶镇垌头村以农民合唱团为起点成立文化合作社，让农民入股自建剧场，打造沉浸式体验剧《再现朝阳沟》，已演出300余场，接待观众超过7万人次。产业技术结构分析显示，河南省乡村文化产业中科技对文化产业发展的促进作用日益显著，传统技术逐渐被新的数字技术和网络技术替代。比如平顶山宝丰县大营镇清凉寺文化合作社汝瓷分社，其部分社员入股成立汝源文旅产业发展有限公司，并逐渐开始从事"汝瓷+网红直播带货"等模式的汝瓷电商业务。主体结构分析显示，河南省文化创意产业园区、文化与科技融合示范基地的数量增长，乡村文化产业集聚发展趋势稳步推进。比如在帮助农村贫困妇女和留守妇女就业脱贫的"巧媳妇工程"中，西平县以嫘祖服饰文化为依托，与服装产业发展密切结合，将产业产能下沉到乡村，以建立"中心工厂+卫星工厂"的模式，发展文化服装产业集群。此外河南还评选命名了古灵山文化产业园区（鹤壁）、夏邑火店镇文化产业园等在活跃文化创新创业方面发挥示范引领作用的文化产业示范园区。分析各种乡村文化产业成功发展转型案例可知，虽然产业结构优化方向多样，但大多"科技含量"不高，在多数案例中科技只是作为一种可选途径辅助文化变现，难以真正体现文化融入科技、科技赋能文化的内涵，文化与科技融合产业发展程度不均衡。

（四）推进乡村科技文化融合意识持续提升与人才培养供给不足并存

各地对以科技文化融合理念推进乡村文化振兴都有清醒的认识，对运用科技力量激活乡村优秀传统文化、推动乡村文化产业化发展有较为积极的态度。河南在积极推动乡村文化产业发展的同时，非常注重相关人才的培养，持续壮大乡村文化产业人才队伍。全省共有 14 所普通本科院校和 7 所普通专科学校获批为第一批河南省文化改革发展人才培养基地建设单位，依据学校研究专长及属地特色开设了多种文化相关专业。同时，出台多项对乡村本土文化人才的挖掘和对文化人才返乡的激励举措，启动"文化产业特派员"制度试点，深度挖掘和培育本土隐性乡创人才资源。《河南省"十四五"人才发展人力资源开发和就业促进规划》指出，实施与推进"文化豫军"建设行动、宣传文化人才"六支队伍"建设、千名青年返乡"春雁"行动、千名农村青年致富带头人"领头雁"计划等建设方案，号召青年人才反哺乡村，共推乡村文化旅游等产业发展。但纵观相关人才引进、挖掘、培育政策，其多侧重于促进宏观文化产业发展、推进文化产业运营人才的激励和引进，文化与科技融合产业发展相关专业人才相对匮乏，且少见针对性的人才引进培养举措。同时，需要认识到，推进乡村文化与科技融合，实现优秀传统文化浴火重生，需要一大批熟悉文化创意、熟悉大智移云技术、了解市场运作的复合型人才来支撑。此外，乡村文化与科技的融合还离不开资金的投入，需要懂得金融运作、运用市场的人才来解决。河南虽然高等教育资源比较丰富，但受到学科专业设置不完善、培养形式较为单一等因素的影响，文化与科技融合专业人才培养滞后，在一定程度上制约了乡村文化与科技融合的发展进程。

三　科技文化融合视域下河南乡村文化振兴创新路径

当前，河南已进入开启现代化建设的新发展阶段。在科技文化融合视域下寻求河南乡村文化振兴路径，必须认真贯彻习近平总书记关于文化建设、乡村振兴等的重要论述和视察河南重要讲话指示精神，并将此置于乡村振兴战略大背景下来谋划，置于河南省第十一次党代会提出的锚定"两个确保"、实施"十大战略"的战略决策中来推进，借助科技文化融合优势，在建立科技文化融合体系、完善乡村文化资源平台设施、延展乡村文化发展新空间、创新乡村文化传播路径中实现乡村文化的创造性转化、创新性发展，真正实现乡村文化的全面振兴。

（一）以构建生态系统为基础，建立乡村文化振兴内生机制

科技文化融合视域下的乡村文化振兴内生机制应当是一个多元、全面、协同、可持续的系统性工程，以生态系统为基础，涵盖资源、社会、平台、文化、科技、教育、产业等各个方面的因素，并在此基础上建立一个互相关联、互相促进的机制，以乡村文化的创造性转化、创新性发展为路径，着力构建乡村文化的自正系统、激励系统、社会运行系统，最大限度地保障乡村文化得以振兴并能够长期、可持续地进步与发展。自正系统重在通过产业、人才、文化、社会和生态均衡协调发展，通过传统文化教育和现代科技教育，推动乡村居民增强对自身文化的认同感和归属感，增强振兴乡村文化的自觉性，让其主动成为文化振兴的中坚力量，推动乡村文化活力的自我激发、自我增强；激励系统重在挖掘乡村文化资源，建立包括乡村历史资料、传统技艺等的数字化资源库、数字化档案和数字化平台，通过互联网、社交媒体等渠道，推动科技文化深度融合，利用虚拟现实、混合现实、人工智能等现代信息技术，实现乡村文化的科技创新，并与创意产业融合，大力推广发展乡村文化产业和文化事业，在政府层面加大政策支持和倾斜力度，通过由内而外、内外结合的激励方式，增强乡村文化振兴的内生动力；社会运行系统重在整合社会各方力量和要素，借助虚拟现实、人工智能、大数据分析等现代科技手段，了解文化消费需求，增强文化体验，推动乡村文化不忘本来、吸收外来、面向未来，实现创造性转化、创新性发展，逐步融入适应时代需求的现代文化体系之中，实现与乡村振兴的共融共生、互促共进。这三个系统内在统一、相互作用，自正系统是核心，激励系统是基础，社会运行系统是保障，只有三者有机运行，才能推动乡村文化振兴，推动乡村文化持续性传承与发展。

（二）以大数据为抓手，构建乡村文化资源平台新体系

利用现代科技手段，摸清全省区域内乡村文化"家底"，是实现乡村文

化振兴的铺垫性、基础性工作。在实地调研中，我们发现，河南乡村文化资源散见于"特色乡村文化评比"等专项活动的零星统计中，缺乏涵盖省域所有乡村文化资源的普查性数据。因此，省级层面需要研究制定乡村文化资源分类、普查、评价工作导则；市级层面要根据本市所辖县区情况，制定具体落实和指导意见；各县区则要利用北斗系统、遥感技术、地理信息系统等科技手段，围绕本县区的基本情况，线上线下相结合，分门别类开展全县区范围内的拉网式乡村文化资源普查工作，并组成专门机构，搭建乡村文化资源数据动态管理平台，建立乡村文化资源库，绘制出乡村文化专门图谱。各县区在此基础上，报送市级层面，各市再报送省级层面，最后建立涵盖全省所有乡村的跨部门、跨行业、跨区域的文化资源数据动态管理平台，为后期信息化服务做好基础性工作。

（三）以科技手段为载体，延展乡村文化发展新空间

乡村文化因受地理、社会、交通、历史、语言等方面因素的制约，其传播和发展路径受到较多不利影响。因此，实现乡村文化振兴，需要在网络、城市中构筑新的发展空间。要构筑乡村文化网络发展空间，充分利用乡村文化大数据资源平台，让所有网民可以随时随地线上了解这些乡村文化资源。有效运用虚拟现实、增强现实等信息技术手段，实现所有网上用户可以远程参观乡村景点、观看网络直播活动、体验乡村文化等，从而激发线下体验参观的兴趣、欲望和动力；建立线上交流平台，既可以加强浏览者的沟通交流，也能精准了解消费者需求，为下一步工作改进指明努力方向，实现乡村文化发展和消费者需求的精准对接；搭建远程教育平台，对有需求的乡村居民及其他有学习意愿的人提供相关艺术、技艺、文化方面的课程培训服务，帮助他们掌握并传承相关文化技术；将传统文化与创意产业结合，通过电商平台推广销售乡村文创产品、手工艺品等，实现文化产业链条的线上延伸。同时，利用信息技术手段，设计科技文化深度融合的乡村旅游体验活动，利用智能语音导航、导览系统，为游客提供详细的技艺传承历程、文化历史背景解说等。以上乡村文化线上空间延展方式，需要各乡村根据自身文化资源

情况，结合优势特点，采用其中的一种或几种方式进行线上空间拓展，而不是千篇一律、万村一面地拓展构建线上空间。

此外，还可以着眼运用现代科技等手段让乡村文化在与城市文化的有机融合中，实现乡村文化的城市再生。在这方面，浙江省杭州市的经验可以为我们提供借鉴，杭州在城市建设中融入乡村文化元素，通过打造清河坊、南宋御街、拱宸桥西等 30 多个特色历史文化街区，建设数百个社区文化公园等方式，把江浙地区乡村传统文化融入杭州城市建设，让乡村文化在城市获得新生，实现了文化的融合重塑。特别是杭州西溪湿地，为全国优秀农村文化传承打造了"杭州样板"。河南一些地方也进行了一些有益探索，如开封市和洛阳市栾川县的民宿文化等。这就启示我们，只有找到城市文化与乡村文化二者的融合点，特别是借助科技手段，提炼精选一批凸显乡村文化特色的经典性元素和标志性符号，将其纳入城市规划创新设计，才能让乡村文化在城镇化建设中找到发展空间并得以延展存续。

参考文献

河南省统计局：《2022 年河南省国民经济和社会发展统计公报》，2023。

袁锦贵：《国内外文化与科技融合发展战略的经验与启示》，《科技和产业》2020 年第 1 期。

张燕丽：《河南乡村文化创意产业品牌建设研究》，《农村·农业·农民（B 版）》2021 年第 9 期。

陈晓霞：《乡村振兴战略下的乡村文化建设》，《理论学刊》2021 年第 1 期。

夏小华、雷志佳：《乡村文化振兴：现实困境与实践超越》，《中州学刊》2021 年第 2 期。

B.9
创新驱动河南省制造业高质量发展研究

冯凡栩*

摘　要：　党的二十大报告强调我国要加快建设制造强国，推动制造业高端化、智能化、绿色化发展。习近平总书记明确指出"创新是第一动力"。河南省委、省政府深入贯彻落实党的二十大精神和习近平总书记视察河南重要讲话重要指示，深入实施创新驱动发展战略，把制造业高质量发展作为主攻方向。同时，河南制造业高质量发展面临诸多困境，如传统比较优势不断弱化、创新投入产出效率低下、科技成果转化水平不高以及制造业集群化发展水平低等，河南亟须通过创新驱动发展战略，充分依托现有科技创新基础，发挥优势，走创新驱动河南制造业高质量发展的路径，以数字化转型、标志性产业链培育、技术创新、开放合作实现河南制造业向智能化、集群化、绿色化、高端化转变，实现河南制造业的高质量发展。

关键词：　创新驱动　河南制造　高质量发展

一　河南省制造业高质量发展的必要性

（一）贯彻党和国家战略要求的重大举措

制造业是立国之本、强国之基，是国民经济的重要支柱，党和国家历年来高度重视制造业的发展。早在 2015 年国务院就印发《中国制造 2025》，指

---

* 冯凡栩，河南省社会科学院创新发展研究所研究人员，主要研究方向为产业经济。

出中国要全面推进实施制造强国战略，实现中国制造业由大变强的历史跨越，相继出台《"十四五"信息化和工业化深度融合发展规划》《"十四五"智能制造发展规划》。2022年党的二十大报告再次强调加快建设制造强国，推动制造业高端化、智能化、绿色化发展。河南省深入贯彻落实党的二十大精神和习近平总书记视察河南重要讲话重要指示，锚定"两个确保"、实施"十大战略"，提出了坚持把制造业高质量发展作为主攻方向、实施制造强省战略的重大举措，并出台《河南省建设制造强省三年行动计划（2023—2025年）》《河南省"十四五"制造业高质量发展规划》《河南省先进制造业集群培育行动方案（2021—2025年）》《河南省"十四五"战略性新兴产业和未来产业发展规划》等各项政策大力加快发展先进制造业，紧紧围绕从制造到创造、从速度到质量、从产品到品牌的河南制造"三个转变"，努力践行质量、效率、动力的河南制造"三大变革"，向全国重要的先进制造业强省目标前进。

（二）顺应时代潮流变化的主动战略选择

自18世纪中期以来，世界强国的兴衰均以制造业的兴衰为标志，西方发达国家深受"去工业化"造成的经济泡沫而引发的金融危机的影响，欧美发达国家提出"再工业化"战略，试图重振实体制造业，保持经济与社会稳定，继续掌控全球经济主导权，占据新一轮产业革命制高点，可以说在新一轮的产业革命中谁实现了制造业高质量发展，谁就站在了全球经济制高点。虽然我国已成为世界第一制造业大国，但是却存在着许多问题。一是我国制造业"大而不强"，制造业产业链仍处于全球价值链的中低端。二是以往支撑制造业的资源要素成本持续升高，传统竞争优势不断弱化。三是以美国为首的某些发达国家不断打压遏制，高端制造业产业链面临被阻断的风险。这些均对新时代的中国制造提出了更高的要求，制造业高质量发展已迫在眉睫。面对新形势和新要求，河南牢牢抓住全球产业链加速重构、制造强国战略加快实施的历史机遇，紧盯制造业发展的关键痛点、难点、堵点，推动河南制造"两业"融合、"三个转变"、"五链"耦合，加快形成先进制造业体系，实现河南制造业高质量发展。

（三）确保高水平实现现代化河南的内在要求

"十四五"时期是河南省全面开启建设社会主义现代化河南新征程、谱写新时代中原更加出彩绚丽篇章的时期，是高质量建设现代化河南、高水平建成现代化河南的关键阶段。河南省经济发展以推动高质量发展为主题，以深化供给侧结构性改革为主线，加快建设现代化经济体系。制造业作为国民经济的支柱，在现代化河南经济体系建设中具有关键引领作用，对支撑经济发展有着顶梁柱、定盘星、压舱石的作用。2022年，全省制造业增长4.7%，五大主导产业增加值占规模以上工业增加值比重达45.3%。① 规模以上制造业占规模以上工业的比重由2012年的81.4%提高到2021年的84.3%，对规模以上工业增长的贡献率达到103.3%，成为拉动河南经济增长的重要核心力量。河南制造业门类齐全，产品涵盖人民的衣食住行各个方面。据统计，河南省五大主导产业对工业增长的贡献率由2015年的59.9%提高到2021年的70.3%，② 对河南经济的稳定发展起了极为重要的作用，已成为全省工业经济发展的主要力量，而传统资源密集型、劳动密集型产业对工业增长的拉动作用却在不断减弱，六大高耗能产业对工业增长的贡献率降低为12.8%，由此可见，实现制造业高质量发展是保证河南经济持续稳定增长的必然要求，更是确保高水平建成现代化河南的内在要求。

二 河南制造业高质量发展的现实困境

（一）传统比较优势不断弱化

河南正面临着传统生产要素优势不断减小的现实，各项生产成本逐步

---

① 《2022年河南省国民经济和社会发展统计公报》，河南省发展和改革委员会网站，2023年3月23日，https://fgw.henan.gov.cn/2023/04-06/2720410.html?eqid=dfad87da009f499b0000000264700a0b。
② 《十年发展铸就河南工业新格局——党的十八大以来河南工业发展成就》，河南省人民政府网站，2022年10月14日，https//：www.henan.gov.cn/2022/10-14/2623913.html。

升高制约制造业的成长。最为明显的是劳动要素优势和资源优势弱化。人口众多和自然资源丰富的河南省，相比较来说，具有较大的劳动要素优势和资源要素优势。至 2022 年末，河南省常住人口 9872 万人，劳动力成本较低。矿产资源丰富，保有查明资源储量居全国第 1 位的有 12 种，居全国前 3 位的有 33 种，具有得天独厚的资源禀赋优势。但是随着人口结构老龄化，河南人口外流严重，劳动年龄人口占比逐年下降，加剧了劳动力资源的短缺现象，人口红利逐渐弱化，劳动力成本也不断上升。同时资源的过度开发使河南自然系统的生态承载力逐渐达到上限，传统资源密集型行业对工业增长的拉动作用不断减弱，2021 年，六大高耗能行业对工业增长的贡献率为 12.8%，比 2012 年下降 17.4 个百分点；采矿业对工业增长的贡献率由 2012 年的 9.3% 转为 2021 年的-8.5%。① 劳动要素优势、资源要素优势的弱化严重制约河南制造业发展，随着工业化程度的推进，高级生产要素对经济增长的贡献逐步增强，河南在高级生产要素上还未形成先发优势，河南制造业亟须实现从人口红利向人才红利的转变，实现高耗能产业向低碳绿色化产业的转变，加快实现生产要素的换代升级，实现制造业的高质量发展。

（二）创新投入产出效率低下

河南省科技创新能力不足，尤其是基础科技创新能力薄弱、关键核心技术攻关能力不强，导致创新投入产出效率低下。创新投入产出效率是衡量新技术、新产品生产效率的重要指标，体现创新成效的好坏，直接影响实体经济发展。河南全省科技创新投入不足全国平均水平，2022 年，全省研究与试验发展（R&D）经费投入 1143.26 亿元，R&D 经费投入强度 1.86%，低于全国 R&D 经费平均投入强度 2.54%；高技术制造业 R&D 经费投入强度 1.60%，低于全国高技术制造业 R&D 经费投入强度 2.91%。企业是创新活

---

① 《十年发展铸就河南工业新格局——党的十八大以来河南工业发展成就》，河南省人民政府网站，2022 年 10 月 14 日，https://：www.henan.gov.cn/2022/10-14/2623913.html。

动的重要主体，河南企业创新动力不足、整体实力不强、缺乏创新型"头雁企业"发挥引领作用，创新研发活动产出水平和效率低。2021年，全省制造业实现创新企业数9881家，其中同时实现产品创新、工艺创新、组织创新、营销创新的有2099家，远低于先进地区；全省规模以上工业企业R&D有效发明专利数42849项，同广东省511717项、江苏242423项等差别巨大；新产品销售收入约8825亿元，各地市研发产出极不平衡，郑州、洛阳有效发明专利数分别为27320件、10919件，突破万件，其余地市仅有千件、百件；先进制造业实现技术市场合同成交额141.66亿元，低于全国平均水平187.72亿元。[①]

（三）科技成果转化水平不高

科技成果转化作为科技创新的"最后一公里"，涉及多主体和多流程，一项新的成果被研发出来之后只有投入生产实践中，通过产品化、产业化、商业化等形式进行技术扩散，才能发挥它的价值，实现对经济增长的推动作用，如图1所示。河南缺乏有效连接高校、科研机构与企业的中介服务机构，创新研发活动较依赖研究机构，但研究机构不了解企业需求以及市场发展导向，研发倾向于基础领域和公共技术，"重论文、重评奖"导致大量科研成果只停留在实验室阶段，从事技术推广和成果转化的科研人员少之又少，而企业只关心科研成果能带来多大的经济效益，不了解科技创新的内在机理，更不愿意在基础研发和原创成果上投入资金，二者之间缺乏有效连接导致科技研发成果缺乏市场性，难以投入生产。此外，河南科技成果技术扩散效应弱。中试基地对科技成果进行二次开发试验，是实现产业化、商业化的重要平台，河南中试基地建设起步晚、发展不成熟，2021年才成立首批8家中试基地，河南省制造业的创新链和产业链的连通存在痛点、堵点。科技成果转化流程的任何一个环节出现问题都会导致科技成

---

① 《2022年河南省统计年鉴》，河南省统计局网站，2023年1月5日，https：//tjj.henan.gov.cn/tjfw/tjcbw/tjnj/。

果转化不畅，因此河南制造业亟须畅通创新链与产业链，实现制造业高质量发展。

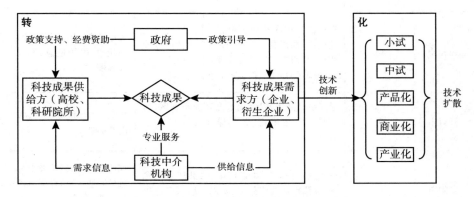

图1　科技成果转化流程

（四）制造业集群化发展水平低

制造业集群是产业集聚不断发展的产物，指大量企业围绕一个主导产业在特定的区域内形成紧密联系的现象，是贯通产业链、提升资源配置效率、形成规模优势的重要载体。一是河南省制造业集群发展层次低。产业集聚区起步较晚，部分地区产业集聚区如表1所示。根据河南省产业集聚区分布情况可知，多数制造业集群为传统型和资源依赖型产业，如开封聚焦传统产业，产出效益偏低。先进制造业集群数量少，一些先进制造业如电子信息、装备制造、汽车及零部件等大多以"代工"模式为主，缺乏核心技术，处于产业链中低端。二是制造业集群企业间合作不够。河南省大部分产业集群是由政府规划建立，市场自发形成的较少，缺乏产业链、供应链的整合与联通，制造业集群多为空间的集聚而缺乏关联、配套与协同效应，难以发挥规模竞争优势，难以有效形成创新网络产生的知识溢出和技术溢出效应。三是制造业集群配套服务体系不完善。各市县的制造业集群只注重发展核心产业本身，相关配套服务体系不完善，缺乏有效的金融、咨询、研发、营销等服务，注重"硬"设施而忽视"软"环境。

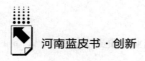

表1　河南省部分地区产业集聚区分布情况

地区	产业集聚区数量（个）	主要产业集聚区名称	主导产业
郑州市	14	郑州高新技术产业集聚区、郑州经济产业集聚区、郑州航空港区、郑州市白沙产业聚集区、郑州市官渡产业聚集区、郑州市金岱工业园区、郑州上街装备制造产业集聚区	食品饮料、装备制造业、新能源、电子信息、汽车及零部件
开封市	7	兰考县产业集聚区、尉氏县产业集聚区、通许县产业集聚区、开封精细化工产业集聚区	食品、机电和纺织业、农副产品加工
安阳市	9	安阳高新技术产业集聚区、滑县产业集聚区、安阳市产业集聚区、安阳市纺织产业集聚区	现代食品业、钢铁加工和机械制造、纺织轻型装备制造业、装备制造、汽车零部件加工
洛阳市	17	洛阳高新技术产业聚集区、洛阳工业产业聚集区、洛阳市洛龙科技园区、洛阳市洛新产业聚集区、洛阳市先进制造业聚集区	食品工业、装备制造业、新材料产业、新兴技术产业、电力能源、化工、光伏材料和机械制造
平顶山市	10	汝州市工业集聚区、郏县产业聚集区、平顶山市石龙产业集聚区、平顶山高新技术产业集聚区	煤化工、机电装备、新材料制造
鹤壁市	3	浚县产业集聚区、金山产业集聚区、鹤壁市鹤淇产业集聚区	光伏产业、汽车零部件、食品产业

资料来源：河南省发展和改革委员会《河南省180个产业集聚区名单》。

三　创新驱动河南制造业高质量发展的现实基础

（一）创新生态持续优化

创新生态是实施创新驱动发展战略、推动高质量发展的内在驱动力，由创新政策、创新人才、创新主体、创新资源、创新机制五大要素组成。

它通过创新政策和创新机制的顶层设计与激励保障，使创新主体充分借助创新人才的力量来整合创新资源，从而开展创新活动，使创新活动从无序变为有序。河南省委、省政府实施"十大战略"，将创新驱动发展战略摆在河南现代化建设的首位，着力优化创新生态。一是接连出台多项创新政策，对河南科技创新发展进行顶层设计，并出台多项意见文件推动创新驱动发展战略的落地实施。二是不断引进创新人才，加强高层次领军人才和高水平团队培养，吸引高端创新人才入驻中原，为研发活动组建一批有基础、有潜力、有实力的高水平创新团队，不断激发人才创新活力。三是充分发挥创新主体的作用，加快推进河南省高校"双一流"建设，加大特色优势学科建设力度，为河南省创新孕育优秀硕博人才队伍；充分发挥企业在创新中的核心主体作用，支持引领高新技术企业建设；加快科研机构和创新平台建设，打造一批先进的国家战略科技力量。四是丰富创新资源，加大信息、资金、技术、基础设施等资源的投入，贯穿于创新活动的各个领域，为创新活动提供基础保障。五是健全创新机制，从科技成果转移转化、知识产权保护、产学研用协同等多方面完善创新体制机制，促进产业链和创新链的融合。

表 2   河南省创新生态要素说明

创新生态要素	具体说明
创新政策	《河南省"十四五"科技创新和一流创新生态建设规划》《郑洛新国家自主创新示范区条例》《河南省促进科技成果转化条例》《中共河南省委　河南省人民政府关于贯彻落实〈国家创新驱动发展战略纲要〉的实施意见》
创新人才	在豫两院院士 24 人、中原学者 73 人、国家杰青 20 人,全省 R&D 人员 346737 人
创新主体	企业:高新技术企业 10872 家、科技型中小企业 22004 家 高校:普通高校(职业高校)共 156 所、研究生培养机构 27 处(科研机构 8 处)、硕士学位授权高校 19 所、博士学位授权高校 10 所 科研机构:省级及以上企业技术中心 1545 个,其中国家级 93 个;省级及以上工程研究中心(工程实验室)964 个,其中国家级 50 个;省级及以上工程技术研究中心 3345 个,其中国家级 10 个。国家重点实验室 16 家、重大新型研发机构 16 家、省实验室 10 家、省中试基地 36 家、省技术创新中心 24 家

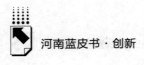

创新生态要素	具体说明
创新资源	资金投入：全社会R&D经费投入超过900亿元，财政科技支出254亿元 科技基础设施：5G基站4.5万个、国家超算中心1家、省级工业互联网平台25个、物联网终端连接数约6656万个
创新机制	完善科技成果转移转化机制、科技成果评价激励和免责机制；健全知识产权制度体系，激发创新创造活力；强化产学研用协同推进机制

资料来源：河南省统计局《2022年河南省国民经济和社会发展统计公报》。

（二）创新实力显著增强

创新实力是实施创新驱动发展战略、推动高质量发展的支撑保障，河南坚持把科技创新摆在现代化建设全局中的核心地位，全省创新实力不断增强。中国科学技术发展战略研究院发布的《中国区域科技创新评价报告2022》显示，河南省综合科技创新水平居全国第17位，比2021年提升2位，高新技术产业化水平指数居全国第9位，比2021年提升2位。全省研发人员总数位居全国第5位，高新技术产业化水平位居中部地区首位。全省的地方财政科技支出、高技术产品出口额、研发人员数、科技企业孵化器数量等主要指标均进入全国前10位。各个领域均取得关键核心技术突破，如生物医药领域的抗新冠口服药阿兹夫定，农业生产领域的"郑麦7698"，绿色制造领域的高效钎焊技术，光电子领域的ITO靶材、PLC光分路器芯片和AWG芯片，中铁装备研制的首台马蹄形盾构机。河南还于2021年之后批复建设多家省实验室并以此为核心建设实验基地，不断汇聚优质高端创新资源协同创新，形成了"核心+基地+网络"的创新格局。除此之外，河南省委、省政府持续加快创新脚步，完善创新政策体系、保持研发投入快速增长、不断发展壮大创新主体、日趋完善创新平台建设、使各类创新要素持续涌动，为河南制造业高质量发展提供坚实的基础保障。

（三）支撑能力不断提升

河南在现代化建设过程中坚持以供给侧结构性改革为主线，不断优化产业结构，加快实现河南制造"三个转变"，制造业支撑能力更加突出。一是规模总量持续增长。河南工业规模总量稳居全国第 5 位，居中西部地区第 1 位，装备制造业规模稳居全国第 5 位，客车和盾构装备产业规模稳居国内同行业第 1 位。二是产业结构不断优化。传统制造业比重不断下降，过剩产能持续减少，2020 年，装备制造、食品等五大主导产业比重提高至 46.8%，战略性新兴产业比重提高到 22.4%。① 三是优势产业取得明显进展。智能终端、新能源客车、盾构装备、超硬材料等主要产品产量位居全国前列。五大主导产业电子信息、汽车及零部件、装备制造、食品、新材料发展成效显著。一大批高新技术企业入驻河南，浪潮、长城、超聚变等计算机终端生产项目成功投产。汽车行业尤其是新能源汽车制造形成大规模产业集群，已建成从原材料到核心零部件、整车、配套设备的完整产业链。四是人才支撑作用更加凸显。2021 年，河南已有在豫两院院士 24 人、中原学者 73 人、国家杰青 20 人，全省 R&D 人员 346737 人，② 不断加大高科技创新人才引进力度，为河南创新活动不断集聚活力，为创新人才提供良好的生态环境，有效提升创新人才在制造业高质量发展中的核心引领作用。

四　创新驱动河南省制造业高质量发展的路径

党的十八大以来，习近平总书记把创新摆在党和国家事业发展全局的核心地位，习近平总书记指出："创新是第一动力。中国如果不走创新驱动发展道路，新旧动能不能顺利转换，就不能真正强大起来。"制造业的转型升

---

① 《河南省"十四五"制造业高质量发展规划》，http://www.ccpa.com.cn/upload/zgshuini/file/20220210/1644489423172378.pdf。

② 《河南省人民政府关于印发河南省"十四五"科技创新和一流创新生态建设规划的通知》，河南省人民政府网站，2022 年 2 月 23 日，http://m.henan.gov.cn/2022/02-23/2403275.html。

级必须依赖创新驱动，制造业的高质量发展必须改变传统的依靠要素驱动、投资驱动的发展方式。河南省的现代化建设必须依靠创新驱动发展战略，真正实现由制造业大省向制造业强省的转变。

（一）以数字化转型推动河南制造业向智能化转变

数字化转型是传统行业利用新型数字技术改造升级产业结构、产品形态、发展模式的重要手段，可以加速制造业实现效率、质量、动力变革，河南应利用数字技术推动河南制造向智能化转变。第一，加大高技术人才引进力度。借助"中原英才计划""中国·河南招才引智创新发展大会"等人才工程和引智平台，增大数字人才占比。利用高技术人才向企业技能化改造提供理论支撑，推进企业数字化转型过程中的数据安全技术维护升级、软件开发及智能控制和管理。第二，加大关键数字技术等自主研发力度。以数字技术、人工智能为核心，建立制造业关键共性技术体系，加大数字技术基础性研究，打造先进算力网络，鼓励并组织制造业企业开展数字技术研发、智能产品创新及转化等，完善产学研用协同机制，通过实施数字技术重点项目促进企业与高校、科研院所的科研合作，解决数字技术"卡脖子"短板问题。第三，推动数字技术全链条、全要素赋能制造业发展。充分利用数字技术赋能制造业设计、生产、管理、服务各个环节，如利用产品数据管理（PDM）量化分析客户需求，通过智能工厂、数字化车间进行产品质量控制，利用大数据、5G、工业互联网、云计算等新一代信息技术优化产品服务，推动企业实施全流程、全生命周期精细化管理，带动资源效率系统提升。

（二）以标志性产业链培育推动河南制造业向集群化转变

河南应以优势领域如盾构装备、新能源客车、光通信芯片、超硬材料为抓手，重点培育标志性产业链，聚焦新材料、新能源汽车、电子信息、先进装备等领域培育先进制造业集群，围绕产业链部署创新链。第一，充分依托现有市场优势打造优势产业集群。可依托人造金刚石、立方氮化硼、复合超硬材料等产量优势和电解铜箔、铝材市场规模优势以及新材料生产技术优势，打造全国重要新材料创新高地；在汽车领域以郑州航空港经济综合试验区为中心，以比亚迪、上汽、宇通、东风等龙头整车企业和配套零部件企业为引领，加快培育汽车领域上下游产业链；充分运用中国（郑州）智能传感谷、郑州航空港经济综合试验区汽车城等核心平台载体，带动电子信息、汽车产业超车加速。第二，提升产业链、供应链现代化水平。以龙头企业为引领，加强与中小企业的合作使其充分发挥自身优势突破弱项，提高信息化水平，充分实现信息共享，优化内部沟通和交流；增加企业对产业链、供应链的认识，聚焦全球化新趋势和全球产业链布局新变化，理顺重要产业链上下游、产供销、大中小企业之间的协作关系，上下游协同配置，做到产业链、供应链相匹配，降低运营成本。第三，完善制造业集群配套设施及服务。坚持政府引导、市场主导，加强制造业集群区域规划，优化营商环境，完善制造业集群周围的基础设施以及配套金融、咨询等服务；大力扶持优势制造业集群，围绕制造业集群中每条标志性产业链确定一位首席专家、一批支撑机构、一个专属政策组合包，设立专门机构和专家团队，打造世界级产业集群。

（三）以技术创新推进河南制造业向绿色化转变

绿色化是制造业转型发展的重要方向。第一，持续倡导"绿水青山就是金山银山"的绿色发展理念。持续推进传统高耗能产业的升级改造，加快淘汰落后技术设备，加强节能环保技术、工艺、装备的推广应用，全面推行清洁化生产，实现可持续发展。第二，促进企业开展绿色技术创新。鼓励企业加大绿色技术创新、绿色工艺和流程创新、绿色产品创新力度，提高资源利用效率；聚焦河南突出的环境问题，缓解资源约束压力，增强绿色研发、制造、回收的绿色技术创新能力，同时不断开拓国内绿色消费市场，满足消费者的绿色偏好，引导消费者绿色消费。第三，完善以市场为导向的绿色创新体系。不断壮大绿色技术创新主体，鼓励企业向绿色化转型并加大对绿色创新企业的扶持力度，采用"揭榜挂帅""赛马"机制引导各类主体实现绿色技术创新；鼓励省内高校建立绿色技术人才培养基地，构建绿色技术产学研用协同创新体系，以绿色项目为引领实现绿色企业与高校的合作创新；引导金融机构开展绿色技术贷款保险业务，强化绿色技术知识产权与保障服务。

（四）以开放合作引领河南制造业向高端化转变

河南应不断通过开放合作拓展河南制造业发展空间，与国内先进省份和国外中小国家全方位推进经贸往来和务实合作，积极参与全球价值链分工体系重构，提升河南制造在国内外价值链中的地位。第一，努力打造制造业产品国际知名品牌方阵。依托河南超大人口规模市场，挑选销量领先的产品和品牌，培育出口品牌，提高出口品牌附加值，进军国际消费市场，找准并精准匹配需求端，依托河南省在中欧班列、共建"一带一路"中的地理优势推进知名品牌出口贸易，在全球范围内加大对河南品牌的推广与宣传。第二，充分发挥河南交通枢纽优势。利用河南在共建"一带一路"中优越的地理位置，依托郑州航空港经济综合试验区、河南自贸区、郑州跨境电商综合试验区、郑卢"空中丝绸之路"等，加强国际合作，打造对外开放的合作平台，引进国内外先进制造企业在河南落地建厂。第三，坚持"开门迎客"，加强科技合作。加强与国内外一流高校、科研院所、龙头企业的合作，采取科研合同、揭榜攻关等创新模式，融入全球生产网络，形成制造业"大开发、大协作、网络化"的科技创新格局。

参考文献

朱若岭、宋振源：《创新驱动下河南智能网联汽车产业集群发展路径研究》，《河南科技》2023年第10期。

河南日报社全媒体记者：《十大科技创新成果追踪探访》，《河南日报》2022年8月30日。

张中、郑春蕊：《数字化转型推动河南省制造业技术改造的实践进路研究》，《河南科技》2023 年第 14 期。

李英杰、韩平：《数字经济下制造业高质量发展的机理和路径》，《宏观经济管理》2021 年第 5 期。

韩宇辉等：《河南省科技成果转化政策实施效果评价与分析——基于中部六省比较视角》，《河南科学》2021 年第 11 期。

王玲杰等：《推动国家自主创新示范区高质量发展》，《区域经济评论》2018 年第 5 期。

刘晓慧：《创新驱动河南省制造业高质量发展路径研究》，《当代经济》2018 年第 15 期。

刘静雅：《河南省技术转移转化现状及对策研究》，《创新科技》2018 年第 11 期。

B.10
河南省科技金融助力国家
创新高地建设研究

史　璇[*]

摘　要：　为加快构建一流创新生态，助力国家创新高地建设，河南省不断深化科技体制和金融体制改革，致力于构建科技金融发展新格局。目前，河南省科技金融快速发展，但仍然没有满足河南省科技型企业发展的需要。基于此，本报告对河南省科技金融发展的现状和问题进行了分析，对标合肥、深圳等先进地区的科技金融发展经验，提出河南省下一步在完善科技政策、拓宽企业融资渠道、优化科技金融生态环境和提升风险管理能力方面的对策建议，以科技金融助力国家创新高地建设。

关键词：　科技金融　国家创新高地　河南省

2022 年 1 月，河南省政府正式印发《河南省"十四五"科技创新和一流创新生态建设规划》，指出到 2035 年河南省基本建成国家创新高地。科技型企业作为经济创新发展的增长引擎，对构建新发展格局、建设经济强省和建立国家创新高地具有重大的战略意义。习近平总书记指出，加快推进金融支持创新体系建设，要聚焦关键核心技术攻关、科技成果转化、科技型和创新型中小企业、高新技术企业等重点领域，深化金融供给侧结构性改革。助力河南省国家创新高地建设，需积极探索科技创新与金融产业的有效结合方式，加快金融创新与科技创新的深度融合。

---

[*]　史璇，河南省社会科学院创新发展研究所研究人员，主要研究方向为科技金融。

2009 年，河南省科技厅分别与中国银行河南分行、中国民生银行郑州分行、浦发银行郑州分行 3 家银行签订了总额 1000 亿元的科技金融战略合作协议，标志着河南省科技金融工作的开启。在国家创新驱动发展战略的指引下，河南省进行了科技体制和金融体制改革，省财政厅先后制定了《河南省科技金融深度融合专项行动计划》《河南省省级重大科技专项资金管理办法（试行）》《河南省省级创新研发专项资金管理办法》等，加强对科技金融创新的政策支持。目前，在省委、省政府的系列正确决策和带领下，全省科技金融呈现蓬勃发展态势，在科技信贷、政府性引导基金、科技保险及科技担保等方面取得一定成绩。

一 河南省科技金融发展现状

（一）科技信贷创新性发展

2016 年，河南省开始推行"科技贷"服务，出台了系列政策以支持"科技贷"的发展。为进一步规范"科技贷"业务，推动科技创新与金融发展深度融合，2021 年 11 月 22 日，河南省科技厅、财政厅等部门联合发布《河南省科技金融"科技贷"业务实施方案》，创新优化了科技型企业的贷款抵押模式、贷款利率和补偿标准等，[①] 破解了科技型企业因抵押物问题而贷款不畅的难题，为合作银行持续稳定地开展"科技贷"业务提供了制度保障和信心。2022 年，省财政进一步加大对科技型企业扶持力度，引导地方财政对科技型企业实行贷款贴息政策，根据市县"科技贷"贴息规模，按不超过 30% 的比率给予奖补。在系列政策的支持下，河南省"科技贷"业务贷款金额自 2016 年以来呈现整体上升趋势，2022 年全年实现放款 44.49 亿

---

① 规定河南省高新技术企业及科技型中小企业提供的实物资产抵质押评估值不高于贷款金额的 30%（单一实物资产超过 30% 的除外）；贷款利率不超过中国人民银行公布的同期同档次的贷款基准利率的 130%；设立科技信贷准备金，并对合作银行"科技贷"业务产生的实际损失给予不超过 60%、单笔不超过 500 万元的损失补偿。

元（见图1），支持企业710家（次）。2022年7月，河南省已形成1家"科技贷"业务受托管理机构、2家"科技贷"专业机构、10家"科技贷"合作银行、18个地市科技金融联络员以及1个科技金融在线服务平台的综合性科技金融服务体系，为科技型企业提供了专业化、多层次的"科技贷"融资环境。

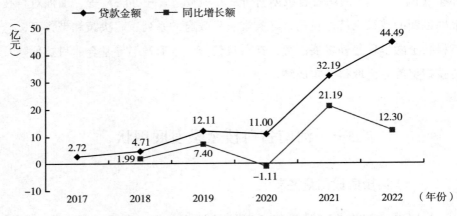

图1 河南省"科技贷"业务贷款金额及其同比增长额情况

为满足"专精特新"中小企业融资需求，2022年3月河南省工业和信息化厅、河南省财政厅等七部门推出"专精特新贷"。"专精特新贷"改变了传统的资产抵押融资模式，设计银行直贷、银担合作和投贷联动三种信用类金融服务模式，创新性地发展了银行的贷款抵押模式，为"专精特新"企业提供了多样化融资担保模式。截至2022年末，"专精特新贷"累计实现放款485.7亿元，支持企业1236家（次），取得了令人瞩目的成就，不仅为中小企业快速成长为"小巨人"企业提供了有效便捷的资金支持渠道，还吸引了省内外金融机构和创业风投资源向省内聚集，为河南省中小企业和制造业的高质量发展发挥了重要作用。

（二）政府投资引导基金引领作用显著

2012年，河南省设立了股权投资引导基金，政府投资引导基金开始走上河南省改革创新发展的舞台。政府投资引导基金具有"四两拨千斤"的作用，可撬动社会资本对科技型企业投资、引导社会资金集聚、调控资金配置方向等。河南省政府投资引导基金赋能高技术产业，先后设置了三只科技创新领域的政府投资引导基金，分别是河南省中原科创风险投资基金、郑洛新国家自主创新示范区科技成果转化引导基金、郑洛新国家自主创新示范区创新创业发展基金。以上三只基金河南省财政共出资 6.5 亿元，融资总规模 19 亿元，取得了财政资金 3 倍以上放大的效果。在政府投资引导基金的引领下，科技型企业高质量发展成绩显著，截至 2022 年底，三只基金已投资 92 个项目，共 14.53 亿元，培育出 2 家上市企业、4 家上市在辅导企业，有效支持了一批创新要素多、发展潜力大的科创企业，进一步激发了市场活力，为构建新发展格局发挥了积极的作用。

（三）科技保险加大力度保驾护航

为降低企业创新创业的风险，为企业科技创新保驾护航，2010 年河南省科技厅等部门联合印发《关于进一步做好科技保险有关工作的通知》，这标志着河南省科技保险工作正式开展。省内已陆续制定关于科技保险的具体实施方案和扶持政策。中原农业保险股份有限公司先后推出小麦制种险、研发费用损失险、高技术企业小额贷款保证险等 7 款产品，为科技型企业在研发、融资等方面提供了多样化的针对性保险方案。2022 年，河南省开展科技保险保费补贴工作，旨在引导企业通过购买保险来降低企业的研发成本。全年共计补贴 6 家科技型企业 25 万元，首次选取产品研发责任保险、关键研发设备保险、营业中断保险、产品质量保证保险、科技成果转化费用损失保险（揭榜挂帅攻关险）等 5 个险种作为本次科技保险补贴的范围，按照实际支出保费的 30%，给予每个企业每年最高额度 20 万元的补贴，增强了企业对技术研发的信心和底气，为企业研发提供了强韧"安全绳"。2022 年 3 月，河南银保监局、河南省科技厅等部门联合印发《河南银行业保险业支持"专精特新"中小企业高质量发展的指导意见》，出台 20 项针对"专精特新"企业的政策，鼓励支持保险公司研发"专精特新险"以支持"专精特新"企业的发展。这些举措是河南省为鼓励科技型企业发展在科技保险领域的多方位探索和尝试，对分散化解企业创新创业风险、提高企业自主创新的效率、营造良好的技术创新环境具有重要的意义。

（四）科技担保成效初步显现

科技担保对科技型企业尤其是处于成长阶段初期的科技型企业的发展具有重要作用，可为处于成长阶段初期的科技型企业提供信用背书和分担风险，减轻企业的融资压力。河南省科技担保行业起步较晚，为解决科技型企业融资难困境、改善科技金融市场技术创新环境，2020年7月，河南省成立中原再担保集团科技融资担保有限公司，这是省内首家也是唯一一家服务科技型中小微企业、战略性新兴产业的专业化融资担保机构。河南省科技担保行业发展已经初见成效，截至2023年3月底，中原再担保集团科技融资担保有限公司已累计支持企业突破10000家，在保余额68亿元；支持科技型中小微企业1300多家，在保余额13亿元。

二　河南省科技金融发展存在问题

（一）科技金融政策容错率低，政策发挥作用有限

科技金融政策容错率低，对国有资产保值要求过高，无法与科技型企业的高风险、市场性的特征相匹配，缺乏市场导向的激励措施以及一定的容错机制，不能充分发挥市场的活力。政策执行者出于对财政资金的严格监管要求在开展工作时过于谨慎、缩手缩脚，使政策有效性难以最大程度发挥。另外，在政策内容制定上，虽然出台了相应的激励容错机制，但没有细化的系统性、具体性的机制，只有原则性、方向性的指示，各部门在一些政策边界和责任认定上也存在衡量尺度不一致的问题，存在模糊地带和缺失部分，有待进一步细化。

（二）银行与科技型企业风险特征不匹配，难以满足科技企业信贷需求

在政策引领下，商业银行积极为科技型企业提供支持，更新金融产品、出台优惠政策，但仍无法满足省内科技型企业快速发展的融资需求，具体体现在：第一，河南省银行科技信贷规模供需不匹配。2022 年，河南省科技型中小企业贷款增速为 16.7%，低于全国 7.6 个百分点；截至 2022 年底，科技型中小企业各项贷款余额为 557 亿元，获贷企业 6245 家，获贷率仅为 41%，河南省商业银行信贷对科技型企业的支持规模还有较大提升空间。第二，商业银行对初创期科技型企业金融支持供给不足。处于初创期的科技型企业，由于其风险大，投资回报期具有不确定性且资产抵押能力弱，因此银行等金融投资机构对其缺乏投资信心，出于规避风险的考虑，对初创期科技型企业支持力度较小，因此初创期科技型企业获贷难度较大。第三，商业银行金融产品创新落后于科技创新。现有金融产品创新不足，针对科技型企业的金融产品主要有信用贷款、信用担保，而仅靠这些渠道所筹集的资金远不能满足科技型企业的研发资金需求。尚未有符合科技型企业投资风险大、投资回报期长等特点的金融产品，金融产品创新与科技创新有机融合不够充分。另外，商业银行还存在科技银行与一般支行经营混同，无法承担科技金融的应有功能等问题。

（三）政府投资基金发展不成熟，带动社会资本聚集能力较弱

河南省政府投资基金起步较晚，发展不成熟，相较于先进地区，河南省政府投资基金在规模上比较落后。河南省政府投资基金的主要来源是各级财政和国有企业，带动社会资本集聚能力较弱。在政府投资基金管理依据上，尚未建设规范化、制度化、长效化的管理制度。现行管理办法主要依据《河南省政府投资基金管理办法》（豫财基〔2023〕4 号）及《河南省省级政府投资基金绩效考核评价管理暂行办法》（豫财基〔2022〕5 号）等，其中管理和考核机制设计内容不够细化，部分内容主观性较强，容错率较

低，顶层制度设计不完善引发了一些问题。如在基金投资方向上，政府投资基金为规避风险对基金投向设置诸多限制，其目标以支持成长期的科技型企业为主，而对种子期、初创期以及衰退期的科技型企业支持较弱，这种"不能亏损"的隐性要求不契合为弥补市场失灵而设立政府投资基金的初衷，政府投资基金的作用得不到有效发挥。在基金设立上，还未形成健全的基金体系，存在盲目设立的情况，基金设立时缺乏科学的投资评估体系和规范化管理，投资决策随意性强，导致财政风险增加、产业基金定位模糊、投资方向不准确。在基金队伍建设上，缺乏专业化人才。一些投资机构专业能力不足，缺乏市场化、专业化的人才。另外，省内大部分基金都有政府或国有企业的背景，基金运行缺乏市场化的运作机制，知名基金公司和高水平团队落户河南的意愿比较低。

（四）服务体系建设不完善，创新生态有待继续优化

一是缺乏专业的科技金融服务平台。河南省关于科技金融的服务平台还较少，只有为"科技贷"服务的"河南省科技金融在线服务平台"，缺乏为科技型企业与各类金融资本对接的信息共享的专业化平台，科技型企业的融资需求和金融资源不能够做到有效互联互通，资源无法有效整合和配置。二是缺乏专业化中介服务体系。科技金融的发展需要完整、可靠、高效运行的系列服务链条，比如创业孵化、法律咨询、会计审计、管理咨询、评估认证、经纪中介、知识产权运营服务等中介服务机构，而河南省在此方面还较为薄弱，未形成一个成熟的科技金融中介服务体系，亟须相关政策的引领和指导。三是投资服务体系不够成熟。市场缺乏相应的风险投资资本，省内创业风险投资机构相对较少，科技担保体系不健全，资本投资多流向成熟期的科技型企业，较少对初创期科技型企业投资，偏离了风险投资的本意。四是人才体系建设不完善。省内科技金融从业人员质量与数量难以满足科技金融发展的需要，市场化的激励机制不健全，导致专业化投资人才和管理机构数量非常有限，也缺乏成熟的金融科技核心技术。

三 先进地区科技金融发展的主要做法及启示

（一）合肥、深圳和苏州主要做法

2005 年，国家发改委等十部门联合颁布了《创业投资企业管理暂行办法》，规定国家和政府可以设立创业投资引导基金，通过参股和提供融资担保等方式扶持创业投资企业的发展，该办法从国家层面确立了政府创业投资引导基金的地位，成为各地政府设立创业投资引导基金的文件纲要。近些年政府创业投资引导基金不断创新性发展，涌现了一批成绩突出、经验值得推广的城市，科技型企业在各地政策的春风下得到了快速的发展。

安徽省合肥市在政府创业投资引导基金发展过程中不断创新，形成了各地争相学习的"合肥模式"。合肥市政府以尊重市场为前提，构建了合肥建投、合肥产投、合肥兴泰三大国有资本投资平台，依托国资平台设立基金群，通过直接或间接投资参与各类投资基金，形成了"政府引导母基金+天使/科创/种子+市场化基金"的全生态链基金体系，撬动社会资本来共同培育科创项目，加速了科技型企业的成长。合肥市政府在引领社会资本发展中建立了科学的决策制度，组建了人才智库，对产业定位、投融资决策严谨把握，完善容错机制，以"投行思维"进行资本招商，最终实现了较高的投资回报效益，培养了一批高科技科创企业，例如京东方、安世半导体、闻泰科技、蔚来汽车等，带动了全市经济结构转型和经济跨越式增长。2022 年，合肥市战略性新兴产业增加值为 2598 亿元，占当地 GDP 的 21.6%，成为经济高质量发展的中坚力量。

广东省深圳市作为改革开放以来快速成长起来的经济特区，较早引入政府创业投资引导基金，依托政府创业投资引导基金发展的科技金融至今已较为成熟，在管理办法、运行机制以及市场化程度上都比较领先。深圳市政府在国资平台上重点打造了深投控、深圳资本、鲲鹏资本、深创投四大股权投资平台，组建了生物医药基金、并购基金等七大基金体系，形成了万亿规模的产业基金集群。以科技园为依托、科技金融为纽带，打造涵盖天使孵化、创业投资、融资担保、上市培育、并购重组的科技服务体系，借助各类基金的组合投资分散投资风险，为科技型企业建立全周期的金融服务体系。在管理上，深圳市政府充分发挥市场配置资源的决定性作用，充分授权政府管理投资性资本，给予科技型企业和创投项目宽免政策，建立了较为系统、有可操作性的激励容错机制，为科技型企业的发展提供了良好的金融市场环境和科技金融政策支持。

苏州是我国政府创业投资引导基金实践最早的城市，"苏州模式"本质上是指参股模式，地方政府创业投资引导基金与合作机构共同设立子基金，通过聚集投资机构以带动产业的发展。近年来苏州不断创新政府创业投资引导基金，构建了多层次的政府创业投资引导基金体系，通过国有资本与金融资本结合，以"母基金+子基金"的方式，为不同发展阶段的科技型企业提供了从天使轮投资到成长期、成熟期扶优扶强的不同轮次的投资，有效满足了科技型企业的全过程资金需求。苏州市政府运用市场手段引进优秀基金管理团队，采用正向激励政策，引导资本向新兴产业、科技企业倾斜，为苏州市产业结构升级和创新发展能力提升发挥了积极作用。

（二）对河南省科技金融发展的启示

第一，明确基金产业定位。合肥、深圳、苏州都是基于本地主导优势产业确定基金产业投向，合肥从"芯屏汽合""急终生智"等战略性新兴产业集中发力，重点定位是打造产业链，促进产业集群发展。深圳以支持科技创新为目标定位，建立了七大战略基金体系，设立天使投资引导基金，着重扶植天使投资机构，营造了对科技型中小企业十分友好的创新生态环境。苏州以国家新兴产业政策为导向，以创投引领创新来带动战略性新兴产业的发展。这些城市都是在确定城市产业发展方向后，明确政府基金的引导方向，进而进行全链条布局、全要素配置、全方位推进，以此调整产业结构、促进产业集聚、引导产业升级和经济高质量发展。

第二，坚持政府"投行思维"。"投行思维"本质上是一种理性的商业思维，就政府而言，"投行思维"是指政府摆脱行政化的思维模式，在尊重市场规律的前提下，以专业化的运作方式引导资本集聚，助推产业的发展。合肥"资本招商"、苏州"基金招商"以及深圳"园区+创投"模式，都是政府"投行思维"智慧的集中体现，政府通过立体化的基金体系、专业化的投资运作方式以及政策的激励、免责机制等实现了政府资本的精准引导和市场作用的有效发挥，集聚了一批高技术企业，培育了一批新兴产业，创造了良好的创新环境。

第三，打造专业投资队伍。合肥坚持以人才支持创新，以创新促进发展，不仅打造了一支专业过硬的政府专业人才队伍，还大力引进和培养人才，拥有国科大、中国科学院等下设的 12 个科研院所，还拥有新型研发机构 61 家，集聚了大量的科技人才和科研机构。苏州以良好的营商环境吸引了知名创投机构和基金管理机构落户，借助优秀团队在资本运作、企业管理、市场资源上的优势助力企业创新创业。深圳凭借其开放的特区优势、优厚的机构落户政策优势吸引了国内外专业的投资团队，集聚了拥有行业研究能力、财务能力、法务能力和专业技术能力的各类专业人才。专业的人才队伍为各地区高技术企业的发展提供了持久的动力。

四 河南省科技金融助力国家创新高地建设对策建议

（一）加强顶层制度设计，完善相关科技政策

第一，在战略布局上，明确科技型企业为投资重点。河南省应强化政府创业投资引导基金对科技型企业的战略指导作用，河南省政府创业投资引导基金虽设立较多，但还存在"撒胡椒面"的现象，产业定位不够精准，投资散而多，没有形成系统的投资方向，对科技型企业缺乏系统化支撑。政府创业投资引导基金投向应立足于全省特色产业优势，具体可围绕郑洛新国家自主创新示范区和郑开科创走廊投资一批高新技术产业集聚区，着重培养"瞪羚"企业、创新龙头企业和"独角兽"企业，发挥大企业在科技产业链

条上的支撑和引领作用，加速高端新兴产业的集聚。

第二，在具体谋篇上，首先，要健全以科技型企业创新发展为核心的各项科技金融政策。在延续国家层面的科技金融政策框架的基础上，河南省政府要围绕财政政策、金融政策、科技政策、产业政策、投资政策等方面，因地制宜出台符合河南省科技金融创新实践的综合化区域性政策支持体系，通过多元的政策供给形成政策合力，以满足科技型企业的融资需求。其次，要创新科技金融政策。注重对种子期、初创期科技型企业的政策支持，实施税收优惠、财政补贴、财政奖励等政策，探索尝试推进科技金融深度融合发展的新政策、新路径和新举措，形成促进科技型企业发展的全周期、立体化的科技金融支持体系，吸引更多的创新人才投入科技创新中，营造良好的创新创业环境。最后，要推动建立更加符合市场规律的激励约束机制。积极完善基金管理办法，开展"放管服"探索，建立容错评价机制。提高国有资本的容错率，结合实际情况实行尽职免责机制，确保能容尽容、应免尽免，增强基金管理团队的积极性，把考核目标的重点放在国资投资对招商引资、产业布局产生的实际效果上，同时建立起长期的考核机制，避免因年度绩效考核而引发的短期行为。

（二）拓宽企业融资渠道，构建多元化科技投融资体系

第一，构建基金支持体系。充分发挥政府投资性资本引导作用，以投带引，吸引社会资本进入，扩大资金来源。在科创风险投资基金、科技成果转化引导基金、创新创业发展基金的基础上，增设空白领域的母基金，争取国家科技成果转化引导基金、国家新兴产业创业投资引导基金在河南设立子基金，建立国家、省、市、县母子基金联动的基金运营体系。加快培育私募股权投资基金，促进天使投资、创业投资健康发展，引导企业投早、投小、投新，为科技型中小企业注入"资本活水"，形成支持企业全周期发展的基金投资矩阵。紧扣省内高新技术产业发展方向，围绕产业布局设立相应投资基金，打造"基金+产业""基金+项目""基金+基地"等多种基金模式，构建基金矩阵，实现产业规模发展和集聚发展。

第二，丰富科技金融产品供给。建设全周期金融服务体系，创新传统金融产品供给，设置符合科技型企业融资需求特点的全周期的金融供给产品。鼓励银行创新信贷业务，在原有信用贷款和抵押物担保的基础上，适应大数据、互联网+、云平台、物联网时代发展，开发知识产权和股权质押贷款等融资模式，创新性地开发新的金融产品。创新股权市场、债券市场的产品种类，引导企业拓展股权融资，通过企业间并购、投资或创投机构投资等方式在股权市场上获得融资；在债券市场上积极创新债券品种，发展可交换债、可续期债等创新产品，支持企业开展债券融资。

第三，引导科技型企业挂牌上市。河南省科技型企业新三板挂牌势头良好，《2021年河南省金融业发展报告》显示，2021年河南省科技型中小企业在新三板挂牌的有169家，占河南新三板挂牌企业总数的56.3%。要持续构建多样化的金融服务供给体系，完善直接融资平台建设，积极引导科创企业在主板、中小板、创业板、科创板、新三板和中原股权交易中心等场内外股权交易市场及海外证券市场挂牌上市，为科技型企业进行上市辅导、开辟"绿色通道"，通过多层次资本市场的直接融资渠道降低科技型企业的融资成本，助力科技型企业快速成长。

（三）提高科技金融服务能力，优化科技金融生态环境

第一，建设综合性科技金融信息共享服务平台。在现有"科技贷"在线服务平台的基础上，对线上服务平台进一步优化和升级。由政府部门牵头，建立包含企业融资需求信息库、科技金融服务机构信息库、科技企业信息库、金融投资机构信息库等的综合性信息平台。建立科技信息共享共用的平台，使政府科技金融政策、法规能够及时公布并传达至相关群体，使银行、创投机构、私募股权机构等金融投资机构直达融资需求方，使科技企业能够一站式推介、一站式申报，消除各方信息壁垒，实现信息在政府、金融机构和科技企业间畅通共享。

第二，加强人才培育和引进。人才培育方面，加快人才的供给侧结构性改革，培养高质量科技金融人才。紧密联合郑州大学等省内高校，鼓励高校

设置与科技金融相关的专业，有针对性地培养科技金融管理和创新型人才，将金融知识与大数据、计算机科学、人工智能等相结合，培养跨学科的科技金融复合型人才。整合地方高校、企业、金融机构的资源优势，搭建人才培养信息共享平台，精准对接科技金融人才的需求与供给，有效实现高素质人才的交流与合作，推动传统金融行业的更新换代。人才引进方面，完善河南省的人才引进政策，制定更具市场竞争力的人才引进条件，吸引高端人才的进入，对于特别优秀者可采取"一人一议"的原则。积极引入国内外知名专业投资机构，实施宽松的限免政策和补偿机制，创造良好的营商环境，推动广泛的社会资本和投资机构入驻河南。

第三，完善中介服务体系。目前省内中介服务机构不完备，要建设关于科技金融服务的专业化中介链条，健全统一规范的知识产权和技术转让的交易市场，发展和培育关于法律咨询、会计审计、管理咨询、评估认证等的中介服务机构，为科技型企业融资提供高质量、专业化服务。政府机构要做好科技金融服务工作，从提供政策便利、优化工作流程、做好招商引资等方面助力科技型企业的成长与壮大。支持银行等金融机构设置专业科技金融服务部门，以独立化的运营团队、专业化的运营模式为科技型企业提供融资服务。

（四）增强风险意识，做好科技金融风险控制和管理

第一，设置保险兜底模式。科技型企业研发和经营中会面临市场风险、操作风险、信用风险等多种风险，应探索以保险手段对抗各种风险的保障模式，为科技型企业创新发展保驾护航。继续支持中原农业保险股份有限公司开展科技保险业务，不断完善科技保险险种和服务，提升科技保障能力。争取国内头部科技保险公司在省内设立子公司，并鼓励省内保险公司结合省内科技研发的风险特征推出特定的保险险种，例如知识产权险、质押担保险、制造业重大技术装备保险、新能源新材料险、生物医药责任保险等，促进从产品到营销、从承包到理赔的科技保险创新。

第二，健全科技金融贷款担保机制。一是创新科技金融融资担保的增信模式，引导融资担保机构积极开拓股权质押担保和知识产权质押担保等信用

担保途径，不断为科技型企业发展提供定制化担保增信模式。二是强化中原再担保集团科技融资担保有限公司的担保能力，增强财政投入，加大对融资担保产品的创新力度。三是构建企业、银行、担保机构的合作机制，建立政银担、政银保等联动平台，探索建立"银行+政府+保险/担保"差异化风险分担机制，切实提升担保机构服务科技型中小企业的能力。

第三，提高金融风险评估和管理水平。应对科技型企业潜在的金融风险，政府部门要提高风险防控意识，设置科技保险风险补偿制度，同时对金融机构加强全面风险管理，健全内部监督和外部监督的管理机制，尽可能减少金融机构的操作风险。银行要加强对贷款科技型企业全周期的风险监测和管理，利用大数据、人工智能等金融科技手段，创新传统的风险预警机制，提升金融风险防范能力，对科技型企业的运行进行全方位、全周期的风险动态监督和管理。尝试建立跨区域、跨部门的金融风险防范联合机制，推动金融机构、政府部门等科技金融相关方设立风险联动监测平台，形成一套严密的风险防控网络。

参考文献

《河南省人民政府关于印发河南省"十四五"科技创新和一流创新生态建设规划的通知》，河南省人民政府网站，2022 年 2 月 23 日，https：//www. henan. gov. cn/2022/02-23/2403275. html。

涂宏：《商业银行发展科技金融业务的策略研究》，《新金融》2023 年第 9 期。

胡欢欢、刘传明：《科技金融政策能否促进产业结构转型升级？》，《国际金融研究》2021 年第 5 期。

罗文波、陶媛婷：《科技金融与科技创新协同机制研究》，《西南金融》2020 年第 1 期。

何宏庆：《科技金融驱动经济高质量发展：现实困境与路径选择》，《广西社会科学》2018 年第 12 期。

B.11
新发展格局下河南科技创新政策范式转型与建议

高泽敏*

摘　要：　实现高水平的自立自强是构建新发展格局最本质的特征，同时也离不开科技创新政策范式的有效支撑。党的十八大以来，河南围绕建设国家创新高地，深化科技体制机制改革，科技创新政策范式建设取得明显成效，创新驱动发展的格局已基本形成。但是面对新发展格局下一系列复杂深刻的新形势、新挑战、新要求，科技创新政策范式在政策理念、政策制定、政策协调、政策执行等方面仍存在不相适应的地方，这就需要深化对科技创新政策范式的研究，从政策思路、实施对象、作用机制、组织模式、管理手段等方面推进科技创新政策范式转型，从而为河南建设国家创新高地，更好融入新发展格局提供强有力的政策支撑。

关键词：　新发展格局　科技创新政策范式　河南省

创新发展是构建新发展格局的必然选择。党的十八大以来，河南坚持把创新摆在发展的逻辑起点、现代化河南建设的核心位置，深化科技体制机制改革，加快科技创新政策范式建设。河南创新发展进入快车道。与此同时，在新发展阶段视野下，我国发展理念正在转向创新、协调、绿色、开放、共享的新发展理念，发展格局正在转向加快构建以国内大循环为主体、国内国际双循环相互促进的新发展格局，创新的内容正在从熊彼特认为的产品、工

---

　*　高泽敏，河南省社会科学院创新发展研究所助理研究员，主要研究方向为创新管理与政策。

艺、市场、组织创新转向以科技创新、制度创新为主的包括理论创新、文化创新等各个方面的全面创新，创新的主体正在从熊彼特认为的企业家转向大众。从大的时代背景来看，发展理念、格局以及创新内容、主体等的变化，必然对科技创新政策提出新的要求，推动其范式转变；从河南发展实际来看，抓住新发展格局的战略性机遇，实现"两个确保"目标，必然需要逐步建立起与新发展格局相适应的，使科技创新与河南经济社会发展结合更加紧密的，高效、可持续、有活力的科技创新政策范式，从而为河南建设国家创新高地，更好融入新发展格局提供强有力的政策支撑。

一 河南科技创新政策范式取得的显著成效

"创新政策"是指引导、激励和规范科技创新活动的公共政策。"政策范式"是指各种理念和标准组成的框架，它往往代表政策行动的框架，包含权力模式、价值逻辑，其表现形式为政策目标的设计、政策工具的选择、政策资源的利用，政策的变迁往往以政策范式的演变为表现形式。因此，"科技创新政策范式"可以理解为，为了更好引导、激励、规范科技创新活动而由科技政策目标、科技政策工具、科技政策组织、科技政策机制等组成的一系列科技创新政策框架。

为了加快推动河南科技事业发展，省委、省政府深入贯彻落实党中央关于科技创新的重大战略部署要求，根据不同时期经济社会发展的需要，深化科技体制机制改革，形成了符合河南实际的科技创新政策范式，科技与经济社会发展结合更为紧密。中国共产党河南省第十一次代表大会以来，河南省委、省政府坚定实施"十大战略"，坚持把创新摆在发展的逻辑起点、现代化建设的核心位置，大力实施"创新驱动、科教兴省、人才强省"战略，科技创新政策范式从以科技政策为主转向覆盖科技创新全链条，从科技经济领域转向打造科技创新生态，全省科技创新综合实力稳步提升，国家创新高地建设迈出新步伐，创新驱动发展的格局已基本形成。

第一，在政策制定上，强化科技创新的顶层设计。中国共产党河南省第十一次代表大会明确提出要锚定"两个确保"、全面实施"十大战略",把实施"创新驱动、科教兴省、人才强省"战略摆在现代化河南建设的首位,突出前瞻性思维,系统性重塑全省科技创新体系,绘就了建设国家创新高地的宏伟蓝图。《河南省"十四五"科技创新和一流创新生态建设规划》《实施"创新驱动、科教兴省、人才强省"战略工作方案》进一步提出建设国家创新高地的线路图,提出了总体思路、发展目标、主要任务和重大举措,涵盖科研机构、高校、企业、中介机构等各类创新主体,覆盖基础研究、技术开发、技术转移、产业化等各个创新环节,为加快建设国家创新高地提供了行动指南。同时,强化创新发展的主体责任,建立党政"一把手"抓创新的工作机制,成立河南省科技创新委员会,由省委书记、省长共同担任组长,统筹推进落实全省科技创新领域的重要政策、重大任务和重点工作。

第二,在政策工具上,强化科技创新的统筹协调。聚焦"创新链、产业链、资金链、人才链、政策链"的融合,不能单纯依靠行政管理手段,要建立健全包括财政税收保障、科技金融支持、科技成果转化、知识产权保护、科创人才队伍建设等各类手段在内的多样化政策工具体系。在积极发挥财政职能作用、支持保障创新驱动发展战略实施方面,河南创新财政支持方式,出台《河南省支持科技创新发展若干财政政策措施》,对省实验室、大科学装置、重大科技基础设施建设通过"一事一议"给予支持,对批准建设的中试基地、省产业研究院等采取绩效考核、优秀奖补等后补助方式,对嵩山、神农种业、黄河等省实验室给予开办费和建设期研发经费支持,对纳入国家战略科技力量体系的国家实验室(分基地),根据科研实际需要,按照"应保尽保"原则足额保障科研经费需求。在科技金融服务创新驱动发展战略实施方面,河南修订《河南省科技金融"科技贷"业务实施方案》,成立科创双碳金融服务中心,在全国率先开展了"科技贷"业务,已累计支持科技型企业2099家(次),实现放款116.89亿元,成为在全国"叫得响"的科技金融品牌。在推动科技成果转化方面,河南完善科技成果转化制度体系,落实《中华人民共和国促进科技成果转化法》,相继出台《河南省技术转移体系建设实施方案》《河南省促进科技成果转化条例》,把《关于推进科技成果转移转化的若干意见》纳入全省创新发展综合配套改革方案并予以实施，形成了一批切实有效的配套政策措施，2022 年，河南省技术合同成交额达到 1025 亿元，首次突破 1000 亿元大关。在知识产权保护方面，河南构筑全国知识产权保护新高地，印发了《河南省知识产权创造保护运用"十四五"规划》《河南省知识产权强省建设纲要（2021—2035 年）》，截至 2022 年底，全省专利授权量达 135990 件，其中发明专利授权量达 14574 件；全省有效发明专利拥有量达 67164 件，每万人有效发明专利拥有量约 6.8 件。全省新增注册商标 28.1 万件，有效注册商标总量达 174.6 万件。在科技创新人才队伍建设方面，河南实施"创新驱动、科教兴省、人才强省"战略，以《关于加快建设全国重要人才中心的实施方案》为引领，制定出台"1+20"一揽子人才引进政策措施，2021 年以来，河南共引进两院院士、海外发达国家院士等顶尖人才 16 名，领军人才 192 名，海内外博士 9646 名，新建院士工作站 5 家、中原学者工作站 30 家、杰出外籍科学家工作室 20 家。

第三，在政策对象上，强化科技创新的主体地位。河南聚焦企业、高校、科研院所等各类创新主体，把增强各类主体创新能力作为重要的政策议题，不断进行政策探索和政策优化，形成针对不同主体的创新支持政策体系。河南围绕增强企业市场主体创新能力，修订《河南省市县经济社会高质量发展综合绩效考核与评价办法》，颁布实施《河南省创新驱动高质量发展条例》《郑洛新国家自主创新示范区条例》《河南省科创资金保障办法》，着力培育创新龙头企业，形成一批"专精特新"和创新型中小企业群，2022 年，全省高新技术企业 10872 家，省工信厅认定"专精特新"企业 1183 家；围绕坚持"四个面向"，强化基础研究的系统性、战略性布局，制定《实施"创新驱动、科教兴省、人才强省"战略工作方案》《河南省科学院发展促进条例》《河南省重大科技基础设施管理办法（暂行）》，实施高等学校"双一流"建设工程，建设环科学院创新生态圈，构建河南省科学院、中原农谷、河南省医学科学院"三足鼎立"的科技创新大格局。

第四，在政策内容上，强化科技创新的生态建设。把创新生态政策提到首要位置，制定实施创新发展综合配套改革方案，从 5 个方面明确了 50 项改革任务，构建"基础研究+技术攻关+成果转化+科技金融+人才支撑"的全过程创新生态。制定出台《关于加快构建一流创新生态建设国家创新高地的意见》，围绕"加快培育战略科技力量、推进关键核心技术攻关、培育壮大创新主体、加快构建人才高地、完善科技成果转移转化机制、提升创新载体发展水平、深化科技开放合作、提升科技创新治理能力、营造良好的创新创业环境、加强党对创新发展的全面领导"等十个方面，打造一流创新链条、创新平台、创新制度、创新文化，从注重"政策优惠"转向消除"制度障碍"，推动政、产、学、研、金、服、用深度融合，人才、金融、土地、数据、技术等要素汇聚，着力构建创新活力充分涌流、创业潜力有效激发、创造动力竞相迸发的创新生态。

二 河南科技创新政策范式存在的问题

总的来说，科技创新政策范式在河南省建设国家创新高地中发挥了积极作用，取得了明显的成效。但是站在新发展格局的角度，从建设国家创新高地的布局看，河南在科技创新政策范式制定和实施过程中仍然存在政策组织效率不高、政策激励机制不足、政策合成力度不强、政策开放程度不够等问题。

第一，政策组织效率不高。随着创新驱动发展战略的实施，对创新的重要性的认识和对创新的重视度在各级部门都得到了很大的提高，但是由于理念和手段的约束，一些部门对于创新的理解还处于技术赶超阶段，习惯于使用选定技术路线、制定发展规划扶持少数企业、土地补贴等行政手段来推动工作，缺乏发挥市场配置资源机制作用的政策支持，如各地往往在面对新兴产业时"一哄而上"，不仅容易造成行业低水平盲目扩张，而且也会使"高端产业低端化"，导致创新资源的错位配置甚至资源浪费。

第二，政策激励机制不足。科技激励是个系统工程，发挥好激励机制作用需要上下联动和多方配合，并在执行过程中不断反馈和优化。但在实际工作中，政策的激励作用发挥机制还亟待通过进一步的深化改革加以完善和优化。激励主体不够聚焦，普惠式的激励政策虽然有利于激发创新主体积极性，但是由于面广量大，企业感受度普遍不高，特别是对于那些处于初创期且具有较大发展潜力的科技型中小企业，亟须解决融资、市场准入、产品研发创新等问题，但往往很难获得有力支持；激励手段不够丰富，物质层面的激励大于精神层面，对科研兴趣、事业追求等非物质性手段的运用尚不充分；容错机制还没有完全建立，在实践中，对错误的"容忍度"和予以免责的"失败认定"存在认识差异和认定差异。

第三，政策合成力度不强。新的阶段性科技创新活动已经不仅仅是科技活动，而是涉及科技、财政、金融、产业、信息、教育、文化等方面的系统性、综合性管理过程。尽管现有政策文件对于各部门的任务分工有着明确要求，但是在实际政策落地过程中，受部门利益、路径依赖、思维惯性等影响，各个创新主体价值目标还未形成统一指向，部门之间协同的主动性不够、补位意识缺乏、沟通机制疲弱，政策叠加、政策丛林、政策冲突、政策盲区等"合成谬误"同时存在。因而也就容易出现多头管理、互不衔接等问题，不仅不利于创新活动的开展，还在一定程度上导致市场无序竞争现象，难以产生聚合效应，阻碍创新发展。

第四，政策开放程度不够。科技创新的复杂性以及认知局限性、信息不对称等诸多因素，增加了政策制定的难度。长期以来，为了提高决策的科学性，政府部门多采取听取专家意见的形式，这一形式有利于从专业角度增强决策的科学性，但是与企业实际需求还有一定的距离。尽管政策制定过程中也逐步有企业参与进来，但是也多以大型企业、知名企业为主，中小企业参与度还很低，特别是国家、省重大创新项目的申报，中小企业力量明显薄弱，这就在一定程度上削弱了中小企业创新能力，从而影响政策执行效果。

三　新发展格局下河南科技创新政策范式面临的新形势、新挑战、新要求

（一）新形势

当前，世界正面临百年未有之大变局，创新已经成为影响和改变全球格

局的关键变量。我国进入中国式现代化发展的新阶段，党的二十大报告指出，必须坚持科技是第一生产力、人才是第一资源、创新是第一动力，深入实施科教兴国战略、人才强国战略、创新驱动发展战略，开辟发展新领域新赛道，不断塑造发展新动能新优势，进一步指明了坚定不移走中国特色自主创新道路的战略方向。结合科技发展趋势，随着以云计算、大数据、物联网、人工智能、区块链为标志的新一轮科技革命和产业变革的纵深演进，科技创新政策范式深刻调整，生命、制造、能源、材料等基础前沿领域取得重大突破，科学、技术与产业联系更加紧密，以绿色、智能、泛在为特征的群体性技术突破，带来了更多的发展机遇和发展空间。与此同时，科技创新成为国际战略博弈的主要战场，各国围绕科技制高点的竞争空前激烈，也给我国开放式创新带来了极大挑战。当前，河南正处于由要素驱动、投资驱动向创新驱动转换的关键阶段，科技创新正处于由积势蓄能转向质的跃升的重要时期，面临国家实施创新驱动发展战略机遇、科技变革重大历史机遇，河南省更加需要把科技创新摆在现代化建设全局的战略地位、把自立自强作为高质量发展的根本支撑。

（二）新挑战

在新发展格局下，区域之间的科技竞争日趋激烈，创新成为重塑区域竞争力的关键变量。为抢占创新制高点，各地区围绕科技创新"十四五"规划，着力打造科技创新主引擎，推动高质量发展。如《江苏省"十四五"科技创新规划》提出，力争到2025年，科技强省建设取得阶段性重要进展，基本建成具有全球影响力的产业科技创新中心；《浙江省科技创新发展"十四五"规划》提出，积极争取综合类国家技术创新中心在浙江布点，布局建设综合性或专业化的省技术创新中心；《湖北省科技创新"十四五"规划》提出，到2025年基本建成科技强省，力争创新驱动发展走在全国前列，成为引领中部地区崛起的科技创新支点、具有全国影响力的科技创新中心和全球创新网络的重要链接。根据《中国区域科技创新评价报告2022》，广东、江苏、浙江等省的综合科技创新水平指数高于全国平均水平，成为我国创新领先地区。从国家统计局《2022 年全国科技经费投入统计公报》数据来看，这些地区一个比较明显的特征就是研发投入高，如 2022 年广东省研发投入 4411.9 亿元，研发经费投入强度 3.42%；江苏省研发投入 3835.4 亿元，研发经费投入强度 3.12%；浙江省研发投入 2416.8 亿元，研发经费投入强度 3.11%。近年来，河南持续加大研发投入，财政科技支出增速达到 29.5%，2022 年研发投入 1143.3 亿元，研发经费投入强度 1.86%，与同为中等创新地区的湖北省相比，即使二者在研发投入总量上接近，但在研发经费投入强度上湖北省已经达到 2.33%。因此，如何在创新资源不足、创新优势相对较弱的条件下，打造区域创新中心，实现弯道超车，仍然是河南省面临的一个重要挑战。

（三）新要求

中国共产党河南省第十一次代表大会顺应河南经济发展的阶段性规律，着力解决制约现代化河南建设的短板瓶颈，做出了锚定"两个确保"、全面实施"十大战略"的重大战略决策，这是河南省建设国家创新高地的基本遵循。因此，这一战略对科技创新政策范式的制定实施提出了新的要求：在发展理念方面，坚持用前瞻 30 年的眼光想问题、做决策、抓发展，把创新摆在河南发展的逻辑起点、现代化建设的核心位置；在战略目标方面，打造国家创新高地；在系统布局方面，聚力"六个一流"，建设一流创新平台、凝练一流创新课题、培育一流创新主体、集聚一流创新团队、创设一流创新制度、厚植一流创新文化；在发展路径方面，坚持"两头抓"，突出"起高峰、夯高原、补洼地"。"两头抓"指一头抓国家战略科技力量培育和对接，努力成为国家战略科技力量的重要组成部分，一头抓产业技术创新和全社会创新创造，强化高质量发展的科技支撑，营造创新活力迸发的创新生态。"起高峰"指抢占科技创新制高点，打造河南创新名片；"夯高原"指打造一流创新生态，加快培育壮大创新主体、创新人才、创新载体，实现创新主体高效联动、创新资源高效配置、科技成果迅速转化，提升科技创新整体实力；"补洼地"指强化政策引领和考核导向，补齐短板、弱项，全面完善河南省创新体系，提升全域创新能力。

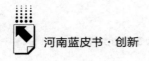

四　新发展格局下河南科技创新政策范式转型的重点

面对新形势、新挑战、新要求，实现新时代建设国家创新高地的目标，河南必须加快科技创新政策范式转型，立足科技自立自强的长远发展，着眼于重塑未来科技创新的领先优势，在政策思路、实施对象、作用机制、组织模式、管理手段等方面探索出一条具有河南特色的创新驱动发展之路。

第一，科技创新政策范式政策思路从跟进引进创新向强化引领创新转变。新形势下，单纯地依靠照搬他国的模仿式创新、跟随型创新的政策已经不能更好地解决河南面临的基础研究能力、原始创新能力不足甚至"卡脖子"等问题。特别是面向未来，颠覆性技术创新不断涌现，科技创新发展的路径和形态不断变化，大数据、物联网、智联网、元宇宙等新的技术应用都仍处于探索阶段，在带来引领科技创新的重大机遇的同时，也会给我们带来治理上的挑战。因此，面对机遇和挑战，必须在思维上做出改变，既要紧跟世界科技创新发展的步伐，立足党和国家发展大局，立足全力建设国家创新高地，从"技术追赶"向"技术领跑"转变，重塑河南科技创新的领先优势，也要加强对科技创新资源的战略性配置、研究布局和政策设计，突出前瞻性、全局性、系统性思维，逐步探索出适应快速变化、高度不确定性、交叉融合的技术变革趋势的政策工具和治理手段，为"确保高质量建设现代化河南，确保高水平实现现代化河南"锻造强大引擎。

第二，科技创新政策范式实施对象从创新体系建设向创新生态培育转变。良好运行的创新生态系统是区域科技创新竞争的核心力量，而创新生态系统的形成离不开政府制定的一系列有助于创新要素汇聚的政策措施。在创新2.0时代，政府科技创新政策范式的重点是围绕产学研协同建立创新体系，而进入创新3.0时代，各个地区都在积极构建优良的创新生态系统。因此，建设国家区域创新中心，迫切需要建立与创新生态体系相适应的政策体系。一是重构科技创新政策模式。推动传统的以支持科技为主的选择性科技政策模式，转向融合产学研协同、产业生态、营商环境、审慎监管等的政策模式，形成更加开放、包容、和谐、有序的创新生态系统。二是优化科技创新政策体系。将创新嵌入经济政策、社会政策、文化政策、生态政策等公共政策的制定实施之中，完善创新决策、创新投入、权益分配、容错纠错等方面体制机制，为科技创新提供充足的资金、人才、制度、环境保障，强化科技创新策源功能。三是优化科技创新政策作用方式。不断丰富科技创新政策工具，构建具有"良性循环、自我造血"功能的政策体系，发挥郑洛新国家自主创新示范区在建立更加高效、有活力、适应国际规则的创新体系方面的探索引领作用，提升区域创新的生态韧性。

第三，科技创新政策范式作用机制从激励个体行为向促进群体行动转变。第四次科技革命的深入演进，不断打破基础研究、应用研究到产业化的边界，科技创新活动从传统的以技术为导向、科研人员为主体、实验室为载体的封闭式创新，转向以市场为导向，政府、科研院所、企业、用户等多元主体参与的开放式创新。围绕建设国家创新高地的目标，河南省委、省政府在发展路径上明确提出要"两手抓"，不仅要抓国家战略科技力量培育，也要抓全社会创新创造。因此，适应这一新的创新模式，科技创新政策范式的激励作用不仅在于激发各类创新主体的动力和活力，更在于协调各主体之间形成创新发展的一致行动。一是完善创新决策体制机制，围绕建设国家创新高地的共同目标，构建政府、企业、研发机构、公共服务机构等多层次、多主体、常态化的交流合作机制，促进不同主体间的信息交流和知识交换，发挥不同主体在创新发展中的独特作用。二是统筹创新发展规划和资源配置政策，制定包容性激励创新政策，更加关注中小微企业以及区域社会组织、个人等多元主体的政策需求，通过政府采购、财政支持、技术推广、人才培训等措施，推动创新创业机会均等化，激发全社会各类创新主体创新创业积极性。三是构建创新协同动态机制，增加科技创新政策范式应用场景的供给，依托智慧政府平台建立健全多层次、多主体、常态化的交流合作机制，及时发现和解决创新政策实施过程中面临的各类问题，动态调整科技创新政策实施模式，持续推动科技创新支撑河南经济社会高质量发展。

第四，科技创新政策范式组织模式从"部门组合"向"部门协同"转变。创新是一个复杂的系统性集成工程，涉及经济、社会、文化、生态等各个领域，覆盖财政政策、科技政策、产业政策、金融政策、人才政策等各个方面，需要科技、发改、财政、人社等各个部门的密切配合。只有形成部门合力，系统发力，才能真正推动科技创新政策范式落地实施。一是完善部门协同创新的治理机制。深化科技创新管理体制机制改革，建立跨部门协作的正向激励制度体系，建立健全协同创新的信任机制、联动机制、利益分配机制、监督机制，防止职责不明、推诿扯皮。二是健全部门协同创新体系。加强政策制定协调，结合不同的创新主体、创新环境、创新态势等要素，推进协同创新的制度化、规范化、程序化，明确责任链条分界点、衔接点，构建职责明确、依法行政的部门协同创新体系。三是营造部门协同创新的良好制度环境。深化"放管服"改革，围绕政策"越位""缺位""错位"等问题，提高政策监督的透明度，加强政策风险评估，及时发现问题，及时调整完善，尽可能清理妨碍政策措施落地的各种不利因素。

第五，科技创新政策范式管理手段从行政主导向多方开放合作转变。从整体上看，在当前科技创新政策范式发生重大变化的背景下，政府在创新中的角色发生重大变化，科技创新政策范式的制定也更趋于专业化、复杂化，不但需要专业知识和专业机构，而且需要构建不同层面、多类型互补的开放决策咨询体系，以应对更加复杂多变的科技创新。首先，要发挥地方智库对科技创新政策范式的理论支撑作用。智库作为专业研究机构，在辅助党和国家决策中有着不可或缺的重要作用，应畅通智库和决策机构的沟通渠道，整合智库资源，重点围绕河南"创新驱动、科教兴省、人才强省"战略需求，坚持问题导向，开展战略性、前瞻性、基础性研究，提供决策咨询、政策评估，为河南省重大科技决策积极建言献策。其次，要充分发挥企业家主体在创新决策中的实践支撑作用。企业作为创新主体，离市场最近，进行创新的愿望最强烈，应通过建立多层次、常态化的企业技术创新对话、企业咨询制度，吸引更多的企业包括中小微企业，参与到省市区县各类创新规划、方案、政策的研究制定过程中来，确保各类科技创新政策能够最大限度地贴合市场需求。

参考文献

《河南省人民政府关于印发河南省"十四五"科技创新和一流创新生态建设规划的通知》，河南省人民政府网站，2022 年 2 月 23 日，http：//m. henan. gov. cn/2022/02-23/2403275. html。

《关于印发〈河南省科技金融"科技贷"业务实施方案〉的通知》，河南省科学技术厅网站，2021 年 11 月 22 日，https：//kjt. henan. gov. cn/2021/11-22/2351542. html。

《三足鼎立——河南科技创新大格局初探》，大河网，2023 年 9 月 7 日，https：//news. dahe. cn/2023/09-07/1299847. html。

《省科协明确六方面工作助力国家创新高地建设》，《河南科技报》2023 年 8 月 18 日，第 3 版。

《河南出台一揽子引才政策：打造人才雁阵　领飞创新创业》，中国双创网，2022 年 4 月 11 日，https：//www. naddc. com. cn/beijing/article/192727. html。

马名杰、熊鸿儒：《新时期创新政策转型思路与重点：以补短板为主向同时注重锻长板转变》，《经济纵横》2020 年第 12 期。

贺德方、周华东、陈涛：《我国科技创新政策体系建设主要进展及对政策方向的思考》，《科研管理》2020 年第 10 期。

范旭：《新时代我国创新型国家建设的成效与新要求》，《人民论坛·学术前沿》2023 年第 6 期。

《〈河南省支持科技创新发展若干财政政策措施〉政策解读》，《开封市人民政府公报》2022 年第 2 期。

朱维芝、金焱、龙碧霞：《广东省科技创新政策实施效果综合分析》，《科技和产业》2023 年第 17 期。

B.12
河南省构建产学研用深度融合创新体系研究

赵晶晶*

摘　要： 产学研用深度融合是创新驱动发展战略的重要内容，包含创新驱动发展的多个关键环节，是推动科技体制改革深化，助力河南经济从高速增长到高质量发展的重要因素。本报告分析河南省构建产学研用深度融合创新体系的战略意义、取得的成效和面临的问题，提出强化顶层设计，提供良好的政策支持；强化市场主导，提供强劲的创新动力；强化成果转化，完善科技成果转化体系；强化协同联动，形成全过程的创新链条等对策建议。

关键词： 产学研用　创新　河南省

习近平总书记指出："提高关键领域自主创新能力，创新支持政策，推动科技成果转化和产业化，加快研发具有自主知识产权的核心技术，更多鼓励原创技术创新。"《"十四五"规划纲要》提出要"形成以企业为主体、市场为导向、产学研用深度融合的技术创新体系"。贯彻习近平总书记重要讲话精神、落实国家重大发展规划，河南实施"创新驱动、科教兴省、人才强省"战略，协同创新，加快构建产学研用深度融合创新体系。

---

* 赵晶晶，河南省社会科学院创新发展研究所助理研究员，主要研究方向为人事人才、创新发展、科技文化。

一 河南构建产学研用深度融合创新体系的战略意义

（一）产学研用深度融合是助推经济社会发展的坚实动力

产学研用深度融合是创新驱动发展战略的重要内容，包含创新驱动发展的多个关键环节，是推动科技体制改革深化，助力河南经济从高速增长到高质量发展的重要因素，有助于跨越科学技术、研究成果和产业化、经济发展之间的鸿沟，把科技创新、研究成果带出高校、科研院所，应用于企业发展、生产转型、产业升级，把研究成果转化为新技术、新材料、新业态、新装备、新产业，形成助推河南经济社会发展的坚实动力，培育一批专精特新企业、一批优势创新型产业集群。产学研用深度融合促进经济增长方式的转变，把要素驱动转变为创新驱动，有助于服务最广大人民群众，助推河南经济社会高速发展。

（二）产学研用深度融合是突破关键核心技术的重要途径

市场要素是突破关键核心技术、提升科技创新能力和效率的重要动力，产学研用的深度融合将市场应用需求加速反馈给研发主体，推动河南自主研发创新能力快速提升，并将研究成果转化为现实生产力，为科技攻关提供强有力的经费支持和现实保障。产学研用深度融合以企业为创新主体，以产业引领前沿技术、关键核心技术，着力聚集产业上下游的企业、科研院所、高校的研发、投入、资源等多种优势，加强合作。在融合过程中，企业、科研院所、高校等建立了良好的互动机制，实现了多方互惠共赢，有效衔接了研发与市场活动、技术与产业，能极大提升科技研发的效率和水平，实现更高水平的科技自立自强。

（三）产学研用深度融合有助于打通成果转化"最后一公里"

产学研用关键在"用"，深度融合有助于建立政府端、高校端、科研院所端、企业端、市场端等多方的联动机制，提升科技成果转化效率，打通成果转化"最后一公里"。紧密连接科技、市场和经济，将企业的丰富经验与科研机构的研究能力融合，转化为生产力，充分发挥科研机构、高等院校的科技成果转化载体作用。高校、科研院所是人才的集聚地，可发挥多学科人才集聚等独特优势，解决制约河南产业发展的核心技术问题，实现校企教学、科研等一体化合作。不断构建河南产业链、创新链、人才链、科技链等完整创新链条，有效打通科技成果转化的"最后一公里"。

二　河南构建产学研用深度融合创新体系取得的成效

（一）突出特色，构筑产学研用融合基础

1. 突出科教融合，发挥政策作用

为充分发挥高校科技人才作用，河南出台《关于进一步促进高等学校科技成果转移转化的实施意见》等系列措施，进一步提升河南高校科技成果转移转化水平，增强高校服务中部地区崛起、高质量发展等国家战略的能力，简政放权、优化配置、创新管理、压实责任，建立健全高校科技成果转移转化体制机制。省科技创新委员会积极谋划，实施《河南省促进科技成果转化条例》和《河南省技术转移体系建设实施方案》，把《关于推进科技成果转移转化的若干意见》纳入《河南省创新发展综合配套改革方案》，设立科技机制改革试点，充分发挥政策作用。

2. 突出企业主导，发挥市场主体作用

河南着力培育企业，充分发挥企业创新主体作用。截至 2022 年底，河南规上工业企业研发活动的覆盖率超 50%，高新技术企业突破 1 万家，科技型中小企业突破 2 万家，拥有 93 家国家企业技术中心。2022 年，全省技术合同成交额突破 1000 亿元，全年财政科技支出 411.09 亿元，企业的科创能力稳步提升。截至 2022 年底，河南拥有 8 个国家认定的创新型产业集群，

共拥有各类企业 753 家，其中高新技术企业 301 家，营业收入超过 10 亿元企业 36 家；拥有服务机构 122 个、研发机构 279 个、金融服务机构 68 个，形成了产业引领、企业带动、金融科技赋能的创新发展生态。

3. 突出优势产业，发挥产业牵引作用

河南充分发挥特色产业优势，如河南在超硬材料产业拥有巨大规模优势和产业链优势。《河南省加快材料产业优势再造换道领跑行动计划（2022—2025 年）》提出，2025 年要形成包括超硬材料在内的 6 条千亿元级支柱产业链，以郑州、许昌、商丘等为支点打造全球最大超硬材料研发生产基地。此外，河南建设中试基地，打通科技成果转化堵点。如河南省纳米材料中试基地，截至 2022 年 7 月底，有 3 项成果走上产业化之路，累计孵化 5 家企业。2021 年 10 月以来，全省累计揭牌 3 批省级中试基地，截至 2022 年底已开展中试服务项目 562 项。此外，河南设置省产业技术研究院、省产业研究院，持续提升产业化水平。

（二）搭建平台，打通产学研用融合渠道

1. 搭建科创人才集聚平台

人才是第一资源，是产学研用的活动主体。河南持续推动顶尖人才突破、领军人才集聚等"八项行动"，持续开展"中国·河南招才引智创新发展大会"等活动，形成人才引进长效机制，组织省科学院、省实验室、新型研发机构、高校等单位，面向国际国内延揽掌握关键核心技术，拥有自主知识产权，能推动经济发展、产业发展的高精尖人才（团队）。2022 年 1~7 月，累计引进大学本科以上人才 209540 人，其中顶尖人才 7 人、领军人才 24 人、海外人才 171 人、青年人才 1760 人（包括四青 12 人、博士后 1188 人）、潜力人才 207578 人（包括博士 1908 人、硕士 24829 人、本科 180841 人），签约人才项目 1048 个。[①] 开展中原英才计划，2022 年全省遴选中原学者共 8 人、中原

---

① 《创新发展已成为现代化河南建设的主旋律、最强音——"创新驱动、科教兴省、人才强省"战略实施报告》，《河南日报》2023 年 9 月 7 日。

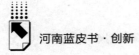

科技创新领军人才共29人、中原科技创业领军人才共30人，新建院士工作站5家、中原学者工作站30家、杰出外籍科学家工作室20家，搭建科创人才集聚平台。

2. 搭建沟通合作平台

河南搭建企业与高校、科研院所沟通合作平台，集聚产学研用各方优势力量，围绕"卡脖子"技术难题，开展科技攻关。目前河南重建重振省科学院，重建省医学科学院，建设16家国家级重点实验室、50家国家级工程研究中心、14家省级实验室、36家省级中试基地等。此外，河南加快构建创新联合体，它是由顶端企业发起，与产业发展的其他企业、院校、研究机构等联合而成的创新发展结合体，聚焦攻克关键核心技术。截至2022年底，围绕高端装备、新能源汽车等领域，构建了12个创新联合体，承担国家重点研发项目15项、省级重大科技专项29项。河南探索多渠道的项目遴选机制，如"揭榜挂帅""首席专家负责制""推荐备案"等项目选拔机制、选拔模式，丰富了创新主体的竞争择优模式。

3. 搭建成果转化平台

河南聚焦科技成果转化关键环节，促进科技成果精准对接。2022年河南技术合同成交额达到1025亿元，同比增长68%，首次突破1000亿元大关。成功举办河南省食品领域先进科技成果（漯河）发布会，举办洛阳市与天津大学成果对接活动，宣布最新项目成果，与多种创新主体洽谈合作并签订协议。此外，河南出台《河南省赋予科研人员职务科技成果所有权或长期使用权改革试点实施方案》《关于进一步深化省级财政科研经费管理改革优化科研生态环境的若干意见》等文件，开展减轻科研人员负担、激发创新活力专项行动，推动科研人员科技成果转化，让科技成果从实验室走向市场，为推动高质量发展聚力赋能。

（三）加强保障，提升产学研用融合实效

1. 加大多元的研发投入

2022年，河南研发投入突破1100亿元，研究经费投入强度约1.85%，

省财政科技支出快速增长并跨越新台阶。加大企业的科技创新优惠政策支持力度，支持企业研发投入。出台《河南省省级科技研发计划联合基金管理暂行办法》，引导市县财政和社会资本参与科技创新，出资设立科技研发联合基金（产业类）。出台《规上工业企业研发活动全覆盖若干意见》《"万人助万企"暨推动规上工业企业研发活动全覆盖工作方案》《科技创新惠企政策汇编》等文件，运用减负纾困、金融支持等多项政策措施，加强科技对企业的支撑作用。

2. 强化氛围营造保障

强化产学研用的氛围营造，创新开展多种活动，为产学研用深度融合提供合作场域，强化人才产学研用的创新思维。举办河南青年科技创新论坛、青年科技人才国情研修班，组建省青年科技工作者协会等，以论坛为契机，加快科技创新和产业创新对接，营造创新氛围，推进产学研用深度融合。

3. 强化科技金融保障

河南推动科技金融互促，从风险补偿、扩大贷款覆盖面、精准服务等多方面入手，提升科技金融实效。河南财政调整优化支出结构，加强信贷资金支持，开展知识产权质押融资服务，积极提供知识产权保护类的保险服务。2022 年，"科技贷"业务放款 44.49 亿元，支持企业 710 家（次），助推 4 家科技型企业在科创板、北交所上市。郑州银行聚焦创新主体融资需求，推出人才贷、研发贷、知识产权质押贷等 10 个专属产品，2022 年支持科创类贷款 2640 户、余额 241 亿元，多措并举强化科技金融保障。

三　河南构建产学研用深度融合创新体系
面临的问题

在《中国区域科技创新评价报告 2022》中，河南综合科技创新水平在全国位列第 17 位，比 2021 年提升 2 位，与创新能力第一梯队的省、直辖市相比，河南还存在一定提升空间。虽然，在多种创新主体协同推动下，河南产学研用融合创新模式不断深化，人才培养模式、产才结合模式、校企合作模式、成果转化模式等不断完善，但是河南构建产学研用深度融合创新体系还面临一些问题，产学研用融合之间仍存在"堵点"、"难点"和"痛点"。

一是科技创新与市场的连接还存在一定程度的脱节。科技创新直接助力经济发展的效率有待提升，研发与产业应用的衔接还存在割裂，存在多方信息不对称、供需不对称、交易成本高、沟通协作不通畅等问题。二是产学研用各主体间的合作机制有待创新。产学研用体系内的创新主体较为独立，各主体存在运行模式、体制机制、发展愿景、评价指标上的差异，会产生合作适配度较低、协作不协调、融合的动力欠缺等问题，如高校、科研院所是以科技成果为导向，而企业是以市场为导向。企业是有组织地研发，而高校、科研院所是老师带领学生进行科研，科技成果的质量和企业的需求往往会有出入。三是产学研用最终要落脚到"用"上，河南还是有一些高校、科研院所的科技成果被束之高阁，导致"两张皮"现象，成果转化效率有待进一步提升。四是基础研究与应用研究有待进一步融合。高校及科研院所的科研平台、技术平台、实验室仪器等创新资源进企业有门槛，企业进高校的运行机制还有待完善，校企融合的平台有待搭建。传统科技成果转化往往是高校、科研院所把科技成果卖给企业，但有的企业并没有把科技成果转化成产品的能力，更无法做到产业化。五是科技成果转移转化的专业人才有待进一步培养，科技成果转移转化的人才队伍有待组建，技术经理人职业化建设在河南尚处于探索阶段，有待进一步加强。六是金融资本与科技成果的科学精准匹配度有待进一步提高。在科技成果转化上仍存在对成果转化的前端和基础研究阶段的首次科技成果关注较少的问题。

四　进一步构建河南产学研用深度融合创新体系的对策建议

（一）强化顶层设计，提供良好的政策支持

一是以高校为产学研用深度融合策源地，探索组建河南高校科技发

展中心。中心致力于服务高校科技成果转移转化，开展产学研用合作，组织推介科技成果会展，推进高校科技成果转移转化专业人员队伍建设，承担高校技术合同认定登记与管理。在河南多所高校探索成立"成果转化办公室"，组建专业领域的经营管理和技术经理人专家团队，借鉴西湖大学模式，由高校做"风险投资"，更早介入科技项目，并在科技项目立项前就作出专业评估，判定科技价值、商业价值、市场价值，推进科技成果转化工作。

二是持续出台多种科创政策、多种研发投入计划，完善科创机制。同时，加强税务优惠政策力度，引领政策资本、社会资本投入科技创新研发，成立科创研发基金，发行双创专项债，为企业技术创新和发展提供全方位资金支持和服务保障。还应借鉴发达国家在产学研用融合上的政策机制，如美国国家科学基金会、国立卫生研究院等机构除了为研究项目提供大量资金，还建立风险投资生态系统，为创新型项目提供早期融资，持续打通资金链和政策链。

三是政府应发挥好统领作用，为产学研用融合搭建孵化器、技术转移机构、科技园区等多种创新平台，调动金融机构、应用型研发机构、新型研发机构营造良好的创新环境，使之作为科技成果转化的加速器，为产学研用深度融合提供配套服务等保障。持续优化创新政策体系，降低科创成本、企业成本，提升科创效率，持续激发市场主体活力和高校、科研院所创造力。统筹协调创新链条上的多个主体，厘清各部门权力和责任，明晰其功能定位，构建激励机制、约束机制，探索容错机制。

（二）强化市场主导，提供强劲的创新动力

一是要充分发挥河南省企业的主体地位。产学研用深度融合要以企业为主体、市场为导向。要支持龙头企业、高精尖企业联合其他创新主体组成创新联合体等联合组织，因为企业有面向市场的特征，相较于高校、科研院所、新型研发机构等载体，企业能够在市场竞争中优先把握核心技术的前沿方向，要发挥企业"出题者"作用，发挥高校、科研院所"做题者"的优

势，推动河南前端创新研发和终端市场需求的强势互动，提高产学研用的合作效率，培育新的优势。推动产业发展中全链条贯通，攻关关键核心技术。

二是强化市场主导作用，持续探索"揭榜挂帅""定向研发合作"等新型模式进行联合攻关。以市场需求引导研发，以"用"来指导"学"和"研"，极大提升了研发的可用性，提升了科研效率，实现成果研发到成果转化的顺利衔接，提升了科技攻关团队的市场信心。推动科技成果从实验室、教室走向市场，不断提高科技成果的质量、数量。要持续探索完善"揭榜挂帅"制度体系，促进人才、科研团队等第一资源在创新领域、应用市场的自由流动，持续优化人才配置，使之成为进一步深化产学研用融合的重要抓手。

三是以重大项目为牵引，培育创新型产业集群。要依托河南的主导产业、优势产业、新兴产业，摸清河南的科研实力、技术储备，以重大项目为牵引，发挥河南优势产业、龙头企业的作用，以产助企、以企促产，联合行业内专精特新企业，对接科研力量，跨行业、跨区域开展核心技术的研发，并应用于产业发展，形成一大批有特色、有优势的创新型、科技型产业集群。

（三）强化成果转化，完善科技成果转化体系

一是持续完善河南科技成果转化体系，全面提升成果转移转化效能。构建布局合理、功能完善、协同高效、服务优良的符合多种规律的成果转化机制，构建产学研用深度融合的成果转化新体系，促进科技成果转化落地，提升技术合同签订率，发挥社会资本、中介服务等的作用。

二是打通科技成果转化"最初一公里"，构建河南科研成果概念验证体系。鼓励创新主体开展概念验证活动，由高校、科研院所组建概念验证中心，做到研究目光前置、资金支持前置，从基础研究阶段开始介入，成立专家团队进行项目前期的论证、验证，设置相关风险评估程序，以此推动产学研用各相关主体承担相应责任，提高基础研究到产业化的成功率。

三是打通科技成果转化"最后一公里"，完善河南科技成果转化服务体

系。围绕创新链、人才链、产业链和资金链，构建衔接紧密的孵化平台。加大数字科技的使用强度，进行数据资源共享，降低各主体信息获取成本，探索搭建产学研用深度融合的信息平台和公共服务平台，引入社会资源，搭建项目数据库，组建专家服务团，为企业、高校、科研院所提供咨询服务、技术支持、项目申请、项目交易、资金支持、金融贷款等一体化服务。

（四）强化协同联动，形成全过程的创新链条

一是持续加强河南产学研用各主体的协同合作、立体化运作，以企业为中心，协同高校、科研院所科研团队，组建企业主导管理运营的研发中心，引入金融机构，投入社会资本、科技基金等，创新科技金融模式，建立科技成果转化孵化器，构建产业化服务体系，将创新链与产业链深度融合，打造一流企业、行业和产业。探索校企合作的"双导师"制度，培养高精尖人才和一流科技人才团队，持续构建产学研用的上中下游协同创新模式，深度融合，形成创新发展闭环。

二是进一步创新河南新型研发机构的模式。新型研发机构能够有效整合高校、科研院所与政府政策、社会资本，要优化新型研发机构的空间布局、产业布局、技术布局，进一步明确新型研发机构的定位和目标，持续规范其管理程序，持续打破各类创新主体的边界，重塑创新链条。要下好"先手棋"，一体化布局科技创新、成果转化、产业对接机制，打造"政策创新+基础研究+协同合作+成果转化+金融支持+人才发展"全过程创新生态链，推动经济与科技创新协同发展、科技创新与产业发展深度融合。

参考文献

陈劲、杨硕：《优化我国科技结构　强化企业创新主体地位》，《创新科技》2022 年第 6 期。

王道勋：《地方政产学研用协同创新研究》，《黄河科技学院学报》2021 年第 7 期。

张羽飞、原长弘、张树满：《产学研融合程度对科技型中小企业创新绩效的影响》，

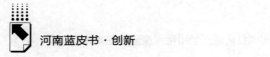

《科技进步与对策》2022 年第 9 期。

王大明：《社会经济发展中"政产学研用"协同创新模式解析》，《知识经济》2017 年第 22 期。

朱瑞博、刘芸：《构建新型举国体制推动产业高质量发展》，《上海经济研究》2022 年第 3 期。

桑瑞聪、潘瑞姣、刘明：《"政产学研用"协同模式下应用型创新人才培养路径研究》，《大学教育》2021 年第 9 期。

《创新发展已成为现代化河南建设的主旋律、最强音——"创新驱动、科教兴省、人才强省"战略实施报告》，《河南日报》2023 年 9 月 7 日。

制度创新篇

B.13

环河南省科学院创新生态圈
建设研究初探

高正龙　常林朝　户海潇　李少鹏　李梦想　王宇晖　陈峡忠*

摘　要： 河南省委、省政府高度重视重振重建河南省科学院工作，将其作为河南实施创新驱动、科教兴省、人才强省战略，建设国家创新高地和全国重要人才中心的"一号工程"，提出省科学院要边建设边打造集聚研发机构、科技成果、科创资本、创新人才、中介机构的环省科学院创新"生态圈"。本文通过对环河南省科学院创新生态圈建设背景的分析，探讨了环省科学院创新生态圈的主要内涵，系统梳理了环省科学院创新生态圈的建设进展及相关成效，并对环省科学院创新生态圈建设提出了工作建议。

---

* 高正龙，河南省科学院党委委员、副院长，主要研究方向为科技管理；常林朝，河南省科学院研究员，主要研究方向为科技管理；户海潇，河南省科学院成果转化部工程师，主要研究方向为技术经济与管理、科技成果转化；李少鹏，河南省科学院成果转化部工程师，主要研究方向为科技成果转化；李梦想，河南省科学院成果转化部助理工程师，主要研究方向为科技成果转化；王宇晖，河南省科学院成果转化部助理研究员，主要研究方向为科技成果转化；陈峡忠，河南省科学院研究员，主要研究方向为科技政策。

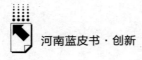
关键词： 创新生态圈　生态圈建设　河南省科学院

一　建设环河南省科学院创新生态圈的背景和意义

党的十八大以来，以习近平同志为核心的党中央，把科技自立自强作为国家发展的战略支撑，以前所未有的力度推动科技创新，加快建设世界重要人才中心和创新高地。河南省委、省政府坚定沿着习近平总书记指引的方向，把创新摆在发展的逻辑起点、现代化建设的核心位置，实施以创新驱动、科教兴省、人才强省战略为首的"十大战略"，加快构建一流创新生态，全力建设国家创新高地和重要人才中心。河南省委、省政府做出重建重振河南省科学院的决策部署，将其作为河南实施创新驱动、科教兴省、人才强省战略，建设国家创新高地和全国重要人才中心的"一号工程"。

2022年12月28日，在河南省科学院院长聘任仪式上，河南省委主要领导首次提出，要以河南省科学院建设为牵引，在全省统一布局、统一配套创新资源，把河南省科学院建设成开放、协作、共享、服务的大平台，打造有利于提升嫁接能力、裂变能力、辐射能力、带动能力和集聚研发机构、科技成果、科创资本、创新人才、中介机构的环河南省科学院创新生态圈。2023年2月21日，河南省委主要领导调研河南省科学院时再次强调，要边建设边打造创新生态圈，深化体制机制创新，加快发展科技金融，完善政策体系，强化服务保障，把河南省科学院建设成开放、协作、共享、服务的大平台，打造集聚研发机构、科技成果、科创资本、创新人才、中介机构的环省科学院创新生态圈。

2023年《国务院政府工作报告》提出，完善新型举国体制，发挥好政府在关键核心技术攻关中的组织作用，支持和突出企业科技创新主体地位，加大科技人才及团队培养支持力度。对于正全力建设国家创新高地的河南而言，发挥好新型举国体制的作用，实现高水平科技自立自强，环河南省科学院创新生态圈的建设正当其时。

建设环河南省科学院创新生态圈是一项庞大的系统工程，需要省科学院发挥全省科技创新龙头作用，积极融入国家战略科技力量，集聚一流人才，产出先进成果，加快实现自主创新能力的跨越。同时，在各级党委政府政策、金融、要素、服务等支持下，引聚一批企业在河南投资落地，提高河南科技创新水平，推动产业结构优化升级，助力经济社会发展，加快实现支撑高质量发展能力的跨越。

二 环河南省科学院创新生态圈的内涵

自 Moore 等[①]类比自然生态系统首次提出创新生态圈概念以来，创新生态圈这一强调各创新要素间的互动及在创新体系这一动态环境中充分发挥主动性的概念逐渐受到国内外学者广泛关注，以创业者为核心的创业生态圈[②]、以高校为核心的环大学创新生态圈[③]、以区域中心城市为核心的创新生态圈[④]等各类"生态圈"建设被越来越多的人接受。国内外学者将创新生态圈的组成划分为文化环境、制度环境和市场环境构成的基础要素和人力资本、金融资本和科技研发构成的结构要素，或者划分为文化环境、金融资本、政策、市场、人力资本以及支持系统等组成要素，各个要素在发展成长过程中共同演化、相互作用，实现共生、自洽、进化和溢出等。[⑤] 通常情况下，创新生态圈以企业、高校、科研机构等生产者为核心，在分解者（政府、中介服务机构、金融机构）、消费者（用户）、中介者（创新环境）的

① James F. Moore, "Predators and Prey: A New Ecology of Competition", *Harvard Business Review*, 1999, 71 (3); Council on Competitiveness, *Innovate America: Thriving in a World of Challenges and Change*, 2004.

② 《以创业者为核心，打造创新生态圈》，中国政府网，2015 年 12 月 10 日，https://www.gov.cn/wenzheng/2015-12/10/content_ 5022141. htm.

③ 李凰言：《"碚"添动力 按下科技创新"快进键"——北碚区高水平建设环西南大学创新生态圈》，《当代党员》2020 年第 19 期。

④ 徐君、任腾飞：《区域中心城市创新生态圈要素架构、生态特征与运行机制》，《科技进步与对策》2019 年第 18 期。

⑤ 孙金云、李涛：《创业生态圈研究：基于共演理论和组织生态理论的视角》，《外国经济与管理》2016 年第 12 期。

耦合作用下，生态圈成员彼此间进行信息传递、能量交换和物质循环，从而形成一个彼此间相对稳定、相对均衡、相互联系、相互依赖的整体。① 总而言之，各参与者有效组成了一个有机、稳定的环境。

环河南省科学院创新生态圈是以河南省科学院为核心的创新生态圈，依托科学技术的力量，通过产出原创性科技成果或与企业合作开展技术攻关，解决"卡脖子"难题，实现产业化。在地方政府政策、金融、要素、服务等支持下，环河南省科学院创新生态圈引聚转化一批企业在河南投资落地，快速提高河南科技创新水平，推动河南产业结构优化升级，助力河南经济社会发展。

环河南省科学院创新生态圈建设作为重建重振河南省科学院的重要实践，一方面要蓄力打造创新要素聚集、内外资源聚合、产业优势聚变的科技创新强磁场；另一方面要以研究机构、中试基地、科技园区、产业公司、地方政府、科技投资、服务机构、产业政策等要素形成相互依存且共生自洽的生态系统。在建设环河南省科学院创新生态圈过程中，要发挥河南省科学院全省科学技术高地作用，依托特色研究机构，强化技术输出、创新策源功能，以河南省科学院为核心，通过技术研发、项目攻关、人才引育、平台共建等形式为企业发展赋能，集聚引导企业环绕在省科学院周围，在河南布局、建设、打造特色产业集群，形成"企业出题、科学院答题、地方政府支持"的创新生态圈模式，促进科研院所、科创企业、投资机构、服务机构、地方政府各尽所能、各取所需、共同发展。

三　环河南省科学院创新生态圈建设进展及初步成效

（一）当前环河南省科学院创新生态圈建设主要做法

河南省科学院坚持开放式布局，立足河南整合创新资源，面向全国集聚

---

① 徐君、任腾飞：《区域中心城市创新生态圈要素架构、生态特征与运行机制》，《科技进步与对策》2019 年第 18 期。

创新要素，放眼全球开展科研合作，协同地方政府加快构建集"政产学研金介用"等要素于一体的创新创业共同体，打造集聚研发机构、科创企业、科技成果、科创资本、创新人才、中介机构的环河南省科学院创新生态圈，形成共建共享、优势互补、互利共赢的创新格局。

1. 聚焦地方产业发展，做强经济发展支撑

产业是地方经济发展的重要支撑，也是环河南省科学院创新生态圈建设的核心和基础。河南省科学院结合地方产业发展实际，发挥自身科研力量的作用，支撑核心企业、带动关联企业、形成产业链条，在省辖市（区）布局落地相关的战略性新兴产业和未来产业领域创新引领型企业，大力培育科创产业集群。各省辖市（区）积极出台完善相关政策措施，持续优化营商环境，支持和引导创新要素向企业集聚，布局建设相关产业的新型科创园区，在细分领域培育新的经济增长极，为未来发展蓄势储能。

2. 创新人才引育机制，汇聚一流创新团队

省科学院与地方政府同频共振、协同发力，从人才引育、人才成长、要素保障等方面优化提升，创新创设人才发展机制，建立健全柔性用才、刚性引才、项目聚才政策。河南省科学院采取针对性邀约、量身定做等方式，积极引育国家级创新团队和带动重点产业发展的领军人才，到2023年9月底已汇聚国家级人才37人，其中院士7人，并支持人才团队人员开展具有科学意义、学科交叉、学术思想新颖的应用基础和前沿性研究，在创新实践中培育创新创业人才。

3. 建设科技创新平台，提升源头创新能力

河南省科学院创新实行"以研究所办院、以实验室办院、以产业研究院办院"的办院模式，立足河南产业基础和战略需求以及河南省科学院优势领域，新布局建设15家新型研发机构，牵头建设3家河南省实验室，全院研发实体达到了34家。此外，河南省科学院与地方政府合作建设创新平台，揭牌运行省科学院鹤壁分院、省科学院济源先进材料产业技术研究院、省科学院平顶山产业技术研究院，打造了省科学院（沁阳）科创园、（洛阳）科创园等一批科创园区。同时，河南省科学院聚焦科学前沿，抢抓战

略机遇，布局科学装置、未来科学平台、交叉学科平台，争取进入国家实验室、大科学装置行列，重点推进"引力波天文台"建设，打造相关领域的科技创新高地和战略科技力量，争取更多高能级创新平台落户河南。总体而言，重建重振以来，河南省科学院集聚了大量创新要素，具备了创新生态圈建设的基础条件。

4. 探索"企业出题、科学院答题、地方政府支持"的创新科研组织方式

立足地方产业发展方向，瞄准省辖市（区）重点企业"卡脖子"难题开展实地调研和技术诊断，征集企业技术需求，梳理凝练共性技术难题，形成技术需求清单并予以发布，有针对性地组织院内外相关领域专家与企业深入沟通对接，地方政府对达成合作的项目予以资金支持，目前已与洛阳、鹤壁、平顶山等地10余家重点企业签订合作协议，合作开展项目攻关。这种模式可以降低企业创新风险与经营成本，实现企业家与科学家良性互动、相互拉动，加快构建"政产学研金服用"协同创新体系。

（二）已开展创新生态圈建设活动的影响和效果

根据河南省委、省政府决策部署，河南省科学院按照"企业出题、科学院答题、地方政府支持"的创新范式，积极推进环河南省科学院创新生态圈建设。结合相关省辖市（区）产业发展实际，省科学院重点在郑州、南阳、平顶山等地开展生态圈建设活动，共吸引百余家知名高校和科研机构的专家学者，以及相关产业、金融领域等代表600余人到访考察或参加活动，与54家知名高校、科研院所、科创企业签订战略合作协议，吸引了一大批高精尖项目洽谈合作，已有20余个项目落地或即将落地，实现了与企业家、科学家、投资人等的高效互动，有效推动了省科学院创新生态圈的外延，开辟了生态圈招商引才的新模式。

1. 以环河南省科学院创新生态圈建设为牵引，推进与中原科技城的融合发展

落实省委、省政府部署，加快省科学院重建重振与中原科技城、国家技术转移郑州中心"三合一"融合发展。在环河南省科学院创新生态圈建设过程中，郑州拿出区位最优、生态最好、价值最高的区域，培育发展科创产业，高标准建设中原科技城。2023年，省科学院与中原科技城同步启动"一基金三基地"建设，共同设立成果转化子基金，在中原科技城建设研发基地、中试基地、转化基地，为省科学院提供全方位服务保障。

2023年3月，省科学院与中原科技城联合举办了环河南省科学院创新生态圈建设暨"人才强院年"启航仪式，吸引了国内"双一流"建设高校、中国科学院研究院所、龙头企业、知名投资机构等83家单位、150余名嘉宾参会，共同签署了建设环河南省科学院创新生态圈联合倡议书。河南省科学院、中原科技城与包括深圳扑浪量子半导体有限公司、长江量子（武汉）科技有限公司等在内的20余家科创头部企业达成了合作研究和投资落地意向。同时，与22家科研院所和企业代表签订了战略合作协议，实现了与企业家、科学家、投资人等的高效互动。

在环河南省科学院创新生态圈建设的影响下，珞珈聚芯、上海凌翼、深圳珈钠3家受邀参与活动的企业，经过深入交流与协商，共同发起并成立了河南省珈凌新能源科技有限公司，并正式入驻中原科技城。此外，还有10余家企业正在积极接触与洽谈，展现出强烈的合作意向。

2. 携手南阳市政府打造光电产业创新生态圈

河南省科学院与南阳市政府联合打造光电产业创新生态圈，梳理南阳市光电产业发展现状，建立南阳市光电产业技术需求清单，面向全国邀约研发机构、科创企业、投资机构、服务机构来南阳布局落地。2023年4月，举办了环河南省科学院创新生态圈建设光电产业南阳专场活动，20余所知名高校和科研机构的专家学者以及光电产业、金融领域等代表200余人应邀参加，省科学院、南阳市政府共同与16家知名高校、科研院所、科创企业签订战略合作协议，吸引了一批高层次人才、行业领军企业汇聚南阳共谋光电产业发展。

以南阳光电产业创新生态圈建设为契机，省科学院与乐凯华光印刷科技有限公司高阻隔膜材料项目合作、与南阳市中医药管理局共建张仲景经方研究院（所）、与唐河县谋划共建成果转化基地、与南阳市政府共建省科学院光电研究所等一批科技项目和平台合作迅速推进。

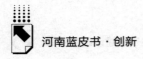

3. 在平顶山打造新能源、新材料产业创新生态圈

以创新生态圈建设为牵引，省科学院发挥科创资源优势，与平顶山市政府共建省科学院平顶山产业技术研究院，以平顶山产业技术研究院为抓手，围绕新材料、新能源储能产业发展需求，紧密链接外部科创企业、科研院所、科技投资、科技服务等机构，实施产学研深度融合，开展关键核心技术攻关，推动相关领域"卡脖子"技术突破以及科技成果转化。

2023 年 9 月，省科学院与平顶山市政府举办环河南省科学院创新生态圈建设新能源、新材料产业平顶山专场活动，邀请了省内外 71 家机构、129 位代表参加，省科学院院属科研院所与平顶山有关企业的产学研合作等一批项目顺利签约落地，绿色聚酰胺制备及关键技术开发、聚氨酯泡沫填缝剂制备与技术研发、工业废气低能耗脱硝清洁处理技术研发以及固体光气制备新工艺研究等一批合作项目正式启动实施。

四　高质量推进环河南省科学院创新生态圈
建设的对策建议

（一）不断深化创新生态圈顶层设计

在深入研究创新生态圈机理的基础上，不断明晰环河南省科学院创新生态圈的概念、范畴，进一步理清生态圈关键要素和组织架构，加强创新生态圈运行机制的创新，研究完善创新生态圈建设的顶层设计。

（二）完善针对性的配套政策和措施

政策环境是构成创新生态圈的基础要素，生态圈中以河南省科学院为核心的各类参与主体，如各级政府、高校、科技企业、金融机构、中介服务机构等，虽然都有相应的支持政策，但在创新生态圈开放体系下，需要完善鼓励协作机制创新的政策，针对平台建设、人才引育、项目共研、成果转化等提高配套政策细化程度，各级政府及相关主体要提高政策执行力等。

（三）细化以需求为导向的工作机制

准确且深入挖掘企业技术需求和产业技术难题是"企业出题、科学院答题、地方政府支持"创新范式的基础和前提。环河南省科学院创新生态圈在建设中，面临着技术需求挖掘的一些共性难题，如挖掘技术需求的方法、技术需求的精准描述、需求端与供给端的对接等。要尝试采用信息化手段、平台化运作、"引导式"方法挖掘企业技术需求，同时考虑数据的规范化和保密性，建立需求端和供给端的统一标准，加强技术经理人队伍的建设，系统化、信息化和规范化地开展供需对接工作。

（四）不断优化人才创新生态系统

打造集聚一流创新人才团队的人才中心是河南省科学院重要的定位和发展目标之一，从生态圈建设的角度看，就是要构建并不断优化人才创新生态系统。省科学院要加强创新型人才培养，有意识地发现和培养更多具有战略科学家潜质的高层次复合型人才，形成战略科学家成长梯队；与政府、高校、企业等建立多元主体协调融合的人才培养机制，通过制度创新，为激发人才活力营造良好的生态环境；创造让人才"宜居"和"宜业"的高质量生活环境，为吸引和留住人才提供重要保障；积极营造一个鼓励知识创新、技术创新、服务创新、制度创新和文化创新的协同、开放、共享的人才创新生态系统。

参考文献

《构建人才创新生态系统》，"中国青年报"百家号，2021 年 11 月 1 日，https：//baijiahao. baidu. com/s？id = 1715191823901171430&wfr = spider&for = pc。

B.14
中国（河南）自由贸易试验区
制度创新路径研究

王彦利*

摘　要：　自贸区是全面深化改革和扩大开放的试验田，制度创新是自贸区的核心任务。河南自贸区挂牌6年多来，坚持以制度创新为核心，在管理、标准、规则等制度型开放方面先行先试，制度创新成效显著，自贸区对产业的支撑作用越发凸显，但在管理体制机制、开放观念理念、专业人才队伍建设等方面还存在一些问题和困难。新形势下，河南自贸区应抢抓机遇，积极对接共建"一带一路"，推进管理体制改革、深化监管体制创新、扩大金融领域开放、加强人才队伍建设、探索政策法律保障等，打破自贸区制度创新的体制机制障碍，有效助推河南自贸区高质量发展。

关键词：　自贸区　制度创新　管理体制

中国（河南）自由贸易试验区（以下简称"河南自贸区"）是党中央、国务院全面深化改革、扩大开放和推动共建"一带一路"的重大举措，包括郑州、洛阳、开封三个片区。河南地处内陆腹地，是全国重要交通枢纽，又是共建"一带一路"重要节点。河南自贸区成立之初，就紧紧围绕河南的区位优势，立足建设服务于"一带一路"的现代化交通枢纽和内陆开放新高地。6年多来，河南自贸区围绕战略定位，不断深化管理体制改

---

　* 王彦利，河南省社会科学院改革开放与国际经济研究所经济师，主要研究方向为企业改革发展、国际贸易。

革、完善市场监管机制，不断扩大投资领域开放、推动贸易转型升级，不断创新通关监管机制、加大金融开放创新力度，不断增强"两体系一枢纽"的交通物流功能。河南自贸区营商环境渐趋优化，投资贸易便利化水平不断提高，交通物流更加顺畅，内陆开放格局逐步形成。面对全球经济衰退、地缘政治冲突和大国博弈的新挑战，河南自贸区要紧抓制度创新这个关键，系统分析当前自贸区发展现状、抢抓机遇、找准差距、发挥优势，推动自贸区高质量建设再上一个新台阶，助力打造新时代内陆开放新高地，助推中原更加出彩。

一　河南自贸区制度创新成效

自贸试验区承担着"为国家试制度"的职责和使命，2017年正式挂牌运行以来，河南自贸区围绕战略定位，坚持以制度创新为核心，围绕多式联运、监管、政务、法律、金融5个服务体系改革创新，在管理、标准、规则、规制等制度型开放方面先行先试，自贸区建设成效显著。截至2023年6月底，河南自贸区累计新设立企业13.1万家、注册资本1.7万亿元，分别是挂牌前的4.8倍、6.2倍；货物进出口2337.8亿元，年均增长23.8%；税收2373.2亿元，年均增速高于全省近2个百分点；累计形成了制度创新成果546项，其中16项被国家层面采纳并加以推广，一些创新性改革成果走在了全国自贸区前列，跨境电商方面的制度创新更是惠及了全球。河南自贸区制度创新方面的成效主要有以下几个方面。

（一）政务服务创新

6年多来，河南自贸区不断简政放权，加快推进政府职能转变，深化商事制度改革、行政管理体制改革，最大限度减少行政审批事项，简化手续流程，提高行政服务效能，提升了投资贸易便利化水平，最大限度释放了市场活力，激发了企业效率，客观上增强了河南自贸区的吸引力。

稳步提升贸易投资便利化水平。洛阳片区以"先建后验、边建边审、失信惩戒"为管理手段推行企业投资项目承诺制,建立了河南首个线下国际贸易"单一窗口","先进区后报关",建成"一网办、不见面"全程电子化登记系统,提供线上线下一体化服务,限时"一站式"为企业办理通关手续,为企业报关通关提供了便利,有效激发了市场活力。

打造递进式商事纠纷多元化解模式。设立河南自贸区郑州片区人民法院,实行"纠纷管理+志愿服务""特邀调解+类别分流""网格化调解+一键解纠纷""司法确认+权益实现"的递进式纠纷解决方式,实现案件统一受理、集中分流和跟踪回访,高效便捷低成本化解商事纠纷,增强了人民群众的满意度和获得感。

持续改进政府管理方式,提升政府服务效能。创新"多证合一"改革,即对一般性登记及备案类的证照办理等事项,创新性地将多个部门的证照统一整合到企业营业执照上,实施"一窗办理、一表申请、一网共享、一站公示、一照应用",企业凭借"一照一码"就可以"走遍天下"。推进建设工程领域的水电气暖"现场一次联办"改革,建立"首席服务官"制度,实施"一对一"直接在项目现场受理、核查、反馈的一站式办结模式。实现"证照分离"全覆盖,推行"照后减证",解决企业"准入不准营"的问题。另外,郑州片区推出集群注册企业登记模式、上线全国首家企业登记实名验证系统,叫响了河南"放管服"改革的品牌。洛阳片区邀请企业和群众当考官,评议片区的改革满意度,开创兽用医药生产许可"先发证后验收"的行政审批新模式。开封片区率先在全国实施"四十八证联办""二十二证合一"等"一口受理"行政审批服务。

(二)监管服务创新

河南自贸区深入推进"放管服"改革,精简办事流程,创新监管模式,营商环境逐步改善,市场活力有效激发。

创新跨境电商监管模式。郑州片区首创保税进口"1210"模式,率先实现跨境电商产品"网购保税+线下自提"模式,大幅提升跨境电商交易效率;首创跨境电商零售进口退货中心仓、跨境电商进口正面监管、国际贸易单一窗口模式，创新开展全国唯一的跨境电商零售进口药品试点，构建了规范、安全、高效的跨境电商进口药品协同监管机制；持续优化"技贸通"信息平台，推动与海关总署数据接口联通，实现技贸数据共享，创新监管制度。

创新"放管服"改革。创新土地管理模式，洛阳片区探索弹性出让、使用标准厂房、租赁等政策供应产业用地，为传统产业转型升级提供了用地保障；实行"一枚印章管审批、一支队伍管执法、一个专网搞服务"的"三个一"改革模式，极大激发了市场活力，改善了企业营商环境，特别是"市场综合监管+专业执法"的执法监管体制，利用"互联网+监管"等现代化手段和技术，实现执法的集中统一高效。完善事中事后监管，郑州片区制定《中国（河南）自由贸易试验区郑州片区事中事后监管体系建设总体方案（试行）》，加快郑州片区信用体系建设，郑州海关建立联合激励及惩戒制度，给予诚信企业更多通关便利和优惠政策，切实减轻企业负担。开封片区探索推行"三双三联"事中事后监管新模式，实现监管留痕，确保"放得下、接得住、管得好"。

（三）航空物流和多式联运创新

河南围绕"两体系、一枢纽"的战略定位，开展航空物流电子货运试点，构建多式联运标准体系。河南自贸区率先发布省级多式联运标准体系，包含基础标准、装备标准、设施标准、信息化标准以及运营服务标准等，有效发挥标准的支撑引领作用；郑州片区围绕"两体系、一枢纽"战略定位，构建铁、海、公、机并举的多式联运体系，郑州机场利用第五航权，开辟国际货运新航线，允许国外航班在郑州机场中途经停，拓展了国际货运航线，提升了机场中转能力，逐渐将郑州打造成国际货运物流枢纽和全球多式联运核心节点城市。完善航空物流电子货运标准体系，利用电子货运信息服务平台，开展一体化信息综合服务，不仅解决了多头申报和重复填报的问题，还提升了河南航空物流水平，增强了国际竞争力，优化了口岸营商环境，推动了航空物流数字化、信息化、智能化。

（四）金融创新

河南自贸区加强金融业务创新，积极探索跨境金融结算、期货市场国际化、投融资便利化等，银企融资渠道更加多元化，金融服务能力不断提升，金融创新政策支持实体经济发展的成效不断显现。全省取消企业银行账户许可，改"核准制"为"备案制"。郑州片区积极探索基于国际多式联运"一单制"的提单融资模式，通过国际物流和金融创新的结合，为中小企业融资提供便利，降低多式联运全链条风险；不断拓展"政银合作直通车"模式，辐射各大银行及代办网点，增设工商登记服务；郑州商品交易所精对苯二甲酸（PTA）期货引入境外交易者，完善了 PTA 贸易定价体系，提升了我国 PTA 期货价格国际市场影响力，推动 BPI、冷链物流等指数类期货上市；郑州海关与中国建设银行开展跨领域合作，推出"单一窗口共享盾"，打造"电子口岸+金融服务"一站式办理新模式。洛阳片区打造"政银企研所"多方参与的金融服务体系，创设"信贷+信用"小微企业金融服务平台，通过"科技保""科技贷"等普惠金融模式为中小企业提供信贷支撑；提出"虚拟子账号"方案，解决外贸综合服务企业众创集团收汇难题；通过"四链"融合促进洛阳老工业基地转型升级，通过政策链、资金链、创新链和产业链"四链"有机融合，提升制造业企业效益；联合银行设立城市发展基金，为洛阳文化旅游业、高端装备制造业提供金融支持；通过洛阳银行开展全口径跨境融资业务。

二　河南自贸区制度创新存在的问题与困难

河南自贸区虽然在制度创新上取得了重大成绩，一些制度创新作为自贸区典型案例在全国复制推广，但河南自贸区的制度创新还存在一些实际的问题和现实的困难，客观上制约了自贸区的发展。

（一）观念理念水平还有待提升

一是"GDP 至上"的观念制约着自贸区的制度创新。自贸区的核心功能就是制度创新，但在实际操作中，由于种种现实原因，河南自贸区仍然把重点放在 GDP 等经济指标数据的提升上，过于关注自贸区的经济增长。

二是自贸区的考核评估体系限制了自贸区的制度创新。在各片区的评比考核上，新注册企业数、吸引外资数、GDP 等指标被赋予较高权重，制度创新方面强调创新数量、忽视创新质量，客观引导着各片区实际工作方向，导致各片区在考核压力下忽视制度创新质量，片面追求经济效益。

三是制度创新的意愿不强阻碍了自贸区的制度创新。河南自贸区已经形成了诸多制度创新成果，跨境电商、多式联运等多项制度成果在全国推广。但目前的制度创新多是规则操作层面的流程优化，由于现有法律规范及政策等的约束，真正涉及体制机制方面的制度创新较少。随着改革的深入，推进制度创新的难度越来越大，只能在外围和低层次上做些许改变，导致自贸区制度创新意愿不强。

（二）管理体制机制有待健全

一是管理机构不健全。主要表现在各片区管委会机构配置不全，与各部门间职权不清、层级复杂。以郑州片区为例，郑州片区管委会与商务局合署办公之后，两者职责分工落实不到位，全部人员打乱使用，再加上管委会和商务局福利待遇不一致，客观上影响了干部职工的工作积极性和稳定性，影响自贸区制度创新和发展；另外，郑州片区管委会没有对金水、郑东和经开 3 个区块人财物的管理权限，这就导致片区管委会在管理上存在较大难度。

二是自贸区统筹协调机制有待完善。河南自贸区是三级管理结构，各片区管委会，既受省级层面的自贸区建设领导小组直接领导，又受所在地市政府领导，虽然是省政府派出机构，但由于片区管委会主任由副厅级领导兼任，实际负责自贸片区工作的又是正处级别，因此自贸区与同级别的部门协调相当有限，与级别较高的省直部门协调更弱，与中央部委则协调难度更大。

三是下放的管理权限不能落到实处。自贸区被赋予了很多省级管理权限，但各片区在承接这些省级管理权限时，一方面由于自贸区专职人员少且不稳定，承接的省级权限无法落地落实；另一方面由于下放的管理权限匹配度不强，一些片区急需的核心权限并未下放，不能有针对性地促进自贸区的发展。

（三）专业人才队伍建设有待进一步加强

自贸区运行需要国际贸易、法律、金融等领域的高层次专业化技术人才，但从目前来看，河南自贸区三个片区不仅缺少大量专业人才，还面临着现有人才的流失问题。一是河南地理区位不占优势，作为内陆地区，和发达、沿海地区相比，在金融、国际贸易等方面不占优势，相关专业人才往往会优先选择在上海、深圳等国际贸易和金融发达的地区集聚发展。二是用人机制不够灵活，人才引进较为困难，河南劳动力薪酬水平偏低，自贸区片区管委会属于体制内机构编制，薪酬水平和发达省份相比不占优势，没有足够的吸引力引进大量优秀高端人才长期驻豫发展。三是现有人才队伍稳定性较差，郑州片区三个区块办事处与区商务局合署办公后，专职领导和工作人员配备不足，人员编制混杂，派遣制职工比例较高，难以高效完成自贸区相关工作；开封片区管委会工作人员来源更为复杂，隶属于多个部门和层级，存在着多头管理现象。

三　河南自贸区制度创新的对策与建议

新形势下，河南要直面经济全球化逆流、贸易保护主义和大国博弈带来的挑战，抢抓黄河流域生态保护和高质量发展、新时代推动中部地区高质量发展等国家战略叠加重大机遇，积极对接共建"一带一路"，总结国内外自贸区制度创新典型经验，通过深化管理体制改革、推动监管体制创新、扩大金融领域开放、打造专业人才队伍、加强政策法律保障等，打破自贸区体制机制方面的障碍，助推新时期河南自贸区高质量发展。

（一）推进行政管理体制改革创新

服务型政府建设是政府职能转变、优化投资环境的重要任务，自贸区制度创新首要的任务就是推进行政管理体制的改革创新，围绕服务型政府建设，发挥市场的基础调节作用，加快政府职能转变，提高行政服务效能，不断降低企业经营中的制度性成本。

一是理顺自贸区管理体制。自贸片区所在地政府要有国际化视野和世界眼光，吸收借鉴国内外成熟模式经验，积极对接国际高标准投资和贸易规则体系。科学合理界定各自贸片区管委会与所在地政府、省级自贸办的职责，赋予各片区管委会省级派出机构的权力和职能，便于片区管委会协调中央部委、省直各部门及当地政府工作，降低片区管委会在协调制度创新方面的成本。合理下放省级管理权限，省级自贸办在权限下放前期要做好调研和沟通，制定下放管理权限清单，确保各自贸片区接得住、管得好。加快整合自贸片区管委会与综合保税区管理机构，统筹规划建设，提高管理效能。

二是积极争取设立河南自贸区空港新片区。郑州航空港经济综合实验区（以下简称"航空港综实区"）是我国首个国家级航空港经济区，是一个拥有航空、高铁、普铁、城铁、地铁及高速公路等多种交通方式的立体综合交通枢纽。积极申请航空港综实区纳入河南自贸区，将更大限度发挥航空港的作用，做大做强郑州—卢森堡航空枢纽，赋能高端产业入驻，拉动经济增长，服务全国航空物流运输。

三是完善考核机制。树立以制度创新为导向的自贸区考核评价体系，改变以经济指标为主导的现有考核机制，提升制度创新成效在自贸区考核评价中的比重，弱化招商引资、GDP、新入企业数等经济指标地位，引导各自贸片区以高质量制度创新为核心，打造一批关键核心可复制推广的高质量自贸区制度创新案例，打造河南自贸区制度创新高地。

四是探索完善"负面清单"制度。负面清单是国际贸易和投资中，以固定格式明确规定外资准入的限制条件，是落实最惠国待遇和国民待遇的外资放开逆向承诺，是"法无禁止即可为"法治思想在市场准入中的具体实践。各片区可借鉴上海自贸区"负面清单"管理模式，按照国家发改委、商务部发布的《自由贸易试验区外商投资准入特别管理措施（负面清单）》（2021 年版）中的 27 条负面清单要求，积极对接省级部门，适当放宽外商投资准入门槛，减少对投资项目的限制；发挥市场调节作用，破除国有企业对部门资源和领域的优先权，引导民营企业、外资企业公平参与市场竞争。

（二）深化监管体制创新

一是提升监管水平。运用云计算、大数据等信息化手段，整合工商、海关、税务、公安等信息资源，完善各片区信息系统，分类监管进出口货物，实现全省自贸区监管信息的互通共享。加强对监管人员的各类业务培训，定期组织监管人员到国内外先进自贸区学习先进监管经验。建立健全监管考核机制，强化激励奖励制度，引导监管人员自主学习，提高监管业务水平。

二是强化事中事后监管。将监管工作重心由事前审批向事中事后监管转变，依托全省企业公共信用信息平台，按照各片区入驻企业信用风险等级实行分类管理。创新市场监管机制，秉持"双随机、一公开"监管理念，借鉴开封片区综合监管平台模式，加强工商、海关、公安等部门间的信息交流和资源共享，依据大数据平台，完善事中事后统一监管平台，探索建立高效快捷公开的新型集中统一的市场监管体系。发挥企业联合会、行业协会等社会团体的积极作用，引导企业合法合规经营，维护市场公平秩序，构建良好的市场信用环境，对政府监管形成有力补充。

三是完善物流监管体系。加强与相关部门的定期沟通交流，完善多式联运协调推进机制，建立健全多式联运物流监管体系，解决"最后一公里"的物流运输问题。依托郑州片区深入开展与共建"一带一路"国家的投资合作，以交通物流优势推动河南对外开放高质量发展。创新跨境电商综合监管模式，依据《跨境电商零售进口正面监管工作指引》，充分运用企业信用大数据信息，联合海关部门，对企业事前风险进行科学预判，提前预警风险，为事中事后监管提供科学依据。加强"智慧通关"监管，健全国际贸易的"单一窗口"建设，构建"一单到底"安全高效的物流大通关监管服务体系，带动产业集聚式发展。

（三）持续扩大金融领域开放

一是创新金融政策。支持在自贸区内设立各银行分支机构、保险机构、融资租赁公司、基金等，支持社会资本依法设立金融机构。各片区要根据域内产业和企业特点，研发创新普惠、绿色等差异化金融产品，提供有针对性的金融支持服务，满足不同类型企业融资、担保等多元化金融要求。适应信息技术发展需要，引导各片区金融机构开展"互联网+金融"服务。出台关于融资租赁公司外债便利化的专项政策，开展融资租赁公司外债便利化试点工作，允许融资租赁公司和下设公司共享外债额度，引导鼓励自贸区内融资租赁公司集聚式发展。创新外汇管理模式，开展人民币资本项目可兑换试点，并逐步提高兑换额度。

二是探索培育金融机构、产品和新业态。适时引进或者设立证券公司、本外币特许兑换机构、合资期货等金融机构，探索发展适合商业保理的外汇管理模式。探索推进本外币一体化账户试点，鼓励引导符合条件的境内外主体，及时开立人民币结算账户、开展人民币离岸业务，不断扩大跨境人民币的结算范围。梳理河南具有长期竞争优势的特色交易品，在郑州商品交易所重点开发形成新的期货品种。探索服务跨境电商、多式联运、智能制造、文创旅游等产业发展的"金融+"新路径。发展保税仓储、商品保税展示、国际采购、期货保税交割等新型业态，促进银行业与证券、基金、保险等金融业融合发展。

三是加大金融监管力度。创新对各类金融机构的监管模式，借鉴上海等地先进金融监管模式，探索符合河南自贸区实际、适应现代化国际贸易规则的金融监管制度。探索融资租赁公司兼营保理业务。树立风险管控理念，整合省内金融数据，建立健全金融风险防控制度和预警机制，加大对金融违法行为的处罚力度，防止企业避税、逃税等违法违规行为发生，防止风险外溢，提升金融风险防控水平。

（四）加强自贸区人才队伍建设

一是创新自贸区选人用人制度。赋予各自贸片区管委会更多的选人用人自主权，突破现有编制框架，探索聘任制、任期制等市场化选人用人机制，科学合理设置聘任员工的薪酬制度，针对高层次、专业化人才，考虑推行年薪制、协议工资等薪酬分配方式。探索设立专业性法定管理机构，负责自贸区的专业性、技术性等公共管理工作，赋予其相对独立的人事权、财权等职权，实行企业化、市场化聘任制，在薪酬总额范围内自主决定人员聘用、薪酬标准等。①

二是建立容错纠错机制。完善人才激励机制，通过法律法规或政策文件明确自贸区人才容错纠错机制，充分激发高层次专业人才队伍的积极性和创造性，营造"鼓励创新、宽容失败"的用人氛围，免除非主观原因造成的制度创新失败责任，最大限度激发自贸区制度创新的活力。

三是完善人才引进培育机制。建立以产业需求为导向、与国际接轨、与企业对接的高层次人才引进机制。科学梳理自贸区紧缺专业人才需求，制定人才引进专业目录，通过公务员招聘、市场化选聘等方式，引进高端专业人才和优秀管理人才。解决职称评定、住房医疗、入学入托等问题，消除人才入豫、驻豫的后顾之忧。鼓励自贸区企业采取委托、共同培养、订单式培养等方式培育专业技能型人才，引导企业建立海外实训基地，引进海外高端优秀人才助力自贸区发展。开展针对性、系统化、专业化培训，助推自贸区制度创新。

（五）探索建立政策规定与法律保障体系

自贸区制度创新的合法性需要法律法规的有效确认，但目前，我国并无关于自贸区制度创新的专门法律规定，河南也无相关的地方规章和政策规

---

① 河南省委编办市县处课题组：《河南自贸试验区各片区管理体制问题研究》，《行政科学论坛》2022年第2期。

定，导致自贸区制度型创新需要与中央部委、政府相关部门进行沟通协调，客观上制约了自贸区制度创新的开展。

一要树立法治思维和法治理念。重视法律法规、地方规章在自贸区发展中的积极作用，加强沟通与协调，积极对接法律法规、地方规章及政策规定，探索建立自贸区制度创新的政策制度和法律保障体系。建立健全外商投资促进服务体系，由政府主导，企业、商协会及法律等专业机构共同参与，为外商投资者提供精准化、专业性、全方位的投资促进服务。

二要构建多元化纠纷解决机制。完善司法调解前置程序，筹建自贸区商事调解中心，选聘优秀律师及其他专业人才担任调解员，增强服务企业的针对性和有效性，通过个性化纠纷解决方案有效化解国际商事纠纷，提高自贸区纠纷化解效率。

三要建立自贸片区法院或人民法庭，各片区可参照郑州片区人民法院的设置，通过自贸片区法院或人民法庭专业解决自贸区纠纷，有效保护相关当事人合法权益。

四要设立自贸区志愿服务窗口，统筹律师、法官、财务等专业服务资源，为自贸区企业提供专业咨询服务。

参考文献

李靖：《河南自贸区洛阳片区金融创新的实践与探索》，《时代金融》2018 年第26 期。

杜伟：《"一带一路"背景下河南自贸区创新发展路径研究》，《商场现代化》2018 年第 10 期。

张绍乐：《中国自贸区体制机制创新的问题与方向》，《区域经济评论》2020 年第4 期。

李猛：《中国自贸区服务与"一带一路"的内在关系及战略对接》，《经济学家》2017 年第 5 期。

刘晔：《中国自由贸易区的制度创新路径分析——以河南自贸区为例》，《管理学刊》2018 年第 3 期。

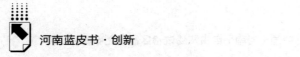

王根芳：《河南自贸区对接"一带一路"建设制度创新路径研究》，《中国市场》2018年第5期。

商务部自贸区港司：《河南自贸试验区：突出片区功能定位，助推特色产业创新发展》，《中国外资》2022年第11期。

韩二东：《河南自贸试验区洛阳片区建设成效及发展策略》，《管理工程师》2019年第5期。

王珂、贺志强：《金融支持河南自贸区研究》，《征信》2022年第6期。

雷瑛：《对中国（河南）自由贸易试验区发展的思考》，《中国经贸导刊》（理论版）2017年第17期。

郑展鹏、曹玉平、刘志彪：《我国自由贸易试验区制度创新的认识误区及现实困境》，《经济体制改革》2019年第6期。

郑广建、柴方：《新形势下河南自贸试验区制度创新发展研究》，《郑州航空工业管理学院学报》2020年第5期。

B.15

河南省深化国资国企改革的
重点、难点及对策研究

都鹤鸣[*]

摘　要： 2022 年是国企改革三年行动收官之年，河南针对"补短板、强弱项"进一步加大改革力度，这一年河南省管企业的营业收入和资产总额实现了大幅度提升，但目前河南省深化国资国企改革尚存在制约因素：杠杆偏高，抗风险能力不强；经营效率不高，科技成果转化能力不够强；产业结构有待优化，缺少战略引领力强的头部企业；资本运作能力有待提升，龙头型投资成果不够突出。针对这些制约因素提出几点建议：优化国资布局，迈向高质量发展；完善国企考核评价机制，强化科技创新和成果转化应用；健全以管资本为主的国资监管体制，提升资本运作能力；坚持底线思维，防范化解重大风险。

关键词： 国企改革　管资本　国资监管

党的二十大报告指出，要构建高水平社会主义市场经济体制，必须"深化国资国企改革，加快国有经济布局优化和结构调整，推动国有资本和国有企业做强做优做大，提升企业核心竞争力"。近年来，国际形势复杂，全球经济趋于下行，国际环境中地缘政治问题加剧全球经济不稳定性不确定性，国内也出现了中低端制造业向东南亚地区转移的现象。在高端制造业方

---

* 都鹤鸣，河南省社会科学院创新发展研究所经济师，主要研究方向为企业高质量发展、科技经济。

面，2022 年底工信部公布 45 个国家先进制造业集群名单，河南无集群上榜。河南省"十四五"规划指出"深化国资国企改革"，加强党对国有企业的领导，实施国企改革三年行动计划，推动国有企业按照主责主业、业务板块实施整合重组，做强做优做大国有资本和国有企业。在这样的背景下，国企作为国民经济的"压舱石"，深化国资国企改革、做大做强河南国有企业、充分发挥国企对经济社会发展的支撑引领作用十分必要，基于此，本文分析了河南省深化国资国企改革的重点、难点及对策。

一　河南省国资国企改革的现状与重点

（一）河南省国有企业概况

河南省统计局数据显示，2021 年河南省国有企业实现营业收入 17388.7 亿元，同比增长 9.7%；实现利润 559.6 亿元，同比增长 7.8%；国有企业应交税金 1331.1 亿元，同比增长 18.8%，已交税金 1252.2 亿元，同比增长 11.5%。河南省有关部门工作会议数据显示，截至 2022 年底，省市两级国有企业资产总额 5.2 万亿元，全年实现营业收入 8474 亿元，同比增长 15.1%，实现利润 335.1 亿元。其中，省管国有企业资产总额 3.6 万亿元，同比增长 28.3%；全年实现营业收入 5998.2 亿元，同比增长 13.3%；实现利润 208.4 亿元；上缴税金 408.5 亿元，同比增长 25.4%。

河南省国有企业指国家所有以及国有控股企业，主要包含省管、省属、18 个省辖市以及 10 个省直管县的国有及国有控股企业，其中规模较大的省管企业有河南能源集团、平煤神马集团、河南交投集团，3 家企业在 2023 年入选中国企业 500 强。根据河南省统计局数据，2021 年全省规模以上国有控股工业企业的资产总计达 19966.83 亿元，其中郑州市规模以上国有控股工业企业的资产总计最高，达到 3596.4 亿元，其次是洛阳、平顶山、安阳、三门峡、新乡（见图 1）。

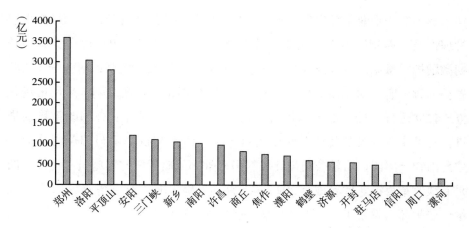

图1　2021年河南18个省辖市规模以上国有控股工业企业资产总计

资料来源：《河南统计年鉴2022》。

（二）河南深化国资国企改革的重点

1.河南省管国有企业

2022年是国企改革三年行动收官之年，河南针对"补短板、强弱项"进一步加大改革力度，这一年围绕内部体制建设、外部监管优化出台了一系列政策。内部体制建设方面，出台省管企业"人才新政20条"，完善国有企业人才发展通道，实行管理人员竞争上岗和末位淘汰机制；发布"外部董事管理若干措施"及具体履职指引，解决外部董事"如何管""如何用"的问题。外部监管优化方面，出台省管企业违规经营投资责任追究办法，规范国有资产经营投资工作；筹划设立河南国资优化与创新母基金及直投子基金，引导优质项目落户河南。根据国务院国企改革领导小组办公室下发的《关于2021年度地方国企改革三年行动重点改革任务评估情况的通报》，河南省国企改革三年行动晋升国家A级，任务完成率99.5%，首次进入全国第一方阵。2022年省管企业深化改革在以下方面有所突破。一是法人治理结构持续完善。省管企业全部制定党委重大事项决策权责清单，30家企业配备外部董事，集团及各级子企业建立董事会。二是市场化机制不断健全，集团及各级子企业全部实现经理层成员任期制和契约化管理，全面推进中层管理人员"四制"改革，实现末等调整或不胜任员工退出；出台实施中长期激励指导意见，符合条件的企业全部建立中长期激励机制；河南资产按照省委、省政府"机制市场化、股权多元化""不设置行政级别，采用市场化方式独立运行"的发展要求进行市场化改革。三是混合所有制改革稳妥推进。省管企业各级子公司混改比例超50%，河南交投集团与瑞茂通公司组建河南物产集团，洛轴公司出让股权引入外部战略投资并实施员工持股。四是专项改革取得实效。截至2023年5月，河南入围"双百企业"12家，数量位居中部六省第1，入围"科改示范企业"8家。

2. 河南各地市国有企业

根据相关部门工作会议及2023年各地市政府工作报告，河南各地市国资国企深化改革进度各不相同。郑州在2022年主要完成了市管企业公司制改制工作，并建立了市场化选聘、契约化管理、差别化薪酬等机制，开展市场化选聘职业经理人试点；洛阳2023年深化改革的重点放在市属国企市场化转型、专业化整合上；开封2023年深化国资国企改革的重点放在推动国资集团实现AAA信用评级，推动形成"投资运营集团+功能性集团+竞争性国企"发展格局；新乡以市带县，系统整合资源，提升县级投融资平台水平；平顶山推动国有投融资公司转型升级，分层分类推进混合所有制改革，在制度上推行经理层成员任期制和契约化管理；南阳加快市场化转型，推动在基础设施建设、产业转型发展、城市运营等方面发挥引领作用；漯河加快国有资本向具有核心竞争力的食品产业和战略性新兴产业集聚，推动城投公司转型，深化金融改革，抓好国有粮食企业改革；焦作整合盘活国有资源、资产、资本、资金，打造大型投融资集团，构建政府投融资平台体系，推进混合所有制改革；商丘推进国有资产监管方式由管资产向管资本转变；安阳积极推进混合所有制改革，盘活行政事业单位国有资产；濮阳、许昌、信阳三市重组整合起于顶层规划，通过改组、新组建的方式，对市属同类企业和同类业务进行重组整合；济源推动资本运营集团评级及发债，完成混合所有制改革，发挥国资国企在线监管平台作用，深化投融资体制改革。

从各市的改革进度来看，开封、洛阳、平顶山、安阳、鹤壁、漯河、南阳、商丘、周口、驻马店、济源等市重组整合路径相似，主要通过改组、新组建的方式，将业务相近或相同的市属国企重组整合，平顶山、焦作、安阳、济源等市还推进或完成混合所有制改革。另外，不少地市将改革重点放在深化国企金融体制改革上，打造投融资平台，推动城投公司提高信用评级。

二　河南省深化国资国企改革的制约因素

（一）杠杆偏高，抗风险能力不强

近年来，河南国企的资产负债率持续处于较高水平，个别国企经营困难。根据国务院国资委统计数据，2017~2021 年，河南省管企业的资产负债率始终在 70%~80% 徘徊（见图 2）。2021 年，河南省管企业的资产总计 30734 亿元，远低于安徽、湖北等中部地区省份，而资产负债率却高达 72.4%，在全国排名第 4。从国有工业企业的负债率角度来看，根据河南省统计局数据，2021 年河南国有工业企业总体资产负债率为 67.30%，高于全国（57.97%）及中部省份（63.19%）平均水平。但同时，2021 年河南国有工业企业资产负债率相比于 2019 年下降 1.18 个百分点，表明河南国企过往在降杠杆、去负债等方面采取了有效手段。受永煤违约、城商银行等一系列事件影响，河南融资生态遭到一定程度的冲击，河南的优质国企在一定程度上承担着修复地区融资环境的重任。经过债务风险防范化解，河南债券发行已逐步回暖。

（二）经营效率不高，科技成果转化能力不够强

1. 经营效率不高，企业活力不足

河南国企的经营效率不高，盈利能力和劳动效率整体表现不佳。从省管企

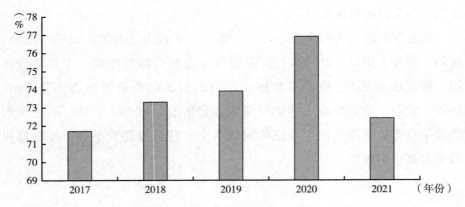

图 2　2017~2021 年河南省管企业资产负债率

资料来源：国研网数据库。

业的运营效率角度看，2021 年河南省管企业营业收入利润率 3.7%，比全国平均值低 1.1 个百分点，全员劳动生产率 29.7 万元/人，远低于全国平均水平；从河南国有工业企业的盈利能力角度看，2021 年河南国有工业企业利润总额 336.09 亿元，居全国第 25 位，低于中部省份（543.9 亿元）平均水平，2021 年人均创收 150.98 万元，人均创利 5.58 万元，均低于全国及中部省份平均水平。

2. 创新意识强，但科技成果转化能力不够强

据《2022 河南企业 100 强发展报告》数据，河南企业 100 强研发投入强度总体来说不高，不过国企的研发投入强度为 1.78%，高于民营企业（1.38%），然而国企的新产品销售收入占营业收入的比重为 11.51%，比民营企业低 4.95 个百分点，说明河南国企的创新意识强，但科技成果转化能力不强。此外，"科改示范企业"作为"国字头"科创板后备军，拥有科技含量高、创新属性强等特点。2023 年 5 月，国务院国资委公布了最新"科改名单"，河南有 8 家国有科技型企业上榜，中部六省平均每省 11.5 家，其中湖北 26 家、安徽 13 家，总体上河南国企的创新能力、核心竞争力还有提升空间。一方面，新兴产业的创新投入大、回报周期长，发展未来产业更不能急功近利；另一方面，在深化国企改革的进程中，要注意创新投入，科技成果转化制度要不断向市场化、社会化靠拢。

（三）产业结构有待优化，缺少战略引领力强的头部企业

1. 产业结构有待优化

煤炭、钢铁、化工等传统产业在河南省属国企中占比较高，转型升级进展相对较慢，产业结构有待优化。比如，在"2022河南企业100强"榜单中排名第3的平煤神马集团、排名第5的河南能源化工集团、排名第7的安阳钢铁集团等大型企业总体上属于能源、冶金等产业；上市公司方面，河南8家地方国有制造业上市公司中3家为金属冶炼加工行业，2家为传统化工行业，传统产业占比略高，新兴产业布局不足。与兄弟省份相比，安徽龙头企业优势相对明显，产业链上中下游完整，不乏战略性新兴产业（以江淮代工蔚来汽车为代表）。同时，不可忽视的是河南国企改革也取得了明显成效，在专用设备制造（以郑煤机为代表）和新型材料（以平煤神马集团为代表）等先进制造业领域具备明显优势和较大发展潜力，未来有望进一步发挥头部国企的产业引导作用，提升产业规模。

2. 缺少战略引领力强的头部企业

随着国企改革的深入推进，河南国企的布局结构持续优化，专项改革取得实效，只是产业集中度不高，缺少战略引领力强的头部企业，在国企带动战略性新兴产业发展、引领先进制造业集群发展方面还有一定的上升空间，国资国企在价值链中高端的布局引领效果有待加强。例如，在"2022中国企业500强"中，河南有11家企业入围，其中3家省属国企排名在150名以后。相比于兄弟省份，山东省的入围企业为国企领跑，山东能源集团在榜单中排名第23，第86名的潍柴集团由山东省国资委间接控股，以其为核心形成的潍坊市动力装备集群入选了2022年工信部发布的45个国家先进制造业集群名单。

（四）资本运作能力有待提升，龙头型投资成果不够突出

1. 资本运作能力有待提升

截至2022年末，全国各级政府共成立引导基金1531只，规模累计达

27378 亿元，目前我国政府投资基金已进入存量优化阶段，存在"内卷"现象。在这样的大环境下，国有资本在引导推动当地产业发展的同时，也应采用专业化、市场化的运作手段。河南在探索适合自身的投资逻辑方面尚有发展空间，在相应的配套制度、专业化的技术团队、多元化投融资平台等方面尚不成熟，特别是在专业化的技术团队方面，引进和培育资本运作专业型人才是河南国资运作的一个难点，同时存在企业家担当不够、能力不足、自律不严的现象。

2. 龙头型投资成果的孕育不够突出

管资本是下一步国企改革的重点方向。目前河南省管企业中有 2 家资本运营公司，一家是处于快速发展期的河南农业综合开发投资公司，另一家是 2022 年成立的河南国有资本运营集团。总体来看，目前河南国有资本的龙头型投资成果孕育尚不明显，例如河南农业综合开发投资公司投资的食品企业科迪乳业陷入债务危机，花花牛乳业走不出河南、多年冲刺 IPO 未果，与中国食品行业百强企业还有一段距离。分析其原因，一方面受河南的营商环境影响，同时社会资本参与意愿不高；另一方面国资运营存在产业导向不够明晰、运作重点不够突出、基金投资限制较多等问题，如基金设立分散化、碎片化等。

三　关于河南省深化国资国企改革的对策建议

"改革是由问题倒逼而产生，又在不断解决问题中而深化。"① 国企改革三年行动已于 2022 年收官，完成了主要目标任务。2022 年，河南围绕"理顺关系、优化布局、战略重组、防化风险、激发活力"的总体思路，加快推进国有企业战略性重组整合。同时可以看到，一些制约河南省国有企业发展的深层次体制机制障碍仍需进一步破解，为此本文提出以下对策建议。

（一）优化国资布局，迈向高质量发展

2023 年 7 月，全国国有企业改革深化会议强调，要优化国有经济布局

---

① 《习近平：改革惟其艰难，才更显勇毅》，《新京报》2014 年 8 月 8 日。

结构，促进国企突出主业、聚焦实业，发展壮大新兴产业，加快传统产业转型升级，更好服务建设现代化产业体系新发展阶段。我国经济已由高速增长阶段转向高质量发展阶段，河南国有企业应优化国资布局，加快转型升级，同步迈向高质量发展。优化国资布局，一是要做"精"主业，聚焦有核心竞争力的产业，如省属能源企业加快推动传统能源向新能源转型、基础化工产品向高端功能性新材料转型，各地市国有企业结合地方优势产业，将主业做"精"、把产品做"深"；二是要向战略性新兴产业聚焦，加大科技创新力度、加快发展战略性新兴产业，推动河南国有企业优化创新转型升级；三是要整合国有资产资源，各地市在注重地方风险防范与化解的同时，以市场化手段促进平台公司由融资平台向产业投资平台转型，在地方优势产业发展和重点项目建设上积极担当。

（二）完善国企考核评价机制，强化科技创新和成果转化应用

在国企改革三年行动圆满收官之际，河南国企法人治理结构、市场化机制不断完善，要加快河南国企考核评价机制转变，强化科技创新和成果转化应用。一是健全考核结果与绩效薪酬、任期激励联动机制，拓展中长期激励的覆盖面、灵活性和匹配度，推动河南国有企业实施上市公司股权激励；二是完善科技成果转化和推广应用的工作机制，建立健全科技成果全周期管理制度；三是坚持需求导向，加强科技成果供需对接，做好科技成果评估工作，同时强化科技成果转化激励约束；四是积极搭建科技成果转化和推广应用平台，如商业模式创新中心、创新创业基金、孵化中心等，完善研发投入与产出体系，建立一条"从研发到产品化再到规模化"的高成功率和高投资回报率的成熟创新渠道。

（三）健全以管资本为主的国资监管体制，提升资本运作能力

党的十八大以来，国资监管体制改革的方向是形成以管资本为主的国资监管模式。河南国资监督管理体制在改革中也取得了重大突破，并逐步形成了河南特色，其中河南国有资产的市场化改革经验作为河南改革样本得到了

推广。但同时，与发达省份相比，河南国有资本运作能力尚不成熟，龙头型投资成果不明显，为此提出以下对策建议。一是以资本市场作为深化国企改革的前沿阵地，以国企改革形成推动资本市场发展的重要力量，遵循市场化规律，采用市场化方式，促进河南国有资本向重要行业、关键领域集中，向战略性新兴产业集中，培育优势产业；二是转变传统观念以及摒弃所有制的优越感，根据企业实际情况，寻找最佳的资本运作模式，积极融入市场，主动参与市场竞争，通过市场经济的自我调节机制及优胜劣汰规律不断夯实自身基础，提高自身的竞争实力；三是提升资本运作水平，人才是企业竞争的核心要素，要强化储备、培育资本运作专业型人才与专家的战略规划，在深化改革中制定符合河南国资发展实际的配套制度，打造专业化的技术团队，发展多元化投融资平台。

（四）坚持底线思维，防范化解重大风险

长期以来，河南国有企业杠杆总体上处于较高水平，在河南国企改革三年行动中，防化风险是一项重要工作。在今后国资国企深化改革中，要继续坚持底线思维，防范化解重大风险。一是坚持底线思维，从最坏处着眼，做最充分的准备，朝好的方向努力，争取最好的结果，加强对市场风险、信用风险、货权风险、法律风险、操作风险的管控，着力深化金融改革，加强金融监管，科学防范风险，强化安全能力建设。二是化解重点企业债务风险，增强营收能力，研究完善化险解困工作总体方案和债务化解、资产盘活、产业升级、改革维稳等配套方案，通过系统性措施从根本上化解风险。三是健全国企风险防控长效机制，强化债务监测与监管，做好风险排查，细致识别风险源，科学进行风险分类，细致进行风险辨识，做好顶层设计，建立三级风险防控体系。[①]

---

① 王彦利：《河南省国有企业改革发展路径研究》，《现代国企研究》2023 年第 8 期。

创新人才篇

B.16

河南省科技人才发展现状分析

邢宇辉 王长林*

摘 要： 科技是第一生产力，人才是第一资源。科技人才作为科技创新的重要载体，在推动经济社会的发展中发挥着关键作用。近年来，河南省高度重视科技人才的开发，取得了显著的成绩。科技人才的规模不断扩大、结构日益优化、创新能力稳步提升、人才政策持续完善、招才用才工作成效显著、人才队伍国际化步伐不断加快、创新生态持续优化。但同时存在科技领军人才相对匮乏、科研经费投入不足、人才管理机制和评价机制有待完善、高等教育发展质量有待提升的问题。为全面推动科技人才队伍建设，打造人才强省，河南需要从以下六个方面持续发力：打造一支科技领军人才队伍，不断加大科研经费投入，完善科技人才管理体制，提升高等教育发展质量，优化科技人才评价机制，推动青年科技人才勇挑大梁。

* 邢宇辉，河南省科技厅人才与科普处处长；王长林，博士，河南财经政法大学电子商务与物流管理学院副教授，主要研究方向为数字化平台与治理、区域人才发展战略。

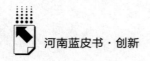

关键词： 科技人才　科技发展　人才强省　河南省

"科技兴则民族兴，科技强则国家强"。当前，党和国家高度重视科技创新建设，把科技创新摆在国家发展全局的核心位置。习近平总书记强调，"要推动科技创新，努力提高自主创新能力"。党的二十大报告也指出，"加快实现高水平科技自立自强，建设现代化科技强国"。在此背景下，河南省高度重视科技创新发展，加快实施"创新驱动、科教兴省、人才强省"，推动河南省科技人才队伍建设取得显著成绩。本报告立足河南省科技人才发展实际，分析了河南省科技人才的发展现状与面临的形势，并有针对性地提出了建设河南省科技人才高地的对策建议，旨在全面推动河南省科技人才队伍建设，为科技发展提供强有力的智力支撑。

一　河南省科技人才队伍建设取得的成效

科技创新是推动经济社会持续发展的不竭动力，近年来，河南省大力推动科技人才队伍建设，着力为科技人才发展提供良好环境。河南省科技人才队伍建设取得了显著的成绩，主要体现在以下七个方面。

（一）科技人才队伍规模不断扩大

河南省科技人才总量稳步增长，规模不断扩大。一是全社会研究与试验发展（R&D）人员数量持续增加。河南省研究与试验发展（R&D）人员数量从2015年的241171人增长到2021年的346737人，增幅达43.8%；全社会研究与试验发展（R&D）人员全时当量从2015年的13.1万人年增长到2021年的16.3万人年，科技人才连续多年实现高速增长。二是领军科技人才和创新团队不断涌现。《2021年度河南省人力资源和社会保障事业发展统计公报》显示，截至2021年，全省共有全国杰出专业技术人才8人，省杰出专业技术人才89人，中原基础研究领军人才42人，国家有突出贡献中青年专家136人。

人才的快速增长，在推动河南省科技创新发展中发挥着重要作用。三是青年科技人才日益涌现，成为推动科技发展的主力军。在河南省首届自然资源青年科技人才评选中，共有 40 位青年才俊入选，青年人才在河南省科技建设中逐渐挑大梁，为河南省科技事业的发展注入不竭的人才活力。

（二）科技人才政策持续完善

党的二十大报告指出，"提升国家创新体系整体效能"。为实现这一目标，河南省不断完善科技人才政策，为科技人才的发展、流动与成长提供有力支撑。经过多年发展，河南省已初步建立起以政府宏观调控为指导、以企业为创新主体、以高校和科研机构为依托的区域技术创新体系。一是科技人才政策体系不断完善。《关于深化科技体制改革推进创新驱动发展若干实施意见》《关于大力推进大众创业万众创新的实施意见》《河南省"十四五"科技创新和一流创新生态建设规划》《创新驱动、科教兴省、人才强省战略实施方案》等文件不断出台，科技人才政策的数量和质量逐步提升，为科技人才的成长营造了良好的政策环境。二是政策内容不断优化。科技人才政策根据实际情况逐步完善，科技人才创业、科技人才保障、科技人才激励等多项政策从无到有地发展起来，政策内容日益丰富，人才引进与使用工作取得历史性进步，为河南省科技事业发展提供了良好条件。三是政策实施成效日益显著。截至 2021 年，河南省已建成博士后流动站 81 个、博士后工作站 225 个、博士后创新基地 264 个。众多科研创新平台和机构不断涌现，有效打通了人才交流的渠道，为科技人才流动提供了良好的环境。

（三）科技人才结构日益优化

河南省科技人才结构持续优化，服务经济社会发展的能力显著提升。一是科技人才学历层次逐步提高。《河南统计年鉴（2022）》显示，截至 2021 年，研究与试验发展（R&D）人员中本科及以上学历占比为 59%，博士学历人员占比达 4.8%。研究人员共 132905 人，占研究与试验发展（R&D）人员的 38.3%。科技人才队伍学历结构不断优化，为科学研究提供了坚实的智力支持。二是科技人才年龄结构不断优化，年轻化趋势明显。2018年河南省学术技术带头人平均年龄为41.3岁，优秀青年人才逐渐成为推动科技事业发展的中坚力量。三是科技人才研究类型结构逐步优化。《河南统计年鉴2022》数据显示，2021年河南省基础研究人员折合全时当量为7769人年、应用研究人员折合全时当量为20944人年、试验发展人员折合全时当量为193722人年。试验发展人员增长迅速，为科学研究提供了充足的动力。四是科技人才性别结构逐渐优化。近年来，河南省女性研究与试验发展（R&D）人员占比持续提高。2021年，河南省研究与试验发展（R&D）人员总量为346737人，其中女性研究与试验发展（R&D）人员为90122人，比2020年增加了12200人，女性科研人员正成为科技人才队伍中的一支重要力量。

（四）科技人才创新能力稳步提升

近年来，河南省坚持"四个面向"，着重提升科技成果的原创性、迭代性和颠覆性，推动河南省科技人才在不同领域取得了优异的成绩。一是科技创新成果斐然。近年来，河南省共176项科技成果获得国家科学技术奖励，其中特等奖5项、一等奖22项、二等奖149项。二是科研成果创新性大幅提升。2022年，郑州大学常俊标教授发明的阿兹夫定获批上市，成为国内首个拥有完全自主知识产权和全球专利的新冠口服特效药。河南农科院院士许为钢牵头完成的"高产优质小麦新品种郑麦7698的选育与应用项目"，创造性地解决了我国优质强筋小麦产量普遍低于普通高产品种的问题。三是科技人才支撑经济发展效果日益显著。截至2022年底，河南省技术合同成交额达1025亿元，首次突破1000亿元大关，科技创新市场活跃。目前，全省拥有高新技术企业8387家、科技型中小企业16583家、国家级高新区9家，服务科技进步和经济发展的能力不断提升。

（五）招才用才工作成效显著

为推动科技事业发展，河南省坚持科技人才引、育、用、留并举，全方位完善人才成长体系，推动河南省招才用才工作取得显著成效。一是广聚天下英才，人才引进工作取得显著成绩。截至 2022 年，河南省已全职引进高层次人才 3600 余人，其中院士等顶尖人才 7 人，国家杰青、长江学者等国家级领军人才 54 人，海内外博士 3600 余人，这些人才成为推动科技进步的重要力量。二是全心全意留住用好科技人才，人才满意度和幸福感不断提升。充分发挥用人单位在人才引进、培养、使用、评价、激励和保障中的积极作用，全力为科技人才提供干事创业空间，积极推动科技成果转化，为科技人才成长提供良好的环境。三是科技人才经费投入增长显著，为科技人才施展才干提供有利条件。数据显示，2021 年河南省 R&D 经费投入达 1018.84 亿元，较上年增加 117.57 亿元，增幅达 13.04%。R&D 经费投入强度为 1.73%，比上年提升 0.07 个百分点。政府对科技事业发展的重视程度不断提高，科技支出占财政支出的比例不断增加，2021 年科技支出达 351.15 亿元，占一般公共预算支出的 3.37%。

（六）科技人才队伍国际化步伐加快

近年来，越来越多的出国留学人员选择回国创业，成为推动河南省科技发展的重要力量，科技人才队伍的国际化趋势日益明显。一是国际化科技人才数量不断增多。截至 2022 年，河南省已引进海内外科技人才 1500 多人。2021 年，新加坡国家科学院院士、马来西亚科学院院士罗德平全职加盟河南工业大学，成为近年来河南省首位引进的发达国家院士。二是国际化科技人才招才引才平台不断完善。为吸引国际科技人才，河南省积极组织实施了"高端外国专家引进计划"，建设一批杰出外籍科学家工作室、高校高等学科创新引智基地等引才平台，为海内外高层次科技人才提供了广阔的发展空间。三是海内外科技人才创新创业服务环境不断优化。为服务留学归国人才来豫创业，积极组建了河南省高层次人才服务中心，为人才发展提供良好环境。同时，人社部高层次留学人才回国资助计划、留学人才回国创业启动支持计划、中原英才计划等项目相继出台，为留学归国科技人才的发展提供了良好的环境和服务。

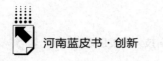

（七）科技人才创新生态不断优化

河南省积极打造一流创新生态，为科技人才发展提供良好环境。一是科技创新奖励机制不断完善。在 2022 年河南省科学技术奖励中，共评选出 24 项自然科学奖、16 项技术发明奖、269 项科学技术进步奖，大大调动了科技工作者的积极性和创造性。二是科技人才创新平台载体不断丰富。嵩山实验室、黄河实验室、龙门实验室、中原食品实验室等 10 家省级实验室相继成立，在搭建一流创新服务平台方面迈出实质性的步伐。目前，全省已建成 278 家院士工作站、271 个博士后科研工作站、355 个博士后创新实践基地，为科技人才的交流和流动提供了良好的环境。三是科技创新改革不断深入。河南省积极制定创新发展配套改革方案，构建"基础研究+技术攻关+成果转化+科技金融+人才支撑"的全过程创新生态，采用"揭榜挂帅""赛马"等制度，支持多个重大科技项目立项，全力推动人才强省建设。四是科技人才发展保障不断加强。人才公寓建设力度不断加大，"一站式"人才服务平台逐步完善，着力解决人才的后顾之忧，为科技人才的成长提供全方位服务。

二　河南省科技人才队伍建设面临的问题

河南省在科技人才队伍建设取得显著成就的同时，存在诸多问题，这些问题在一定程度上阻碍了科技人才的发展，主要体现在以下五个方面。

（一）科技领军人才相对匮乏

通过招才引智，河南省科技人才规模有了较大幅度增长，但总体仍呈现大而不强的特征，难以有效推动人才强省建设。一是科技领军人才总量不足。两院院士、国家和省级有突出贡献的专家等顶尖科技人才仍较少，科技人才总量不足，与北京、上海等经济发达地区相比差距明显。当前中国科学院院士有 823 人，中国工程院院士有 911 人，而河南省仅有两院院士 25 人。二是科技领军人才分布不够合理。河南省科技人才主要集中于高校和科研院所，而企业中的科技领军人才短缺，这在很大程度上造成科研成果流通转化不畅，许多科研成果停留在试验样品阶段，在很大程度上阻碍了科技进步。三是科技领军人才影响力较弱。河南省作为人口大省和经济大省，院士数量在中部地区并不突出，与河南省中部第一的经济地位并不相称，科技人才对经济发展的辐射带动作用仍然较弱，人才培养与引才工作仍需进一步加强。

（二）科技人才经费投入不足

在当今科技迅速发展的背景下，河南科技人才经费投入仍略显不足。一是科技人才经费投入总量较少。在科学研究与试验发展经费方面，尽管2021年研究与试验发展经费内外部支出共1046.39亿元，呈现快速增长的态势，但仍低于全国平均水平，与上海、广东等省份相比差距较大。二是科技人才经费投入不均衡。研究与试验发展经费投入集中于郑州市和洛阳市，它们是全省仅有的两个研究与试验发展经费投入突破100亿元的市，而其他地市研究与试验发展经费投入普遍较低，缺乏科技创新活力。三是科研设施更新投入不足。"工欲善其事，必先利其器。"科研仪器和科技设备是科技人才进行科学研究的基础，在国外，一般科研单位的设备与仪器每5年更新一次，而河南省科研院所和高校的科研设备由于资金匮乏，大多十几年甚至几十年才更新一次，科学研究工作严重受阻。部分科学研究由于设备与仪器的限制无法在河南省开展试验，很多科研人员被迫到外省做科研，这也加剧了河南省科技人才的流失，致使其科学研究发展缓慢。

（三）科技人才管理体制有待完善

河南省科技人才管理体制仍存在诸多不足之处，在一定程度上加剧了人才流失，不利于科技事业的长远发展。一是科技人才管理理念有待完善。在对科技人才的管理中，传统的用人观念仍占据主导地位，缺乏开放的人才思维，忽视对科技人才发展的全面考量，不利于人才发挥主观能动性，造成人不能尽其才。二是科技人才管理环境有待优化。河南省在科技人才创新创业和支持政策等方面缺乏强有力的引导，在科技基础设施与创新环境方面尚未形成比较优势，部分地区科技资源存在分散、封闭和重复建设等问题，难以吸引和留住人才。三是科技人才配套政策衔接不够紧密。科技人才扶持政策的制定存在一定的滞后性，不能很好地与人才引进政策相衔接，阻碍了科技人才发挥作用，也在一定程度上造成了人才流失隐患。四是缺乏对人才的科学使用与合理配置。部分行业科技人才与岗位工作不相符，科技工作单一化和流程化，缺乏科技创新，难以充分调动科技人才的积极性和创造性。

（四）高等教育发展质量有待提升

高校作为科技人才培养与发展的主阵地，在科技人才培养中发挥着重要的主力军作用。当前，河南省高等教育发展滞后，区域创新能力有待提升，这在很大程度上阻碍了科技人才的培养与发展。一是优质高等教育资源匮乏。河南省高考报名人数连续多年稳居全国第一，而河南省却仅有郑州大学与河南大学两所"双一流"高校，优质高等教育资源与科研院所稀少，与其他省份相比差距较大，造成大量优质生源外流。在河南省的 100 余所高校中，本科院校仅占 36.5%，低于全国平均水平。二是高等教育发展较为缓慢。受到历史条件、原有基础、发展水平等因素制约，河南省高等教育发展仍存在许多短板。截至 2021 年，河南省拥有博士点授权的高校仅 10 所，而且招生数量较少，难以为科技发展提供充足的科技人才支撑。三是高等教育整体实力亟待提升。河南省高等教育资源匮乏，对高精尖科技人才的吸引力不足，进而造成人才短缺甚至外流，亟待强化教育发展举措，让河南省能够留住人、成就人、发展人，为经济发展提供源源不断的人才。

（五）科技人才评价机制亟待完善

河南省科技人才的评价机制仍存在诸多不足，不利于激发人才干事创业的积极性，在一定程度上加剧了人才外流。一是评价标准不够科学合理。现有人才评价机制仍延续传统考核制度，缺乏系统科学的评价体系，在人才评价过程中片面追求高学历，仍围绕"课题—成果—获奖—职称"形成单一循环，导致评价导向存在偏差、评价指标缺乏信度。二是缺乏差异化的科技人才评价指标。不同专业与领域的科技人才使用的评价指标大致相同，人才评价指标单一，缺乏具有差异性的人才评价指标，难以有针对性地激发科技人才创新活力。三是科技人才评价导向不够明确。科技人才考核内容多被细化为可以量化的指标，容易导致评价重点偏移，评价导向出现误差。四是科技人才评价主体不够健全。科技评价管理人员专业性不强，缺乏相关培训，导致其对于科技成果不能很好地做出科学的评判。评审专家资源匮乏，对地方情况把握不够准确，易导致评价结果不准确，在一定程度上挫伤了科技人才创新的积极性。

三　推动河南省科技人才发展的对策建议

针对河南省科技人才发展中存在的突出问题，需要广泛汇聚力量，做好人才引进、人才培养、人才使用与留住人才工作，多措并举打造河南省高质量科技人才队伍，建设人才强省。

（一）打造科技领军人才队伍，推动科技人才快速发展

打造一支卓越的科技领军人才队伍，一是要全方位引进科技领军人才，着力提升人才总量。持续推进"八大行动"，积极出台优惠政策和措施，提升人才吸引力，构建科技领军人才"蓄水池"。二是要千方百计做好本土科技人才培养工作。以培养科技领军人才为导向，积极推动高校与企业和科研机构合作，完善校企合作等协同育人模式，提升科技人才培养的实效性。通过聘请国内外知名专家学者，为科技领军人才的培养与成长提供精准指导，努力提高科技人才总量和质量。三是要合理配置与使用科技领军人才，推动人才合理布局。通过搭建更多高质量平台载体，促进高校和科研院所与企业合作，鼓励优秀科技人才向企业流动，推动优质科技成果转化。构筑良好的人才生态，为科技人才减负松绑，用好用活科技人才。四是要创新人才工作思路，积极推动科技人才共享。借助互联网手段，打通人才共享的渠道，提

高人才影响力，构建具有区域特色的人才生态系统。积极探索与北京、上海等发达地区的科技人才共享与流动机制，聚天下英才而用之。

（二）加大科技人才经费投入，加强科技发展资金保障

一是持续加大科技人才经费投入。坚持以科技金融为支撑，加快构建和完善以政府为主导、企业为主体、其他机构协作的多层次科技投入格局，不断拓宽科技投入渠道，持续加大对科技人才的支持力度。通过给予企业相应的政府补贴与税收优惠等途径，不断强化企业的科技投入主体作用，激发科技人才工作的积极性。二是促进科研经费合理配置。科技经费投入强度作为直接影响科技人才利用和科技成果转化的重要因素，在地区科技进步和经济发展中发挥着重要作用。由于发展历史、经济水平等因素，河南省部分地区科技发展水平较为滞后，成为阻碍经济增长的重要因素。亟须推动科研经费合理配置，提高地区科技事业发展的均衡性，持续加大对豫西、豫南等科技欠发达地区的支持力度，为地区科技发展提供充足资金。三是着力加大科研设备的经费投入力度。科研设备是科技人才进行研究的基础资源，科研设备不足会阻碍科技进程，影响科技人才主观能动性的发挥。要加大对科研设备改进方面的资金投入，加快高端仪器创新发展，为科技研究提供所需的设备。

（三）完善科技人才管理体制，优化科技人才成长环境

一是要不断完善科技人才管理理念。营造党管人才的工作格局与运行机制，破除传统的用人观，在人才管理方面要解放思想，转变观念，坚持"以人为本"的人才发展观和"尊重人才、尊重知识、尊重创造"的方针，积极赋予人才更多的权利，在人才管理方面敢于放权，着力提升人才工作的满意度和幸福感。二是要优化科技人才管理环境。发挥科技人才市场的引领作用，完善人才管理与服务的各项功能，优化人才服务，对科技人才与资源进行科学管理。优化科技人才薪酬及岗位管理制度，打破科技人才流动的体制机制障碍，着力营造人才管理的比较优势。三是要着力完善科技人才配套

政策和措施。聚焦顶层设计，不断完善科技人才的政策体系，强化政策制度落实，不断提升政策吸引力，为科技人才发展营造良好的制度环境。四是要促进科技人才的合理使用与配置。加强科技人才信息网络建设，建立全省统一的科技人才供求信息网，及时反应各类科技人才供求信息，盘活人才存量，帮助科技人才找到合适的工作岗位，实现人岗匹配。

（四）促进高等教育快速发展，提高人才自主培养质量

提升高等教育发展质量，一是要加强"双一流"高校建设，打造更多优质教育资源。持续支持郑州大学、河南大学"双一流"建设，加快推进河南理工大学等 7 所高校 11 个学科开展"双一流"建设，鼓励更多高校凸显特色，不断优化学科专业建设，在各自领域争创一流。二是要着力推动高等教育提质增效，鼓励高等教育加快发展。对标国家教育现代化部署，深入挖掘高校发展潜力，积极为高校发展提供支持，探索高等院校评价与激励机制的创新路径，为高校加快发展提供动力。三是要着力提升高等教育整体实力，提升人才吸引力。积极推动高等教育改革，破除高等教育当前大而不强的局面。借鉴国内一流高校与学科的建设经验，优化高校与学科专业建设，推动高等教育由应试教育模式向创造教育模式转变，提升学生自我学习与解决问题的能力，提高科技人才培养的质量与水平。四是要坚持"多条腿走路"的方针，拓宽科技人才培养渠道。推动职业教育、普通高等教育、成人教育等协调发展，提高科技人才整体实力，面向市场、面向企业、面向基层，培养更多高质量科技人才。

（五）优化科技人才评价机制，激发科技人才创新活力

优化科技人才评价机制，一是要积极完善科技人才评价标准，构建公正合理的评价体系。在科技人才评价中，注重将定性分析与定量分析相结合，对人才产出与发展进行全面系统的评估。在评价标准中突出对科技人才品德与潜能的考核，打造更多德才兼备的优质科技人才，鼓励更多优秀科技人才脱颖而出。二是要针对不同领域人才的发展特点，打造差异化人才评价模

式。根据科技人才岗位与特征，构建分类人才评价指标体系，结合基础研究、应用研发与创新发展等不同类别科技人才发展的特点，丰富科技人才评价指标体系，有针对性地提高科技人才工作的积极性与创造性。三是要明晰科技人才评价导向。注重对科技人才的全方位评价，将显性指标与隐性指标相结合，真正发挥好人才评价的"指挥棒"与"风向标"作用。四是要健全科技人才评价主体。着力建设一支高品质科技人才评价队伍，坚持多元主体评价理念，充分发挥政府部门、评审专家与第三方机构的作用，着力提升人才评价的客观性和有效性。着力加强评审专家队伍建设，建立科技人才评审专家库，丰富全省科技人才评价资源。

（六）鼓励青年科技人才发展，助力青年科技人才成长

鼓励青年科技人才发挥更大作用，一是要加强顶层设计，为青年科技人才提供制度保障。通过强化制度建设，为青年科技人才有序选拔、培养和引进提供科学遵循。加强各个制度之间的衔接，为青年科技人才成长提供有力的制度保障。二是要为青年科技人才干事创业打造更多平台。持续推动高新技术开发区、流动站与实验室建设，积极实施青年科技人才专项行动计划，鼓励高校、科研院所和企业引进"长江学者奖励计划"青年学者等优秀青年科技人才，通过搭建更多平台，助力优秀科技人才展翅高飞。三是要着力提升青年科技人才待遇，完善人才发展保障机制。加大对青年科技人才研发的经费支持力度，探索建立青年科技人才研究与试验发展专项指标，为青年人才提供充足的资金保障。立足于青年科技人才的实际需求，积极探索具有竞争性的青年科技人才激励措施，建立稳定的薪资制度，完善各项配套保障措施，给予其更加优厚的待遇，解决青年科技人才的后顾之忧。四是要不断完善青年科技人才管理体制。积极探索适合青年科技人才的考核方式与激励机制，着力营造适合科技人才发展的良好氛围，推动优秀青年科技人才挑大梁、担主角。

参考文献

秦全胜、冯琬婧、蒋玉宏：《我国"十三五"科技人才事业发展回顾》，《中国科技人才》2021 年第 3 期。

张志杰：《河南省农业科技人才创新激励问题研究》，《农村·农业·农民（A 版）》2022 年第 9 期。

秦健、付小颖：《高端科技人才开发的思路与对策——以河南省为例》，《学习论坛》2018 年第 1 期。

晋一：《河南省科技人才评价的有效性提升》，《人才资源开发》2021 年第 21 期。

张修现：《浅析河南省科技人才激励机制的完善》，《河南财政税务高等专科学校学报》2019 年第 1 期。

B.17
河南实施人才强省战略的
实践与对策研究

王楠[*]

摘　要： "功以才成，业由才广。"人力资源是社会发展的第一资源，是一个国家或省份提升核心竞争力的战略性资源。河南人口众多，但总体人才资源匮乏，人力资源大而不强，实现由人力资源大省向人力资源强省跨越意义重大。为此，河南在制定"十大战略"时，把"创新驱动、科教兴省、人才强省战略"放在首位，将提高人口质量作为关键。实施人才强省战略，是贯彻落实中央人才工作会议精神的战略举措，也是河南推动高质量发展的迫切需要。河南早已意识到人力资源大而不强的弊端，因此大力实施人才强省战略，不断通过深化人才体制机制改革、搭建高水准人才发展平台、建立健全人才激励机制、提升人才服务水平、提高人口素质等，吸引了一大批高层次人才汇聚中原，形成了"惜才、聚才、用才、兴才"的良好局面，加快构建一流创新生态、打造国家创新高地和重要人才中心，为实现"两个确保"提供强有力的支撑。

关键词： 人才强省　人才吸引　重要人才中心

习近平总书记在中央人才工作会议上强调："要加快建设世界重要人才中心和创新高地，深入实施新时代人才强国战略。"[①] 党的二十大报告提出

---

[*] 王楠，河南省社会科学院创新发展研究所研究人员，主要研究方向为人才、劳动力就业。
[①] 习近平总书记2021年9月27日在中央人才工作会议上的讲话。

"教育、科技、人才是全面建设社会主义现代化国家的基础性、战略性支撑"。在全面建设社会主义现代化的进程中，河南深入贯彻落实习近平总书记关于人才工作的重要指示，全面实施人才强省战略，吸引八方人才，提高人口质量。深入实施人才强省战略，打造具有河南特色的人才发展雁阵格局，为建成国家创新高地和全国重要人才中心提供智力支撑，有助于推动河南打造高质量发展的新格局。

一 河南实施人才强省战略的意义

（一）有利于顺应时代发展的主题

当今世界正处于百年未有之大变局，全球人才流动呈现新态势，国与国之间、地区与地区之间创新竞争加剧，只有在人才和创新上占据优势，才能赢得发展主动权。河南省委书记楼阳生指出："今日之河南，比以往任何时候都需要创新，比以往任何时候都重视创新，也比以往任何时候都渴求人才。"作为人口大省的河南，比以往任何时候都更需要以人才来引领高质量发展。河南必须深入贯彻落实党中央的人才政策，深入实施人才强省战略，把人才作为强省之基、发展之要、竞争之本，让更多的人才汇聚中原，形成以人才引领创新、以创新驱动发展的高质量发展动力格局，在新时代背景下塑造发展新优势。

（二）有利于建设全国重要人才中心

河南作为人口大省，存在本土人才流失严重、人才资源匮乏、人才素质不高和结构不合理等问题，高层次人才数量较少，创新人才匮乏导致其人才红利没有发挥出来，严重制约了河南经济高质量发展。为建设全国重要人才中心，吸引优秀人才来豫发展，河南积极实施人才强省战略，实施人才引进"八大行动"，构筑潜力人才"蓄水池"。不断深化人才机制体制改革、构建高水平人才发展平台、建设多维度人才评价体系、搭建一站式人才服务平台、发展产学研用相结合的协同育人模式、优化创新创业环境等，逐步提高人才吸引力，补齐人才短板，激发人口大省的人才活力。通过一系列人才政策，吸引一大批高层次人才汇聚中原，为河南建设全国重要人才中心、驱动高质量发展提供了智力支持。

（三）有利于带动区域经济发展

人力资源在经济发展中发挥着重要作用，实施人才强省战略有利于带动河南区域经济发展。一是有利于区域经济发展方式的转变。人才是实现创新发展、技术进步的根本因素，更是促进经济发展方式优化升级的关键因素，提高人口素质有利于高质量发展。二是有利于推动区域经济产业结构优化升级。产业结构的优化升级有赖于人才的技术创新。三是加快区域技术创新与科技成果转化，增强区域创新能力。四是有利于提升经济发展核心竞争力。因此，大力引才有利于区域经济发展，将人才引进与区域经济发展目标相结合，有利于促进两者的良性循环，人才的集聚为区域经济发展提供源源不断的动力，而区域经济发展为人才的集聚提供了发展的空间。

（四）有利于推动河南高质量发展

习近平总书记强调，发展是第一要务，人才是第一资源，创新是第一动力。① 当前，新一轮科技革命如火如荼、产业变革迅猛发展，全球创新链、价值链、产业链与人才链系统不断更新，河南省的内外部发展环境发生深刻变化，人才和科技创新的决定性作用更加凸显。实施人才强省战略，建设重大科技创新和重点产业人才"高精尖缺"人才需求目录，根据产业发展定位、优劣势来制定人才招引计划及相关配套政策，精准引才，优化人才配置，促进人才引进与产业需求相匹配。立足新发展阶段，必须将人才资源开发放在核心位置，激发人才活力，最大限度使用人才资源，为推动河南高质量发展提供内生动力。

---

① 2018年3月7日，习近平总书记在参加广东代表团审议时的讲话。

（五）有利于河南再创竞争新优势

创新和人才是新时代背景下经济发展的关键变量，如今，各地区人才竞争和创新竞争激烈，河南在创新和人才工作方面与发达省份还有不小的差距。面对严峻挑战，应坚持实施人才强省战略，提升创新人才的数量和质量，优化创新生态，推动创新和人才资源开发，提升河南核心竞争力。打造人才集聚优势，不断推动人才发展体制机制改革，加快建设全国重要人才中心和创新高地；构建人才高端创新平台，推进省科学院、中原科技城、国家技术转移郑州中心、国家重点实验室和省重点实验室建设，构建一流战略科技力量体系；打造技术领先优势，打好关键核心技术攻坚战；打造产业创新优势，推动创新链、产业链、人才链深度融合，加快高新技术产业发展，大力培育未来产业和新增长极，为河南再创竞争新优势。

二　河南实施人才强省战略的实践

（一）河南实施人才强省战略的做法

一是加强顶层设计。2021年9月河南省委提出"十大战略"并将"创新驱动、科教兴省、人才强省战略"放在首位，对全省的人才工作进行了全面部署；2022年4月，河南省教育科技创新大会暨人才工作会议召开，会议上再次阐述实施创新驱动、科教兴省、人才强省战略的重要意义，并强调将加快构建一流创新生态、打造国家创新高地和重要人才中心，并列出科技创新发展的"时间表"，即"2023年初见成效，2025年呈现雏形，2035年基本实现"。人才是社会进步的核心资源，将人才工作摆在各项工作的突出位置，体现了河南对高质量发展所需人才资源的重视，在一系列举措下，人才强省战略稳步推进，吸引了全国各地大量人才来豫发展，为河南建设国家创新高地和重要人才中心提供了有力支撑。

二是制定各项人才政策措施。为坚定不移实施创新驱动、科教兴省、人才强省战略，2021年9月，河南省委常委会审议通过了《关于汇聚一流创新人才加快建设人才强省的若干举措》，强调人才强省战略是"十大战略"的重要内容，人力资本事关建设现代化河南的长远目标，完善体制机制，打造一流人才环境，让人才汇聚中原；2022年6月，河南出台了《关于加快建设全国重要人才中心的实施方案》，该方案被称为"1+20"一揽子人才引进政策，其中包含人才引进、服务配套等环节，增强人才吸引力，提高人才待遇，努力打造人才集聚地；积极实施人才强省"八大行动"，为顶尖人才提供"一事一议""一人一策"的个性化公共服务。这些政策为吸引人才提供了保障，为加快构建一流创新生态、建设国家创新高地、全国重要人才中心提供了有力支撑。

三是构建多样人才发展平台。建设河南省科学院、中原科技城、国家技术转移郑州中心，其中中原科技城建立了以数字产业、生命科学为主导的"2+N"科创产业体系，吸引了大批高科技创新人才，推出"重大项目快速落地""拎包办公，拎包入住"等机制，搭建线上人才工作一件事"英才汇"平台，提升服务效率，节约办事时间。重构重塑省实验室体系，自2021年以来，河南省相继揭牌运行了嵩山实验室、神农种业实验室、黄河实验室、龙门实验室、中原关键金属实验室、龙湖现代免疫实验室等，实验室主任均由中国工程院院士、中国科学院院士担任，这些实验室的运行进一步促进了河南与国家战略科技力量体系对接、与产业转型升级融合，并为高层次人才、高技能人才的汇聚提供平台。建设产业研究院和中试基地，为科技与产业、高校科研院所与企业合作搭建桥梁，促进科技成果转化。推广智慧岛标准化建设，搭建双创载体，构建"空间+孵化+基金+服务"双创服务链条，为创业人员提供全要素、低成本、便利化、开放式的双创空间。

四是开展高等教育改革，提高劳动者素质。持续推进"双一流"高校建设工作，鼓励郑州大学、河南大学争创国内知名高校，根据社会需求调整学科、专业方向，促进高等教育高质量发展，让学生掌握专业知识，提升学生综合素质，使其满足社会发展需求，提升高校创新能力，搭建创新创业平台，加强学生创新技能。发展现代职业教育，改善现代职业教育体系，以

"人人持证、技能河南"为目标，推动校企合作、产教融合，不断深化职业教育改革，提升职业院校服务经济社会发展能力，推动职业院校差异化、特色化发展，建设一支规模庞大的知识型、技能型、创新型劳动者大军，为"技能河南"提供有力支持。

（二）河南实施人才强省战略取得的成果

一是人才吸引更加有力。稳步实施人才"八项行动"，持续开展"中国·河南招才引智创新发展大会"等活动，组织高校、科研院所、企业等用人单位通过招才引智创新发展大会活动，吸引一批海内外高层次、高技能、高创新力的人才和团队。自 2018 年以来，河南省连续成功举办了 5 届招才引智创新发展大会，累计签约各类人才 23.9 万人，其中，硕士及以上学历人才 10.9 万人。[①] 2023 年 1~7 月，河南省共引入大学本科及以上学历人才 20 余万人，签约人才项目超 1000 个。优化外籍人员来华工作许可流程，办理工作许可业务近 2000 件。[②]

二是人才支撑更加有力。围绕教育强省的主要任务，河南省优化了高校的学科建设和专业设置，高等教育规模和质量得到提升。数据表明，与 2020 年相比，2022 年河南普通高校的数量增加 10 余所，普通本科专科学校校均学生数量增加近 1.5 万人，在校研究生数量增加三成多；学科建设得到发展，全省博士一级学科授权点、硕士一级学科授权点数量均有所增加。郑州大学、河南大学位于国家"双一流"建设行列，河南农业大学等 7 所高校的 10 余个学科进入"双一流"学科行列。[③]

三是创新能力得到加强。构建了"产学研用投"协同发展体系，使高

---

① 《125 家！8621 人！河南首场省外招才引智活动在吉林大学举办，广揽各方英才!》，"河南招材引智大会"微信公众号，2023 年 9 月 10 日，https://mp.weixin.qq.com/s/jptSxxaRAa9kFqXHeorMQQ。

② 《"创新驱动、科教兴省、人才强省"战略实施报告》，河南省人民政府网站，2023 年 9 月 7 日，https://www.henan.gov.cn/2023/09-07/2810889.html。

③ 《"创新驱动、科教兴省、人才强省"战略实施报告》，河南省人民政府网站，2023 年 9 月 7 日，https://www.henan.gov.cn/2023/09-07/2810889.html。

校科研院所与企业的联结更加紧密，得到深度融合发展，促进了高校、科研院所的科研成果转化，构建了高校产学研合作在线平台。2022 年，河南省产学研合作对接大会举办，1000 多家校企共建研发中心签约挂牌。2023 年，河南省食品领域先进科技成果（漯河）发布会召开，浙江大学、中国农科院、中原食品实验室等近 20 家省内外食品领域知名院校和科研机构发布 200 多项最新成果，70 余家企业与高校院所现场洽谈合作。①

（三）河南实施人才强省战略过程中存在的问题

一是人才政策实施有偏差。一方面，河南省人才政策的认知程度较低。政策宣传到位是其发挥作用的重要前提，只有让人才全面了解相关的政策，才能对人才起到吸引作用。另一方面，政策落实不到位。工资、福利待遇存在落实不到位的情况，补助申请渠道不明确、流程复杂，人才政策的宣传与落实间存在偏差。

二是人才引进工作存在问题。第一，人才引进缺乏明确的标准。在设定人才引进标准时，应当保证标准设置合理、公开透明，确保其有较强的可操作性，减少一些模糊区间，减少用人单位与人才之间的误会和摩擦。第二，人才引进资金相对短缺。由于财政紧张，对人才开发和战略研究的资金总体不足，人才引进补贴相对于其他省份也较少。第三，人才引进平台需进一步改进管理模式。提升人才引进平台的数量和质量，优化人才管理模式，发挥平台和人才的最大优势。

三是人才难以留住。一方面，本土人才流失严重，河南本科及以上学历人才流失率高达 52.5%，居全国第 6 位，仅次于江西（63.5%）、广西（57.8%）、河北（55.6%）、安徽（53.8%）、黑龙江（53.1%）。② 另一方面，

---

① 《"创新驱动、科教兴省、人才强省"战略实施报告》，河南省人民政府网站，2023 年 9 月 7 日，https://www.henan.gov.cn/2023/09-07/2810889.html。

② 《豫"策"2023②｜张祝平：推动河南打造全国重要人才中心的对策及建议》，"顶端新闻"百家号，2023 年 1 月 11 日，https://baijiahao.baidu.com/s? id=1754710841986939939&wfr=spider&for=pc。

由于受薪资待遇、生活保障力度、激励制度、工作氛围等因素影响，引进人才的留存度较低，应提高薪资待遇，加强社会保障，让人才真正留下来。

三　各省实施人才强省战略的做法

近年来，人才抢夺战已进入白热化阶段，在国家创新驱动战略导向下，许多省份提出了符合自身发展优势的人才吸引战略，分析优秀省份的做法，有利于为河南人才强省战略的实施提供对策建议。

（一）江苏省主要做法

将人才放在突出位置，持续激发人才"第一资源"活力。出台"人才26条""人才10条"等人才政策，以人才生态、平台、计划、服务"四位一体"为工作格局，推动高校、科研院所与企业、区域发展相融合；建设江苏省产业技术研究院、江苏省产业技术研发集团公司等一大批研究所，有力提升了创新能力和创新成果转移转化能力。据统计，2022年江苏省人才资源总量已近1500万人，研发人员超百万人，在苏两院院士超百人。

（二）浙江省主要做法

推出一系列人才、创新、资金等相关政策，提升人才吸引力，激发创新原动力；搭建科研创新平台，以实验室、科研院所和高校、创新创业小镇、阿里巴巴等高科技企业为主体，集聚"高精尖"人才，提升核心技术创新能力；以多种举措培育企业，实施"鲲鹏计划""凤凰行动""大雁计划""瞪羚计划""雏鹰计划"等，吸引了一大批企业来浙江落户，这些企业为人才集聚提供了平台，使得杭州在新一线城市的"抢人大战"中赢得先机，人才净流入率连续5年位居全国第一。

（三）湖南省主要做法

实施"芙蓉计划"、"三尖"创新人才工程，加大高层次人才引进力度，为引进人才提供落户、医疗和社保、子女入学、配偶安置等全方位服务；以产业、技术、平台、人才为制高点，为人才提供科研经费、项目等13项优惠政策，努力打造国家重要人才中心和创新高地，建设"四大实验室"和"四个重大科学装置"、湘江科学城以及湖南先进技术研究院等新型研发平台，已集聚高层次人才近1500名，取得科研成果30多项；湘江实验室拥有19个院士专家团队；拥有高校及华为、三一重工等40多家企业的顶尖人才团队。

（四）四川省主要做法

实施"天府峨眉计划"和"天府青城计划"，加大紧缺人才的引进力度，着力建设高水平创新团队；强化人才激励制度，鼓励科研人员以"技术股+现金股"持有股权，激发人才工作的积极性和主动性；鼓励事业编制人员参与创新平台建设，原工作单位保留人事关系；实施"科研揭榜制"，鼓励海内外科研院所、创新人才和团队、企业等参与研发，推动科技成果与产业链相结合，促进科技和产业的双向发展，推动科研成果转化为产业生产力。

（五）湖北省主要做法

一是建立健全人才发展体制机制，完善人才工作体系。以"高精尖缺"清单为导向，有目的地引才育才，让人才工作更符合市场需求；提升人才服务和保障水平，优化人才工作、生活环境；帮助企业与人才直接对话交流，满足企业用人需求，发挥人才最大作用。二是构建人才发展平台。开展院士专家引领十大高端产业行动计划；建设高水平科研平台，为高水平人才集聚提供平台。三是鼓励创业。出台"黄金十条"，解决科研人员、大学生等创业人员的后顾之忧。

（六）陕西省主要做法

一是出台一系列人才引进和培养政策，以《秦创原创新驱动平台建设三年行动计划》为总纲，加快人才引进和培养，鼓励企业和科研院所、高校等结合，组建百余支"科学家+工程师"队伍，帮助高校、科研院所等转化科技成果，满足企业对前沿科技成果的需求，促进企业和高校、科研院所的协同发展；二是建设秦创原创新驱动平台，促进创新人才、创新科技成果集聚，推动陕西创新发展。提出"校招共用"引才用才新模式，帮助企业引进高层次人才300余名，其中海外人才占比近40%；完善人才梯次培养机制，将人才按不同梯次分类。

（七）山东省主要做法

一是以"高精尖缺"为导向，推行"领军人才+创新团队+优质项目（优势学科）"模式，面向海内外引进顶尖人才团队，打造国际化的人才资源高地；针对中外籍院士、高级专家等，提供综合资助或股权支持；青岛市建设了国际院士港，以吸引海内外院士为特色，按照"科学城+产业城"布局模式，面向世界引进海内外院士及院士项目。二是搭建创新平台，建设、发展创新型研发机构，构造"北斗七星"（政产学研金服用）创新共同体，推动人才链、产业链、创新链、金融链融为一体，加快人才集聚和科研成果转化，提升创新能力和核心竞争力。

四 促进河南实施人才强省战略的对策建议

（一）实施更加有效的人才吸引政策

一是提高人才政策的有效性和针对性。一方面，在制定相关的人才政策时，应对引进人才的需求进行相关调研，充分了解人才的实际需求和想法，以人才需求为导向，制定符合人才需求和经济发展形势的人才政策，提高人才政策的有效性。另一方面，要关注政策实施后的反馈效果。根据政策的实施效果及时对不合理的人才政策进行调整，提高人才政策的科学性和灵活性，形成相关的政策调整长效机制，在发布新的人才政策时，应避免与原有人才政策冲突，统筹协调职能部门，认真实施人才政策。应加大对人才政策的宣传力度，将所有的现行人才政策进行梳理汇总，发布在相关的人才引进平台上，发挥人才政策的最大作用。

二是明确人才的引进范围。一方面，要根据河南省的战略发展方向和产业状况引进相应人才，明确引进人才的专业需求清单，对口人才的引进不仅有利于河南产业的发展，而且有利于围绕相关产业形成人才集聚效应，使产业和人才得到双向发展；另一方面，应提高引才单位在人才引进工作中的参与度。各个单位对人才的需求各不相同，甚至大相径庭，人才引进工作很难从统筹方面做到面面俱到，因此，提高引才单位的参与度，让引才单位列出人才专业技能的必备清单，增加引才单位与人才的交流机会，有利于提高引才的针对性和有效性，能最大限度满足引才单位的用人需求，使人才发挥最大作用。

（二）加快建设一流人才发展平台

一是提升高校、科研院所、省实验室等的综合实力。加快建设"双一流"高校，提升郑州大学、河南大学的科研水平和综合实力，提升两所大学在国际和国内的认可度与综合排名，以两所大学为平台，吸引国内外知名学者、优秀科研人员、高层次人才等；加快省科研院所、省实验室等科研机构的建设，以重大科技攻关项目为核心，以科研机构为平台，吸引和带动国内外优秀人才来豫发展。

二是建设项目集聚平台。优化提升国家级创新平台，增加省级创新平台数量，围绕重大创新产业和战略性新兴产业项目，吸引国内外优秀人才和团队来豫发挥项目优势，争取国家重大科技项目、领先技术产业、先进科研项目在河南落地，提升平台对人才的集聚能力。

（三）建立健全人才激励机制

建立健全与社会主义市场经济体制相适应、与人才工作特性相匹配的分配机制和奖励机制，以工作绩效和工作贡献为导向，充分调动人才工作的主动性和积极性，在以事业留人和以感情留人的基础上，提升现有人才特别是高层次人才的薪资待遇。一是探索人力资本产权激励制度。引才单位可以作为"管理资本"方对科研成果进行分配，人才可以以自身的技术、知识、成果等"智力资本"参与分配，这样有利于激发人才的工作积极性；二是加强用人单位对科研成果、经费使用的自主权。建立更符合本单位的人员绩效考核、职位晋升的相关制度，给予科研单位更大的经费使用权，在制度范围内合理、有度支配相关经费，完善激励和容错机制；三是加大股权激励力度，对符合条件的科技型中小微企业实施股权激励与资本利得税减免政策，激发企业的创新积极性。

（四）提升人才服务水平

一是提升人才服务水平，优化人才服务体系。建设"线下+线上"服务平台，在政务服务大厅开设人才服务窗口，组建"人才管家"队伍，为各类人才提供"一站式"贴心服务，对高精尖人才实施"一人一策"制度，帮助解决各类人才相关问题。二是解决引进人才的住房难题，发放人才购房、租房补贴，建设高标准人才公寓，解决人才的后顾之忧，有利于人才全身心投入工作。三是建立人才专用的就医绿色通道和子女入学绿色通道，为引进人才解决看病、保健、子女入学、配偶工作等难题，让人才享受方便、优质的服务，让人才安居无忧，提高人才对城市的归属感和融入感，以此提高人才的留存度。此外，在实施各项政策时，应为政策的落地提供保障，解决人才服务政策在落地方面的难题。

（五）提升人才源头供给能力

一是持续推动高校进行教育改革，优化高校的结构布局、学科方向和专业设置，根据社会发展和产业需求调整学科和专业设置，及时调整不符合社会发展的学科和专业，提升办学水平和高校人才素质，使高校学生的所学符合社会发展的现状与产业需求；提升高校的科研能力，构建高水平的创新创业平台，搭建高校与企业结合的桥梁，让高校的科研成果走出实验室，加快

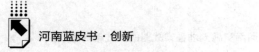

科技成果转化。二是发展现代职业教育，培养一批高素质的应用型技术人才。推动职业院校差异化、特色化发展，培养一批同时具备知识、技能和创新能力的人才队伍，以"人人持证、技能河南"为目标，推动校企合作、产教融合，培养一支规模庞大、专业结构合理、学历层次多的劳动者大军，为实现"技能河南"提供智力支持。

"招才引智"的河南政策创新与实践研究

招才引智创新发展大会课题组*

摘　要： 中国·河南招才引智创新发展大会是河南延揽优秀人才的重要平台，为河南高质量发展注入强劲动力，也为广大人才提供了施展才华的舞台。本报告分析河南招才引智创新发展大会举办的重要意义，梳理大会取得的显著成绩，分析河南招才引智创新发展大会在政策和实践方面的创新，提出"靶向引才"，以服务河南战略大局为重；"提质扩容"，丰富招才引智的政策要素；"双招双引"，坚持招商引资与招才引智并重；"驻外引才"，创新引才用才模式等对策建议，进一步促进河南招才引智政策创新。

关键词： 招才引智　政策创新　河南省

　　创新是第一动力，人才是第一资源。中国·河南招才引智创新发展大会是河南延揽优秀人才的重要平台，为河南高质量发展注入强劲动力，也为广大人才提供了施展才华的舞台，被称为"永不落幕"的大会。持续办好招才引智创新发展大会是深入贯彻落实习近平总书记关于人才工作重要论述的重要举措，亦是实施创新驱动、科教兴省、人才强省战略的重要行动，对河南建设国家创新高地和重要人才中心有着重要意义，吸引大批优秀人才来

---

* 课题组组长：杨东风，河南省社会科学院创新发展研究所所长，编审；朱殿潇，河南省人力资源和社会保障厅规划财务处处长。课题组成员：王攀，河南省人力资源和社会保障厅专业技术人员管理处副处长；赵晶晶，河南省社会科学院创新发展研究所助理研究员。执笔人：赵晶晶。

豫、回豫、留豫创新创业，让人才认识河南、走进河南、集聚河南，谱写聚天下英才，让中原更加出彩的绚丽篇章。

一 河南举办招才引智创新发展大会的重要意义

（一）举办招才引智创新发展大会是实施"十大战略"的应有之义

河南在第十一次党代会提出"十大战略"目标，并把"创新驱动、科教兴省、人才强省"列为十大战略之首，创新驱动实质上是人才驱动，人才是经济发展的第一资源，实施"十大战略"就要全力拼人才、拼创新，全面提高"十大战略"人才储备的数量和质量，着力引进一大批高精尖人才、德才兼备的高素质人才，为河南经济发展提供坚实的人才支撑，为河南注入智力资源，持续创造新动能、新优势，加强区域经济竞争优势。

（二）举办招才引智创新发展大会是建设国家创新高地和重要人才中心的重要举措

深入贯彻落实习近平总书记重要指示，河南提出要加快建设国家创新高地和重要人才中心。人才支撑是建设国家创新高地的关键变量，要以人才促进创新，以创新引领人才，打造发展增长极，跑出发展新速度。招才引智创新发展大会面向海内外吸引一大批高层次、创新型、引领型人才（团队），着力推动河南高质量人才项目，汇聚国际创新资源和专家智慧，聚焦"卡脖子"关键核心技术，以科技人才增强创新与关键技术攻关能力，为河南加快建设国家创新高地和重要人才中心提供强力支撑。

（三）举办招才引智创新发展大会是引领河南产业升级的必然选择

习近平总书记在《当前经济工作的几个重大问题》一文中指出要加快建设现代化产业体系。举办招才引智创新发展大会能够为河南提供现代化产业升级的人才支撑。助力河南进一步打通人才链、产业链、创新链，在重点领域提前布局，形成多轮驱动的人才集聚模式，聚焦重点产业、优势和新兴产业，引进符合河南产业发展方向的高质量人才，储备急需和紧缺的人才，实现产业链价值攀升、科技攀升、创新攀升，为产业体系升级发展提供坚实的人才支撑，全面提升河南产业体系现代化水平，通过高层次人才的引进，补齐产业链短板。

二　过去五届招才引智创新发展大会取得的显著成绩

为高标准、高质量办好大会，中国·河南招才引智创新发展大会筹办方在办会方式等方面做了不少尝试、不少调研，"求贤若渴"已刻在河南的发展逻辑里。2018~2022年，连续五届招才引智创新发展大会取得了众多亮眼的成绩，吸引了一大批高精尖人才来到河南，促成了一大批创新团队落地河南，促进人才政策体系不断完善，为河南奋力建设国家创新高地和重要人才中心提供了强劲的动力。

（一）打造了招才引智亮丽名片

招才引智创新发展大会深入贯彻落实习近平总书记重要讲话精神，特别是关于人才工作的重要论述和考察调研河南时的重要讲话精神，围绕实施人才强省战略，建设国家创新高地和重要人才中心目标，精心组织、创新举措，五届大会的举办建立了河南与海内外人才的广泛联系，形成了良好的人才项目合作对接机制，搭建起了常态化的招才引智平台。通过举办大会，广大海内外人才深刻了解了河南、增进了对河南的感情，一大批高端人才和优秀高校毕业生选择来河南创新创业，展示了河南"广纳天下英才"的胸襟，传递了河南重视人才、呼唤人才、渴求人才的诚意，中国·河南招才引智创新发展大会已成为河南展示良好形象的亮丽名片。

（二）吸引了一大批优秀人才

自2018年以来，河南连续成功举办五届中国·河南招才引智创新发展大会，累计签约各类人才 23.9 万人，其中，硕士及以上学历人才 10.9 万人。首届大会现场共有 2100 家单位提供岗位 66813 个，累计进场求职人数达 10.39 万人次，达成签约意向 4.3 万人。第二届大会现场有 2070 家企事业单位提供 62713 个人才岗位，达成签约意向的有 37492 人，其中硕士以上学历人才占比达 40.6%。第三届大会"2020 招才引智专项行动"延揽高端人才 3.9 万人。第四届大会延揽各类人才 5.7 万人。几届招才引智创新发展大会为河南集聚了一大批高层次人才，为全省经济发展、产业升级、科技创新能力持续增强提供了强有力的人才支撑。

（三）举办了一系列招才引智活动

五届招才引智创新发展大会举办了一系列丰富多彩、极具特色的活动，如首届大会选取郑洛新国家自主创新示范区、中国（河南）自由贸易试验区，分别举办招才引智专场和两院院士河南行等活动，展示了河南的风采。第二届大会举办海外高层次人才暨项目对接洽谈专场、豫创天下创新创业大赛等主场活动，促进人才与项目精准对接。第三届大会"2020 招才引智专项行动"组织了 2 场招才引智主场活动、8 场省外招才引智专场活动等，紧紧围绕"黄河流域生态保护和高质量发展""打造先进制造业强省"等重大战略招引人才、汇聚智力。第四届大会组织了大会开幕式、19 场招才引智主场活动、6 场省外招才引智活动等系列活动。第五届大会以线上线下多种形式组织了大会开幕式、高端人才（项目）对接洽谈会、5 场高峰论坛、6 场省外招才引智线上招聘会、19 场省辖市招才引智专场等系列活动，这些活动的举办，展示了河南求才、爱才的决心，更展示了河南渴求人才来豫创新创业的满满诚意。

（四）签约了一大批优质项目

优质项目是河南高质量发展的动力，五届大会签约了一大批优质的人才项目。首届大会征集发布了 1600 余项合作项目。中国工程院印遇龙院士团队与郑州市签约"环保高效两型饲料的研发和产业化推广"项目。第二届大会累计发布人才合作项目 1370 个，现场签约项目 515 个。第三届大会"2020 招才引智专项行动"累计发布人才合作项目 747 个，引进北京盛世光明软件股份有限公司区域总部项目，主场活动期间多个在国内外具有影响力的人才项目进行了现场签约。第四届大会聚焦河南重点行业、优势产业、新兴产业和人才队伍建设需求，征集发布人才合作项目 463 个。中国工程院刘大响院士团队与中原科技城管委会签约"中原空天创新研究院"项目，河南工业大学全职聘用新加坡科学院院士、马来西亚科学院院士罗德平先生等 5 个合作项目在大会开幕式现场签约。在第五届大会各专场活动中，一批院士等顶尖人才领衔的项目在河南签约落地，如郑州市郑东新区与中国工程院赵沁平院士签约"河南先进航空仿真技术研究院"项目等，汇聚了顶尖人才（团队）智慧，有效服务河南创新发展。

三 河南招才引智政策与实践创新

招才引智创新发展大会已成为河南招才引智的亮丽名片，成为河南引才长效机制，每一届相较上一届都更加完善，与前四届相比，2022 年举办的第五届大会在人才政策与实践上有很大的创新，主要表现在以下几方面。

（一）更加注重高端引领

两院院士、海外院士、国家杰青、长江学者等 46 名高端人才出席大会开幕式；举办 5 场高峰论坛，围绕数字经济等前沿科技主题进行对话，为创新发展建言献策；百余家单位与省外顶尖人才（团队）、大院大所、大校大企签署合作协议，共建研发机构、联合技术攻关、推动成果转化。

（二）更加注重政策支撑

制定出台"1+20"一揽子人才引进政策措施，以全周期人才政策升级，支撑"引育用留"全链条优化，努力打造人才新高地、创新优选地。建立更加优化的人事管理机制，为高校、科研院所拓展人才引进通道、优化管理机制、完善收入分配方式等提供政策保障。各地纷纷出台本地引才新政，铺就人才集聚的快车道。例如，郑州市面向全球发布10条青年人才新政，设立100亿元青年创新基金，大力延揽青年人才来郑留郑创新创业。洛阳市出台"1+22"一揽子人才引育政策，建立人才引进"一库一图一清单"，安阳市打造"洹泉涌流"人才集聚计划升级版，构筑"3+22"人才政策体系。鲁山县出台一揽子返乡创业补贴政策，为人才开辟绿色通道，2022年鲁山县发放创业贷款8183万元，扶持367人创业，吸引4262人返鲁创业，带动就业12786人。

（三）更加注重载体创新

一是注重创新技术载体。在全国省级层面率先开发VR线上人才招聘平台，利用VR、大数据等技术，将视图平面化的招聘网页升级为具有信息发布、形象展示、实时交流等功能的虚拟展位，打造沉浸式、可互动的引才新载体。二是注重创新活动载体。举办河南首届博士后创新创业大赛，采取多样化的办赛方式，搭建了展示河南博士后人才队伍创新潜能和创业活力的舞台，为更多优秀青年人才来豫开展博士后研究提供了有力支持，推动更多有良好市场前景的创新项目签约落地。

（四）更加注重精准引才

一是突出人才需求。根据河南重大战略、重大工程、重点行业、新兴产业人才需求，分层次、分行业、分地区组织专场招聘活动，举办嵩山等省实验室招才引智专场活动，教育、农业、食品、医疗卫生等重点领域招才引智专场活动，推动人岗精准匹配。二是突出人才供给。摸清在外豫籍高端人才和省内高端人才信息，向用人单位精准推送人才信息。三是突出项目对接。以项目引人才、以人才带项目，建立常态化项目供需发布机制，推动"项目找人"和"人找项目"同步进行，提升项目合作的匹配度和成功率。

（五）更加注重合力推动

一是发挥部门引才职能作用。依托省外办事机构等建立省外人才招引平台，动员各方力量以商引才、以才引才、以情引才、以项目引才，统筹做好招才引智工作，发挥人才吸引作用。二是发挥机构市场化引才优势作用。引入河南人才集团、智联招聘等人力资源公司和高端猎头机构参与大会筹办工作，发挥其市场化引才优势，引进高端人才，组织招聘活动，推进项目对接。三是发挥各地各单位引才主体作用。各地各单位立足实际、开拓创新，纷纷出台引才用才的新招、高招、实招。平顶山市实施"在外优秀人才'归根'工程"，架起鹰城与在外人才和企业沟通联络的桥梁。

四　进一步促进河南招才引智政策创新的对策建议

（一）"靶向引才"，以服务河南战略大局为重

一是在服务中心工作上再加压。把服务国家创新高地和重要人才中心建设作为招才引智工作再上新台阶的战略支点，聚焦"十大战略"实施，优先服务重建重振省科学院、重塑重构省实验室体系、"双一流"建设创建等重大工程，形成人才引进与高质量发展的良性互动格局。二是将引才政策融入河南产学研用深度融合的创新体系，以产业为导向引进紧缺人才，以市场为导向吸引创新人才，充分发挥好人才在产业链、创新链中的作用。以产学研用为抓手，大力引进创新人才团队，为团队提供科研场地和孵化场所，搭建"科技＋金融"的创新平台，实现从创新到创业再到产业的目标。扩总量、优结构、提层次，形成一大批标志性的人才成果。三是要聚焦关键环节，梳理好各地市人才需求，让引才政策前置介入，打造聚才平台和载体，落实引才措施，发挥政府主体作用，加强统筹调度，以更高标准、更实举措做好各项工作。

（二）"提质扩容"，丰富招才引智的政策要素

一是在引才质效上再提升，让人才创新政策和服务提档升级。推动

"1+20"人才政策落地，优化"一站式"人才服务平台，为各类人才创新创业提供全周期、全流程"保姆式"服务。建立人才、项目跟踪服务和问效机制，贯通"需求征集—信息发布—定向推送—人岗匹配—成效反馈"各环节，切实提升办会成效，为河南争创国家区域创新中心和创新人才高地示范区夯实人才基础。二是探索建立招才引智创新发展大会的调研机制，成立人才发展专家团、工作组，对引才政策的可行性、科学性及落实情况进行调研，开办研讨会进行改进和完善，并对人才政策未落实情况进行及时处置。三是在办会形式上再完善。持续加强线上平台服务保障能力，线上与线下相结合、常态化开展各类活动。凝聚多方力量推动各项工作顺利开展，统筹推进招才引智与招商引资、豫商豫才回归工作，实现资源共享、优势互补、互相促进、共同提升。四是创新"青年友好"政策模式，打造"人才友好型""青年友好型"省份、城市。打造"河南青年卡"，关注青年人才的工作、心理和生活状况，为青年人才提供政策查询、人才公寓、生活娱乐、就业指导等全方位服务。

（三）"双招双引"，坚持招商引资与招才引智并重

一是要将招才引智与招商引资相结合。政策上要坚持招商与招才、引资与引智并举，实现二者的同频共振、同步推动，并探索二者相互转化的实现路径。二是加大引进高精尖人才的力度。紧盯急需人才、紧缺人才，以更加良好的人才政策和人才服务，吸引各类人才来豫从事科研活动，开展研发合作、研发入股、研发服务，创办企业等，把人才资源、智力资源转化为人力资本、智力资本。三是要持续营造良好的人才发展生态环境，建立完善的激励机制，提供更加优良的服务，加大经费投入、制度支持力度，对特殊人才"一才一策""一事一议"，确保人才能够引得来、留得住、用得好。要大力引进先进管理理念，学习借鉴发达地区和国外大型企业在人才引进、人才管理、企业经营、技术研发管理等方面的好做法，提升企业现代化管理水平，为人才提供良好的创新创业环境。

（四）"驻外引才"，创新引才用才模式

一是在更大范围内试点"政招企用""省招市用"等新模式，支持企业打造"人才飞地""离岸创新中心"，解决人才引留用等难题。二是探索打造驻外招才引智工作局或引才工作站，搭建引才服务平台。选取重点城市、重点院校、职业院校等进行深耕，深挖高层次人才资源、职业技能人才资源、科技资源、创新资源，着力打造多元化人才梯队，助力河南多层次发展。推介宣传河南省情，以及人才政策、就业创业政策，帮助人才深入了解河南的经济发展情况、产业发展情况以及人才需求情况。与当地政府、高校畅通人才供求信息，提升河南优秀事业单位、优质企业的影响力，举办人才论坛、人才政策宣讲会、人才互动会、岗位推介会等丰富多元的交流活动。

参考文献

习近平：《在中央人才工作会议上的讲话》，《求是》2021年第24期。

B.19
创新创业背景下职业技能开发的
河南实践研究

李红见*

摘　要：　新阶段，我国应持续推进创新创业，推动实现要素驱动向创新驱动转变、人口红利向人才红利转变。技能人才能够将技术创新与生产、服务实践紧密联结，是整个生产或服务流程中最关键、最核心的劳动要素，是推动全省高质量发展的重要驱动力和产业转型发展的基础支撑。对人力资源大省河南来说，激活经济发展新动能需要加大职业技能开发力度，尽快打造一支具有一定规模、较高素质、结构合理的技能人才队伍。基于此，本报告立足创新创业现实需要，通过深入调查研究，梳理河南职业技能开发的现实情况，深入分析问题和总结经验，提出相关意见建议，为全省技能开发工作提供参考。

关键词：　创新创业　职业培训　技能人才

一　研究背景与意义

　　自党的十九大以来，我国深入实施创新驱动发展战略，推动高质量发展成为时代发展的主题。党的二十大报告强调，必须坚持科技是第一生产力、人才是第一资源、创新是第一动力，深入实施科教兴国战略、人才强国战

---

　　* 李红见，河南省社会科学院创新发展研究所正高级经济师，主要研究方向为就业创业、技能开发。

略、创新驱动发展战略，开辟发展新领域新赛道，不断塑造发展新动能新优势。国家这些顶层设计和科学论断，加快了我国战略升级的步伐。未来一段时间，我国应更加重视科技创新，推动实现要素驱动向创新驱动转变、人口红利向人才红利转变。

为积极应对严峻复杂多变的外部宏观经济形势，有效改善社会就业总量性压力与结构性矛盾交织并存局面，国家持续大力推动大众创业、万众创新，积极推进"中国制造2025""互联网+"行动计划，新业态新模式不断涌现，新产品新服务快速成长，新旧动能加速转换，为经济稳中有进、稳中向好不断注入新的强劲动力。各级政府纷纷采取多种措施精准发力，鼓励支持更多社会主体创业，创业带动就业取得明显成效。尤其是，以新产业、新业态、新商业模式为代表的新经济蓬勃发展，有效激发了各类劳动者的创业热情，掀起了新一轮创新创业热潮。

国家战略的进阶升级，需要加快经济发展方式转变、生产方式变革和经济增长动能转换，推动"质量变革、效率变革、动力变革"，也必然要求提高要素质量和全要素生产率。人力资源是经济发展中的最关键要素，其中人才是最具引领性、决定性战略资源。促进创新创业，离不开人力资源支撑和人才引领。这就需要更加注重人的全面发展，打造人才生态网络和一流创新创业生态系统。

技能人才能够将技术创新与生产、服务实践紧密联结，是整个生产或服务流程中最关键、最核心的劳动要素，是推动高质量发展的重要驱动力和产业转型发展的基础支撑。对人力资源大省河南来说，加大职业技能开发力度，不断壮大技能劳动者队伍，具有极为重要的现实意义。一是主动适应产业升级发展需要、推动人口"数量红利"向"人才红利"转变的现实举措，是推进实现"技能河南"建设、落实省委重大战略的具体安排；二是可以有效利用经济波动的"窗口期"，全面提升全体劳动者整体技能水平和就业能力，补齐河南人力资本短板，优化劳动力资源配置，有效减缓就业总量压力和就业结构性矛盾；三是有利于充分发挥人力资源大省优势，激活超大规模市场优势和内需潜力，是更好地满足人民对美好生活需要的重要举措。

二 河南职业技能开发现状

多年来，河南省委、省政府高度重视职业培训工作，积极对接协调，以项目建设为抓手，综合施策，为全面推进全省职业技能开发奠定了良好发展基础。自2021年6月以来，省委、省政府做出高质量推进"人人持证、技能河南"建设重大决策部署，将"技能河南"作为"十个河南"之首。2021年10月，河南省委办公厅、省政府办公厅正式印发《高质量推进"人人持证、技能河南"建设工作方案》，对大规模开展职业技能培训、加快技能人才培训做了统筹规划和系统性安排。

（一）基本情况

1. 工作机制更加健全

河南省级层面先后成立了高技能人才工作联席会议、全民技能振兴工程领导小组、"人人持证、技能河南"建设工作领导小组等，将"开展职业技能培训和评价取证"作为全省重点民生实事，实行省政府目标考核。各地党委政府迅速响应，结合本地实际，印发落实推进工作方案，统筹谋划本地区技能河南组织体系建设，推动技能教育各项政策落实落地。多地构建了"政府主导，人社牵头，部门配合，上下联动"的常态化职业培训工作机制。

2. 法规政策体系更加完善

省级层面率先制定出台地方性职业培训法规《河南省职业培训条例》，为推进技能人才队伍建设奠定了法治基础。先后印发《高质量推进"人人持证、技能河南"建设工作方案》《关于加强新时代高技能人才队伍建设的实施意见》，擘画了建设蓝图。省人社厅与省财政厅出台《河南省人力资源和社会保障厅　河南省财政厅关于明确"人人持证、技能河南"建设培训评价等补贴资金使用管理工作的通知》，教育部门出台支持中高职院校、应用型高校技能等级认定政策，省政府办公厅印发《河南省农村电商技能人才培训工作实施方案》，住建部门出台"一试双证"行业培训评价政策文件，卫健部门建立"健康管理师""老年人能力评估师"等专业培训体系等。各地也结合地方资源禀赋、产业优势，先后出台地方性扶持政策，制定具体贯彻落实工作方案，将"人人持证、技能河南"建设列入重点民生实事，推动技能人才队伍建设向纵深发展。

3. 人力资源品牌建设全面推进

"人人持证、技能河南"建设工作领导小组印发了《河南省人力资源品牌建设的实施意见》，统筹谋划了全省人力资源品牌建设方向、目标和实现路径等。相关主管单位结合自身业务，重点开展"康养照护""河南电商""豫农技工"等专项人力资源品牌建设行动，如2022年培训高素质农民和转移就业劳动力80万多名。"河南建工""河南跑男""河南护工""豫匠工坊"等一大批具有河南特色的人力资源品牌叫响全国。各地市紧紧围绕主导产业、特色产业和劳务经济，开展具有地域特色的人力资源品牌建设行动，"长垣厨师""平舆防水""兰考民乐器工"等众多区域性人力资源品牌不断涌现，既提高了当地知名度，又推动了当地群众就业增收。

4. 培训规模和质量明显提升

近几年，全省参与职业技能培训及持证人数呈现高速增长态势，技能人才队伍规模明显扩大，技能人才素质显著提升。2021年10月至2023年8月，全省开展职业技能培训867.92万人次，新增技能人才（取证）779万人，新增高技能人才（取证）266.47万人，全省技能人才总量达1679万人，占就业人员的比例达35%。2022年11月，国家统计局河南调查总队对14个市"人人持证、技能河南"建设抽样调查结果显示，"人人持证、技能河南"建设知晓率、培训效果满意度均超过90%。技能人才队伍呈现数量多、增速快、种类全、分布广、素质高等特点，技能人才的获得感、荣誉感、幸福感也在不断攀升。

5. 培训载体更加丰富

以项目建设为抓手，全省创建国家级高技能人才培养示范基地48个、技能大师工作室 64 个。2021~2022 年，全省投入 4.5 亿元新建 278 个基地型项目。[①] 持续深入实施技工教育优质校建设计划，推进技工院校建设达标工程，支持 1 所技师学院优先在重点产业头部企业设立产业学院，7 家技师学院设立分校，推进产教融合。各类社会化培训学校和评价机构增长迅速。全省技工院校在校生达 31 万余人，规模稳居全国第 3 位，2022 年河南技师学院招生规模首次超过山东，升至全国第 2 位，毕业生就业率常年保持在 97% 以上。

6. 管理流程进一步优化

重视培训全过程管理，不断优化管理流程。积极推进职业技能等级评价制度改革，扩大评价机构备案规模，构建与大规模培训评价需求相适应的培训评价体系。加强培训机构目录清单管理和评价机构备案审查。精准开展先进制造业技能提升培训等专项行动，紧盯产业就业需求开展培训评价取证，提高培训评价的针对性。加强定量分析研判，每半年对培训评价取证进行一次集中"回头看"，及时调整培训、评价方向，分产业、行业、专业对培训取证结构进行分析，引导、推动技能培训评价向更加注重质量的方向转变。

此外，通过多种形式的持续宣传，"人人持证、技能河南"建设的社会知晓度、参与度持续提升，职业技能培训工作开展与技能人才的发展社会环境也得到进一步改善。

（二）存在的问题

职业技能培训是一项战略工程，需要分阶段分步骤逐步推进。就目前来看，河南职业技能培训还存在一些现实问题和困难。

1. 培训组织管理体制尚需进一步理顺

目前，省级层面有了较为系统的顶层设计和统筹谋划。从具体实践来看，人社、农业、共青团、妇联、工会等主管部门结合部门职责，利用现有条件开展相应的职业技能培训业务。但由于缺乏系统性推进，部门之间协调

---

① 数据来自河南省人力资源和社会保障厅汇报材料。

和衔接仍不够顺畅，各部门之间培训资金过于分散、培训规范和标准不统一、培训资源没有得到优化整合，一定程度上影响了全省职业技能培训的整体效果。此外，虽然省委、省政府明确了人社系统作为各层级牵头协调部门，但由于缺乏相应的协调、制约手段与方法，工作推进和组织管理方面仍面临一些困难。

2. 培训载体和机构尚需进一步加强

虽然相关主管部门以项目为抓手，采取了多种措施，推进培训载体和培训机构的培育与提升，但是由于培训任务较重、培训市场阶段性增长迅猛。受政策性引领和培训市场需求骤增的影响，各类市场主体纷纷进入职业技能培训行业，各类培训机构和培训从业人员的数量短时间内迅速增加，加大了主管部门的组织管理难度。不少培训机构基础较差，教室、实训场地以及实验操作平台等基础设施建设薄弱，培训师资力量薄弱、理论水平不高、专业师资配备不够，培训项目设置不够科学、品牌化优势培训项目匮乏。在实地考察中也发现，不少培训机构工作人员稳定性较差，培训管理不够规范，自我造血能力不足，对财政补贴资金过度依赖，缺少规划性、持续性资金投入，主动谋划和拓宽产业链的意识不强。

3. 培训结构不够优化

通过调查走访情况来看，培训尚存在短期和入门级培训较多、培训层次较低、缺少实操性培训、培训和就业衔接不畅、产学"错位"等具体问题。总体上，从服务全省高质量发展转型的角度来看，先进制造业、高端现代服务业技能人才培训规模还不够大，急需紧缺高技能人才培养占比不高，技能培训对人才就业和增收的支撑作用有待加强，技能人才短缺现象仍较为普遍。

4. 后续跟踪服务和保障仍需强化

总体来看，目前河南对劳动者技能培训进行了全流程设计，但是受职责界定、人员力量和服务能力等多方面限制，对培训后的技能劳动者缺乏跟踪服务。培训后人员数据信息使用不充分，对他们的就业创业情况了解不全面，也没有向其提供及时的、有针对性的指导和跟进服务。评价服务方面，证书上网进度尚需加快，个别地方存在重任务完成、轻证书信息审核把关的情况，国家与河南省审核上网流程节奏衔接不够顺畅，证书发放存在迟滞现象，影响受训者及时使用。此外，受资金统筹难和补贴资金政策限制、证书上网查询量少、信息化系统录入限制等因素影响，补贴资金阶段性支付缓慢的问题凸显，影响培训载体和机构的积极性。

三　河南职业技能开发实践与启示

（一）实践探索

立足人力资源大省的基本省情，河南省委、省政府将"人人持证、技能河南"建设作为当前阶段全省职业技能开发的主要抓手，坚持职业技能培训法治化、规范化、品牌化、国际化方向，加大政策创新、制度创新、模式创新力度，有效推动产业链创新链人才链深度融合，大规模开展"全劳动周期、全工种门类"职业技能培训，帮助更多劳动者实现"一技在身、一证在手、一条致富路在脚下铺就"，探索人口数量红利加速向人口素质红利转变的新路径。

1. 坚持高位推动

省委、省政府高度重视，将"技能河南"作为"十个河南"之首。省委书记亲自谋划、亲自动员、亲自推动，十余次做出专门批示。省长和省政府主要领导亲自牵头，研究解决工作推进中的重大事项。连续两年将"开展职业技能培训和评价取证"作为全省重点民生实事，实行省政府目标考核。

2. 强化顶层设计

省委、省政府立足全省经济社会发展需要，把服务河南制造业高质量发展作为主攻方向，推动技能人才培育培养与产业转型升级深度融合，对全省层面的职业技能开发进行了系统性思考和统筹布局，明确了工作部署与机制保障等。人社厅牵头制定分解年度目标任务，明确和压实各地各部门责任。各相关部门结合各自职责分工，分别出台相应的支持政策，制定实施相应的培训专项计划，打造培训认证评价体系，塑造具有行业特色的培训爆款与品牌。

3.重视品牌赋能

在统筹谋划时，牢固树立品牌意识，坚持品牌赋能，推进形成资源集聚优势，扩大社会影响力。省级层面对人力资源品牌打造做了统筹性规划与具体部署，出台了全省层面的实施意见，并结合资源禀赋、区位优势、产业特点分别编制了相应人力资源专项品牌建设方案，有序制定人力资源品牌、示范园区、示范县等认定评审标准与办法。各地市也在摸清底数、明确自身资源、产业优势和生态承载能力的基础上，做好人力资源品牌建设规划，梳理并重点培育具有地方特色、体现区域优势、"叫得响、传得开、立得住"的区域性人力资源品牌。

4.实施项目带动

充分利用内外部各种资源，以项目为抓手，持续推进实施省部共建全民技能振兴工程、技工教育优质校建设计划、"人人持证、技能河南"建设等系列项目，争取国家相关政策与资源支持，盘活调动省内各类资源，争取建成更多优质技能人才培训示范基地、技能人才工作室、技工院校、产业学院等，不断夯实职业技能开发的基础。

5.突出赛事牵引

2021年，省政府印发了《河南省职业技能竞赛管理办法（试行）》，对全省职业（工种）竞赛及各类赛事活动做了统筹规划和具体部署。组织各类职业选手参与世界、全国职业技能大赛，积极组织开展各类各层级职业技能赛事活动。以赛事为牵引，以赛促训，并不断推进资源集聚，促进职业技能开发与产业发展深度融合。不断健全完善职业技能竞赛体系，加大赛事活动统筹、经费保障和表彰奖励力度，积极营造崇尚技能、尊重技能、成就技能的良好社会氛围。

（二）有关启示

结合河南职业技能开发路径和具体实践来看，推进职业技能开发应处理

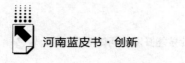

好以下几个关键问题。

1. 宏观调控和市场调节协同问题

职业技能培训具有准公共事务性质。如果完全靠各级政府来推进职业技能开发工作，可能会出现政策执行成本较高、市场活力不足等情况；而完全靠市场自发进行，会出现机制失灵或偏离目标的现象。这就需要更好发挥市场调节和政府调控的优势与协同作用，充分发挥政府宏观调控和政策引领方面的积极作用；同时应主动对接市场机制，灵活高效运用市场化运作方式优化资源配置，调动各类主体积极性，激活职业技能开发市场活力。

2. 培训项目与区域发展深度融合问题

培训项目的设计应有全局性、统筹性，应从提升区域人力资源素质、促进社会高质量充分就业的战略高度来思考。在培训规划设计、培训项目打造、培训载体建设等方面，应充分考虑各个区域的资源禀赋、区位优势、产业特色等要素，协同推进职业技能开发与区域宏观经济和产业发展，实现二者的深度融合。

3. 业务实践与经验模式相互促进问题

近些年各地在推行职业技能开发方面，已经进行了大量实践探索，也出台了一些比较有效的举措，积累了一些好的做法和实践经验。不过由于相关部门尤其是基层主管部门日常事务性工作压力较大，没有进行很好的梳理总结，也没有形成社会影响力并用以指导实践。这就需要更加重视政务实践和经验研究，深入挖掘典型案例，提炼形成相对稳定成熟的路径模式和经验，以此来指导实践，并在实践中不断动态调整、创新发展，形成项目事务与经验模式的良性互动。

4. 培训效果和社会舆情良性互动问题

现阶段，崇尚技能、尊重技能、成就技能的社会氛围虽有有所改观，但仍没有得到根本性改变。技能人才成功案例带动舆论环境改善，进而带动更多人参与技能培训，并促进产业升级、转型发展的良性互动。目前，参与职业技能培训仍是大多数劳动者的无奈选择，不少用人主体仍没有从人力资本的角度思考，也没有把技能劳动者当作宝贵资源。应从技能人才开发使用、评价激励等全流程进行更加科学合理的设计引导，加大宣传力度、创新宣传手段，切实提升技能人才的获得感、荣誉感、幸福感，进而带动舆论环境的进一步改善，实现二者的良性互动。

四　有关建议

（一）做好统筹推进

"技能河南"建设是一项系统性工程，应统筹长远工作与当前工作，统筹安排好各项重点工作。省政府应牵头完善推进机制，凝聚部门合力，进一步理顺和完善各主管部门间的协调衔接机制，统筹制定培训安排与工作计划，促进实现资源充分共享和高效利用。以"人人持证、技能河南"建设为载体，推动全省培训政策统一，推动技师学院与高等职业学校待遇统一，实现技工院校同一平台招生，实现就业补助资金补贴人群全覆盖。

（二）提升培训基础能力

坚持项目带动，有效整合和充分利用现有资源，着重做优做强培训载体，夯实培训基础，持续提升培训能力。加强培训机构建设，不断强化技工院校主阵地作用，构建技工院校梯次发展工作格局。持续强化信息化建设，完善技能人才管理服务与技能培训公共信息服务平台，推动与其他系统互通互认，实现培训、评价、补贴、就业等全过程可追溯、可查询。

（三）优化培训内容

利用大数据、云计算等信息技术，摸清底数，深入掌握区域行业、产业、企业发展对技能人才的现实需要，预判未来人力资源市场供求趋势，合理制定培训目录和培训计划，科学设置培训项目。创新培训模式，深化产教融合、校企合作，创新校企双制、校中厂、厂中校等方式，开展订单式培养、套餐制培训，提升培训的针对性和有效性。

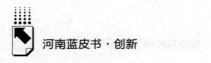
（四）落实培训专项和保障措施

贯彻落实好国家和省级层面的相关扶持政策与决策部署，做实相关培训专项，落实好组织、资金相关方面的保障措施。现阶段，应重点做实"人人持证、技能河南"建设专项，不断完善推进机制，强化资金保障，精准聚焦，有针对性地实施技能人才培养专项行动，进一步优化补贴职业（工种）目录与工作经办流程，强化监管，提升专项活动的质量与效果。

（五）进一步营造良好社会氛围

不断创新宣传形式，进一步加大宣传表彰力度，讲述好技能成才、技能致富、技能报国典型故事。加快落实人才认定、职称评审、待遇兑现、重大表彰等方面的有关支持政策，持续提升技能人才的获得感、幸福感、荣誉感。坚持以赛事为引领，大力弘扬工匠精神，积极营造劳动光荣、技能宝贵、创造伟大的时代风尚和社会氛围。

参考文献

张学英、刘月悦、吕馨怡：《广东省建设技能型社会的政策轨迹与实践路径》，《职业教育研究》2023年第9期。

许远：《适应数字经济发展实现高质量充分就业和体面劳动——面向新时代的我国数字技能开发策略及展望》，《教育与职业》2023年第44期。

刘丽华、孙翠香、关志伟：《专创融合视域下高职院校创客教育实践路径》，《中国职业技术教育》2022年第35期。

王东毅：《新生代农民工技能培训需求实证研究——基于河南省调查数据的分析》，《成人教育》2019年第4期。

陈玉杰：《日本职业技能开发体系发展历程、现状及经验借鉴》，《中国劳动》2020年第2期。

B.20
以科学家精神引领河南青年科技人才
能力提升研究

赵晶晶*

摘　要：　　科学家精神是青年科技人才成长过程中的重要精神指南，是科技工作的"生命线"，是青年科技人才的"生命力"，服务战略大局，应不断探究如何以科学家精神引领河南青年科技人才能力提升。本报告分析科学家精神的理论内涵和战略意义，分析以科学家精神引领河南青年科技人才的实践现状和存在问题，提出要以科学家精神引领河南青年科技人才信念之力、创新之力、研究之力、解危之力、传播之力的提升。提出强化青年科技人才对科学家精神的领悟能力，制定有利于科学家精神引领传播的制度政策，构建全社会弘扬科学家精神的浓厚氛围，运用创新思维构建科学家精神人才评价机制等对策建议。

关键词：　　科学家精神　青年科技人才　能力提升

人无精神不立，国无精神不强。只有精神上立得住、站得稳，一个民族才能在历史长河中屹立不倒、勇立潮头。习近平总书记曾多次对科学家精神做出重要阐释和指示批示，指出"广大人才要继承和发扬老一辈科学家胸怀祖国、服务人民的优秀品质"。特别是在党的二十大报告中，习近平总书记强调要弘扬科学家精神，科学家精神已成为中国共产党人的重要精神谱系。服务战略大局，应不断探究如何以科学家精神引领河南青年科技人才能力提

---

* 赵晶晶，河南省社会科学院创新发展研究所助理研究员，主要研究方向为人事人才、创新发展、科技文化。

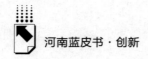

升，让青年科技人才坚定创新自信，坚守科研诚信，在实现高水平科技自立自强中建功立业，在推进中华民族伟大复兴中奉献智慧。

一 科学家精神的内涵和意义

（一）科学家精神的理论内涵

科学家精神由 2019 年中共中央办公厅、国务院办公厅印发的《关于进一步弘扬科学家精神加强作风和学风建设的意见》（以下简称《意见》）正式提出，2022 年，被纳入中国共产党人精神谱系。《意见》强调了新时代弘扬科学家精神的重要性，并要求广大科技工作者践行科学家精神。《意见》把新时代科学家精神的理论内涵概括为"胸怀祖国、服务人民的爱国精神；勇攀高峰、敢为人先的创新精神；追求真理、严谨治学的求实精神；淡泊名利、潜心研究的奉献精神；集智攻关、团结协作的协同精神；甘为人梯、奖掖后学的育人精神"六个方面。此外，秉志院士将科学家精神归纳为"公、忠、信、勤、久"五个维度。杜祥琬院士认为科学家精神，首先要创新超越、砥砺前行、求真求实，不畏艰难险阻，不断攀登技术高峰。

（二）以科学家精神引领青年科技人才的战略意义

我国青年科技人才规模迅速增长，已成为科技创新发展的生力军。2012~2021 年，自然科学领域的博士毕业生超 45 万人，年均增长率为4.73%。近几年我国博士后每年进站人数均超 2.5 万人，80%集中在自然科学领域。超 80%的国家重点研发计划研究人员在 45 岁以下。以科学家精神引领青年科技人才能力提升具有十分重要的战略意义。

1. 有助于引领青年科技人才成长发展方向

青年强则国家强，只有信念坚定，才能实现伟大梦想。科学家精神是科研工作者长期积累传承的宝贵精神财富，青年科技人才要继承老一辈科学家的光荣传统，要学习新一代科学家的鲜活经验，以李四光、钱学森、邓稼先、陈景润、黄大年、南仁东等一大批爱国科学家为先进榜样、学术标杆、精神指南，传承弘扬"两弹一星"精神、"西迁"精神，时刻以科学家精神、大国工匠精神引领成长方向，作为自己的科研信念和科研目标，不断攻坚克难、奋勇争先，持续提升自己的科研素养、学术修为、战略思维，时刻鞭策自己、督促自己。

2. 有助于凝聚青年科技人才的爱国共识

"中国原子弹之父"钱三强曾说"科学没有国界，但科学家有祖国"，老一辈科学家始终把爱国奉献刻在骨子里，以维护国家独立为使命，勇挑重担、艰苦奋斗，彰显了民族尊严和国家自信，无论是老一辈科学家，还是新中国成长起来的中青年科学家，在青年时期就已树立报国之志。以科学家精神引领青年科技人才有助于凝聚爱国共识、树立榜样标杆，坚定青年科技人才为国分忧、为国解难、为国担当的决心。急国家之所急，想国家之所想，使青年科技人才真正成为民族脊梁、国家骄傲。

3. 有助于营造风清气正的学术生态环境

学术生态环境是科技自立自强的丰厚土壤，然而近年来，一些学术不端行为多次发生，损害了学术公信力。原因在于一些青年科技人才受到社会不良思潮的影响，如功利化、精致利己主义等思潮，思想上松了弦。科学家精神就是学术生态环境的"精神净化剂"，青年科技人才应学习老一辈科学家严谨治学、崇尚真理、耐心钻研的科研态度。以理论研究、基础研究为根据，以实践为检验真理的唯一标准，发扬不怕苦、不怕累的"钉钉子"精神，坚决抵制投机取巧等学术不端行为。

二　以科学家精神引领河南青年科技人才的实践现状

科学家精神是青年科技人才成长过程中的重要精神指南，是科技工作的"生命线"，是青年科技人才的"生命力"。河南在以科学家精神引领青年科技人才方面已积累丰富实践，主要表现出以下几个特点。

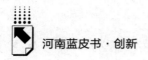

（一）积极开展宣讲，营造创新氛围

积极开展科学家精神宣讲，影响青年科技人才，营造浓厚的创新氛围。举办河南青年科技创新论坛，组建省青年科技工作者协会，在第二届河南省青年科学家论坛开幕式上，河南省青年拔尖人才、中原科技创新领军人才刘润强教授代表青年科技工作者，宣读《探索创新，攻坚克难，建设国家创新高地——致全省青年科技工作者的倡议书》，号召河南青年科技人才向老一辈科学家学习；评选"最美科技工作者"；2023 年 8 月，洛阳市科学技术协会、洛阳市科技局主办的科学家精神"三进"活动走进洛阳轴承研究所，所内青年科技人才聆听科学家精神专题讲座，洛阳市科协持续开展科学家精神"三进"主题系列活动；2023 年 4 月，河南省科协组建河南省科学家精神宣讲团，引导全省科技工作者尤其是青年科技人才心怀"国之大者"，牢记"省之要者"，形成河南青年科技人才集聚的巨大合力。

（二）学界社会同步，强化科学意识

学术界和社会各界联动，强化青年科技人才的科学意识。河南大学推出科学家系列故事，为国家创新高地和现代化河南建设贡献智慧和力量；南阳市着力提升全民科学素质，开展科学家精神进校园活动；2023 年 4 月，施一公等科学家走进校园，勉励河南学子"科学英雄出少年"；2022 年 5 月，郑州大学出版社举办《李俊贤传》新书发布暨李俊贤科学家精神研讨会，社会各界包括青年科技人才对李俊贤科学家精神进行深入研讨，并就如何进一步深入研究、弘扬、传承李俊贤科学家精神提出意见和建议；2023 年《郑州日报》开设"大力弘扬新时代科学家精神——创新·敢为天下先"专栏，讲述郑州本土科学家胸怀祖国、服务人民、勇攀高峰、集智攻关的动人故事，各类丰富活动引领科学家精神。

（三）设计培训课程，科学家精神育人

河南通过政策发力，设置课程培训，以科学家精神培育青年科技人

才。2023 年 5 月，省委常委会审议通过的《"科创中原"三年行动计划》将团结带领科技工作者主动服务和融入新发展格局；省科协主办多期河南青年科技人才国情研修班，如第二期学习班在红旗渠干部学院举办，以"众心向党、自立自强，勇立潮头、创新争先"为主题，汇聚全省科技战线各领域青年科技人才代表，旨在大力弘扬红旗渠精神和科学家精神，加强对青年科技人才的思想政治引领，传承伟大建党精神，坚定科技报国决心，让青年科技人才主动融入重大战略部署，为现代化河南建设贡献智慧。

（四）科学展览林立，搭建基地平台

河南积极开展科学家精神展览，搭建科学家精神教育基地，提振青年科技人才的科研信心。2022 年，河南省 5 家单位入选全国首批科学家精神教育基地；河南省科技馆开展"光影科学梦"2022 年科学家精神电影全国科普场馆巡映活动，并举办"科学家精神主题展"；在 2023 年"全国科技工作者日"活动中，省电子学会、省土地学会、省化工学会等全省学会分别结合各自领域，组织学会会员深入企业、农村开展科技志愿服务、科学家精神弘扬等活动，为推动科技创新、全民科学素质提升贡献力量，策划推出弘扬科学家精神等 5 个方面系列活动；邀请省内外院士开展"院士中原科技行"活动，省内外院士分别赴新乡、郑州、洛阳等地开展调研，组织召开聚焦中原——2023 年省院合作院士座谈会，提振青年科技人才的科研信心。

（五）奖项评价托举，人才脱颖而出

河南设置奖项、荣誉称号，创新青年科技人才选拔培养机制，扶持优秀青年人才脱颖而出。开展青年人才托举工程（35 周岁以下），遴选中原青年拔尖人才（35 周岁以下），评选河南青年科技奖（40 周岁以下）等。创新职称评价方式，《河南省高层次和急需紧缺人才职称评聘"绿色通道"实施细则》破除"四唯"倾向，突出评价业绩水平和实绩贡献；《河南省创新驱动高质量发展条例》为创新人才职称评聘建立"绿色"通道，提出应当建

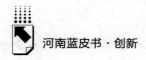

立以创新能力、质量、实效、贡献为导向的科技人才分类评价体系，持续为青年科技人才减轻负担，打通上升渠道。

三　以科学家精神引领河南青年科技人才存在的问题

（一）青年科技人才自身仍存在发展局限

青年科技人才是国家重要战略人才力量，更需要及早在成长过程中汲取科学家精神的养分，让其健康成长。调研中发现，河南青年科技人才还存在一些现实问题：心理较脆弱，优良学风比较薄弱，爱国爱党、敬业奉献的精神没有牢固树立，科研领域斗争精神有所欠缺，创新缺乏主动性等问题。这给青年科技人才"挑大梁""脱颖而出"造成了一定的阻碍。要让青年科技人才在成长的过程中不断汲取科学家精神的养分，明确人才培育方向、树立成长榜样、汲取奋进力量。让青年科技人才勇当新时代科技创新追梦人，激发创新活力，为建设科技强省、人才强省释放巨大动能。

（二）科学家精神与青年科技人才的有效衔接仍待深入

从理论和实践方面来看，在科学家精神引领青年科技人才能力提升方面，河南还有较大的提升空间。青年科技人才应提高科学家精神学习的主动性。科学家精神还没有完全入脑、入心、入行。此外，科学家精神融入高等教育、职业教育、社会教育、单位教育的方式有待探索，科学家精神在河南实践的广度和深度还有待进一步拓展，科学家精神和青年科技人才成长的关系仍有待进一步研究。

（三）河南科学家精神政策体系仍有待完善

以科学家精神引领青年科技人才能力提升的具体实践较多，政策性文件较少，缺少系统性的政策体系。应建立科学家精神与青年科技人才能力提升的政策体系。此外，科学家精神应用与传播应实现由虚到实的转化，加入激励机制，如奖励机制、荣誉称号设置等。

四　以科学家精神引领河南青年科技人才五种能力提升

感受思想伟力，体悟精神指南，从重建重振省科学院再到重组重塑省实验室体系……河南比任何时候都需要敢为天下先的科学家精神，对照科学家精神内核，要以科学家精神引领河南青年科技人才提升以下五种能力，为建设国家创新高地勇挑重任、贡献才智。

（一）提升信念之力

科学家精神是科学工作者传承下来的宝贵精神财富，信念是精神之要领，应大力提升河南青年科技人才的信念之力。一是要怀揣爱国之心，做到爱国不讲条件，爱党不讲回报，承党所托、忠党之事。二是要不忘初心、廉洁自律，始终坚定理想信念，永葆青云之志，真正成为中国脊梁，彰显具有中国担当的精神气韵。充分理解马克思主义中国化的内涵，领会习近平新时代中国特色社会主义思想，不断实践、持续突破。三是要弘扬艰苦奋斗的精神，传承老一辈科学家的光荣传统，把科学家精神当作学术准则，敢于尝试挑战，迎难而上，提升学术素养。持续发扬自力更生、吃苦耐劳、昂扬向上的精神，彰显不怕难、不认命、不服输的科研气魄。

（二）提升创新之力

创新是科学家精神之内核，一是要增强河南青年科技人才的理论创新能力。要根据时代的新形势、新要求，解放思想、积极实践，不断用理论创新深入回答党和国家事业发展等一系列重大课题，着眼解决新时代实际问题。二是要增强河南青年科技人才的文化创新力。文化是一个民族的源头活水、是党理论创新的深厚根基。要深入了解中华传统文化，滋养修为和品性，增强文化创新力、文化传承力，建构河南青年科技人才的独特优势。三是要增强河南青年科技人才的科技创新力。要在"卡脖子"技术上狠下功夫，以国家战略为纲领，开展原创性技术攻关，用创造性思维实现技术突围，向高精尖创新创造进军，用创新铸就大国重器，打赢核心技术攻坚战，在世界舞台上脱颖而出，加快实现更高水平的科技自立自强。

（三）提升研究之力

一是要增强河南青年科技人才研究中的人民性。要始终坚持以人民为中心的思想观念，从群众中来，学习群众智慧，到群众中去，全心全意为人民服务。树立为民造福的学术观和科研观，把学术研究应用于增进民生福祉与促进各领域高质量发展。二是要摒弃功利性。青年科技人才要自觉把功利思维同学术研究割裂开来，保持学术的纯净，摒弃错误的学术理念。避免学术研究名利化、官僚化，要把论文写在大地上，把研究投入技术里。三是要有终身学习的能力。老一辈科学家活到老、学到老，青年科技人才也要让研究贯穿生命全过程，进行全周期实践，保持研究的蓬勃生命力，自由探索、上下求索，不断拓展研究领域的深度和广度。

（四）提升解危之力

一是河南青年科技人才要深刻把握时代脉搏，对可能发生的"黑天鹅""灰犀牛"风险加强研判，把科研事业同国家战略、时代发展紧密结合，自觉解构危机、危中求机，积极承担国家赋予的重大科技任务，为国家解忧纾困，提供切实可行的前瞻战略和解决方案。二是河南青年科技人才要增强斗争精神。青年科技人才要把斗争精神作为精神底色，增强志气、骨气、底气，要"不信邪、不怕鬼、不怕压"，要增强迎难而上的斗争精神、斗争本领，直面科研路上的挑战，克服科研路上的困难，敢于"亮剑"，敢于冲在第一线破局和突围，开拓新局面。

（五）提升传播之力

河南青年科技人才要融入世界，把握复杂多变的国际局势，感受世界变革，具有国际战略视野，培养战略思维，真正投身于世界浪潮，推动构建人类命运共同体。要增强新闻传播能力。发挥好中国与世界的桥梁作用，做好"中国故事"的讲述者、传播者。要讲好"中国故事"、贡献中国科技，展现大国担当。用多元化媒介方式，持续增强科学家精神的国际传播力、影响力。要增强河南青年科技人才的国际竞争力。要敢于在国际前沿竞技，加强自主研发能力，形成领军型学科理论体系，推动中国科技创新转型，加快构建中国自主知识体系，形成一大批河南青年科技人才活跃于世界科技前沿的生动局面。

五　以科学家精神引领河南青年科技人才能力提升的对策建议

以科学家精神引领河南青年科技人才能力提升，必须把科学家精神贯穿于河南青年科技人才培养的全过程，人才培育具有系统性、全局性等特点，对此提出以下几点建议。

（一）教育先导：强化青年科技人才对科学家精神的领悟能力

青年科技人才对科学家精神的领悟能力直接影响其对科学家精神的践行，因此要把科学家精神融入教育，由于对科学家精神内涵的理解不是短时间内就能完成的，所以应把科学家精神贯穿青年科技人才的培育全过程。一是加强顶层设计，把科学家精神编入教材、教学辅助资料，在教学内容中体现科学家精神的重要内涵、激发青年科技人才的兴趣。二是把科学家精神融入教学的全过程，开设相关课程，创新教育方式，根据不同专业，选择对应的科学家案例和素材，从而使科学家精神培育更具针对性。三是培育一支对科学家精神领悟力、践行力强的教师队伍，要增强教师尤其是青年教师对科学家精神的认同感，实现"以青带青""以青育青"。四是家庭、单位和社会教育多方发力，各级培养目标与总目标保持一致，形成科学家精神教育合力。

（二）政策支持：制定有利于科学家精神引领的制度政策

一是政府要探索制定科学家精神引领青年科技人才能力提升的具体政策，形成政策范式，全省上下一盘棋，持续发挥科学家精神的引领作用。二是开展科学家精神培育试点工作，选取高校、科研院所、企业等制定科学家精神引领青年科技人才能力提升的政策、制度，开展以科学家精神为主题的培训与讲座，并成立专家团队对青年科技人才成长情况进行跟踪观察，广泛调研，对相关政策进行改进和优化。三是对良好践行科学家精神的青年科技人才，尤其是做出突出贡献和取得成就的青年科技人才，给予物质或精神奖励，设置荣誉称号等。

（三）环境营造：构建全社会弘扬科学家精神的浓厚氛围

一是搭建科学家精神传播的多种平台，如为教师教学提供科学家精神实践平台，开展科学家精神进校园、进企业、进院所等活动，通过讲座和主题活动等形式为青年科技人才提供与科学家面对面交流的机会，用典型鲜活的事迹赋予青年科技人才力量。二是发挥好传、帮、带作用，年长专家要发挥好榜样示范作用，切实做好科学家精神的宣讲者，做好精神导师，指导青年科技人才自觉践行科学家精神。三是实现点、线、面贯通，以整体与局部的视角传播科学家精神，拓宽传播渠道，既要在全社会通过媒体、活动等多种媒介进行传播，又要聚焦科研团体宣传科学家精神，聚焦青年科技人才个体，成立科学家精神青年学习小组，营造浓厚的学习氛围。

（四）创新评价：运用创新思维构建科学家精神人才评价机制

人才评价是青年科技人才发展的"牛鼻子"，一是要在高校人才培育规划目标的设置中，体现科学家精神的要素，并将其纳入考核目标。二是要把高校教师宣讲、弘扬科学家精神纳入教学评价指标。三是要把科学家精神等一系列伟大精神纳入青年科技人才评价体系，构建学术道德评价标准，营造风清气正的学术氛围，让青年科技人才答好"四问"。四是要把青年科技人才当作"多棱镜"，在考核目标完成基础上，注重其在政府智库服务、科学进步、技术支持、造福社会等社会效益方面的贡献，应坚持基础研究、应用对策研究与成果转化并重。重视人才的标志性成果，对攻克关键核心技术、取得国际领先原创成果，或承担国家重大科技任务并取得突破的青年科技人才给予奖励。

参考文献

《马克思恩格斯选集》第一卷，人民出版社，2012。

《习近平主持召开中央全面深化改革委员会第九次会议》，《人民日报》2019 年 7 月 25 日，第 1 版。

中共中央办公厅、国务院办公厅：《关于进一步弘扬科学家精神加强作风和学风建设的意见》，《人民日报》2019 年 6 月 12 日，第 1 版。

冯道杰、程恩富：《新时代科学家精神的养成探赜》，《上海交通大学学报》（哲学社会科学版）2022 年第 3 期。

《中共中央　国务院印发深化新时代教育评价改革总体方案》，《人民日报》2020 年 10 月 14 日，第 1 版。

B.21
河南省生成式人工智能人才高地
建设研究

杨朦晰　张怡斐*

摘　要：　在当今人工智能技术加速变革的时代，AIGC 人才是推动河南加快产业数字化转型、智能化发展的重要基石，也是河南加速迈入数字经济发展新阶段的核心驱动力。目前，河南 AIGC 人才发展的驱动力包括高层次人才支持政策陆续出台、大数据和算力平台初具规模、数智专业人才培养备受重视三个方面。但是高层次和复合型人才数量短缺、人才培养和产业需求脱节、人才评价体系不完善、人才公共服务水平落后等，仍然是河南 AIGC 人才发展的制动力，需要从人才工作顶层设计、人才全生命周期管理、郑州都市圈 AIGC 人才一体化发展三个方面着手，加快推进河南 AIGC 人才高地建设。

关键词：　生成式人工智能（AIGC）　人才发展　人才高地

　　党的二十大报告提出加快建设数字中国的战略目标，坚持科技是第一生产力、人才是第一资源、创新是第一动力。2023 年 2 月，中共中央、国务院印发《数字中国建设整体布局规划》，提出数字中国建设整体框架。河南作为我国经济和人口大省，在全国经济和科技发展大局中具有举足轻重的地位。按

---

* 杨朦晰，中国科学院大学经济与管理学院、中国科学院大学数字经济监测预测预警与政策仿真教育部哲学社会科学实验室（培育）副教授，博士生导师，主要研究方向为人工智能与组织管理；张怡斐，中国科学院大学经济与管理学院博士研究生，主要研究方向为组织行为与人力资源管理。

照党中央的决策部署，河南省第十一次党代会将"数字化转型"作为十大战略之一，聚力全方位打造数字强省。当前，人工智能技术不断迭代升级，以生成式人工智能（Artificial Intelligence Generated Content，AIGC）为代表的人工智能大模型技术快速融入各行各业，再次推动数字产业化和产业数字化转型升级，不断催生新产品、新业态、新产业。为了抓住 AIGC 时代发展新机遇，加快数字化转型，河南应深入思考如何吸引、汇聚、培育 AIGC 人才，激发各行各业 AIGC 人才创新活力，打造新时代河南 AIGC 人才与创新高地，从人才工作顶层设计、人才全生命周期管理、郑州都市圈 AIGC 人才一体化发展三个方面出发，加强数字变革时代下河南 AIGC 人才队伍建设。

一 河南 AIGC 人才发展的驱动力

（一）高层次人才支持政策陆续出台

根据《河南省"十四五"人才发展人力资源开发和就业促进规划》，河南省围绕培养和发展高层次人才陆续出台了一系列相关政策，为 AIGC 高层次人才的未来发展提供了政策支撑。例如，为优化相关高层次人才和急需紧缺人才的业绩评价体系，河南省人社厅印发《河南省高层次和急需紧缺人才职称评聘"绿色通道"实施细则》；为推动河南高新技术产业发展，提高河南高层次人才队伍整体水平，河南省科技厅出台相关政策文件，重点培育资助高新产业的科技领军人才和青年科技人才。此外，郑州市出台的十条"青年英才新政"、洛阳孟津出台的新"金十条"等优秀人才引进新政等，进一步完善了河南人才政策体系。

（二）大数据和算力平台初具规模

2022 年以来，河南增设大数据发展创新平台、大数据产业示范园区等多个数字经济平台，并成功筹建两家人工智能公共算力开放创新平台（见表 1），为 AIGC 人才提供了发展基础。河南省自 2022 年首次启动大数据发展创新平台申报工作以来，截至 2023 年 9 月，共评选了 28 个大数据发展创新实验室、70 个大数据产业融合创新中心、10 个大数据创新服务机构，以及 11 个大数据创新人才培训基地。2022 年，河南省新增了智慧岛大数据产业园等 5 个园区为河南省大数据产业示范园区。当前，河南省"嵩山"人工智能公共算力开放创新平台、中原人工智能公共算力开放创新平台成功入选国家新一代人工智能公共算力开放创新平台筹建名单，成为高性能计算人才培养和科研成果转化的重要平台，也为 AIGC 人才集聚提供了重要平台和载体。

表 1　河南省大数据和算力平台建设情况

类别	名称	数量
河南省大数据发展创新平台	大数据发展创新实验室	28
	大数据产业融合创新中心	70
	大数据创新服务机构	10
	大数据创新人才培训基地	11
河南省大数据产业示范园区	智慧岛大数据产业园	1
	郑州天健湖智联网产业园	1
	洛阳大数据产业园	1
	许昌高新区智能电力装备制造大数据产业园	1
	鹤壁市大数据产业园	1
国家新一代人工智能公共算力开放创新平台（入选筹建名单）	"嵩山"人工智能公共算力开放创新平台	1
	中原人工智能公共算力开放创新平台	1

注：数据统计截至 2023 年 9 月。
资料来源：河南省工业和信息化厅公开信息。

（三）数智人才培养备受重视

近年来，为深入实施数字化转型战略，河南加大对人工智能领域专业人才的培育力度，夯实 AIGC 人才的培养基础。一是新增本科数智专业数量多。根据教育部公布的 2022 年普通高等学校本科专业备案和审批结果，共新增 218 个人工智能和大数据相关专业，新增数智专业数量排名前五的省份分别是河南、湖北、安徽、广东和山东。其中，河南省共新增 19 个人工智能和大数据相关的专业，新增数智专业数量全国排名第一（见图1）。二是重视人工智能领域专业人才技能培训。《2023 年高质量推进"人人持证、技能河南"建设工作方案》指出，河南省要全面开展人工智能等新一代信息技术领域从业人员技能提升培训，加快培养省内产业数字化和智能化转型升级急需的高素质数字人才。

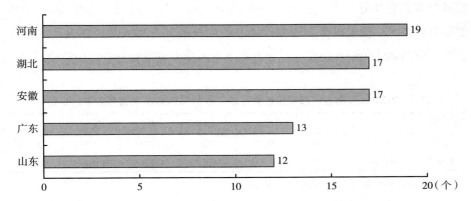

图1　2022 年普通高等学校新增本科数智专业备案数量排名前五的省份

资料来源：根据 2022 年教育部公布的普通高等学校本科专业备案和审批结果统计。

二　河南 AIGC 人才发展的制动力

（一）高层次和复合型人才严重短缺

近年来，以 ChatGPT 为代表的 AIGC 技术迅猛发展，全国各地对于算法工程师、数据科学家、研发工程师等高层次人才的需求激增。河南省由于数字经济产业发展基础薄弱，尚未形成产业规模效应，同时相关数字产业的人才薪酬待遇缺乏竞争力，在相邻省份中处于较低水平（见表2），对高层次数字人才的吸引力不强，导致高层次数字人才缺口较大，成为制约河南省 AIGC 人才发展的重要因素。根据《郑州市重点产业急需紧缺人才需求指导目录（2023）》，在电子/信息技术等 11 个重点产业领域中，急需紧缺研究生学历人才岗位数量排名前三的行业分别是新材料、生物医药和电子/信息技术（见图2）。特别是在电子/信息技术行业，郑州急需感知融合算法工程师、人工智能研发工程师、大数据研究员等高层次数字技能人才。此外，数字经济与实体经济深度融合，人工智能技术正逐渐渗透各行各业，河南各产业对于复合型人才的需求也越来越大。河南拥有大量的数字技能人才，但是对复合型人才的培育仍然不足，既懂数字技术又懂产业发展规律的人才正是河南在AIGC领域急需的复合型人才。《2023 AIGC人才趋势报告》指出，当前AIGC领域需要专业技术、学术成果和业务落地经验的全能复合型人才，相关人才不仅要有一定的算法和编程功底，还要有高质量的学术成果和行业应用经验。

表2　2021年河南省相邻省份信息传输、软件和信息技术服务业平均工资

单位性质	河南	山东	安徽	山西	湖北	陕西	河北
私营	54125	70067	76151	50583	69715	82255	49539
非私营	91501	116084	111935	99130	100766	192699	132218

资料来源：根据2022年各省份统计年鉴计算。

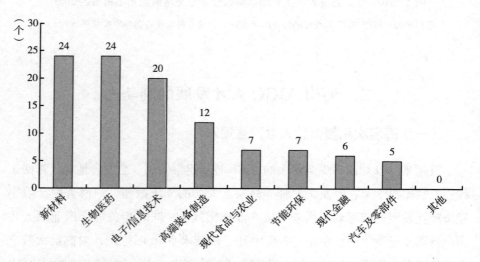

图2　2023年郑州市重点产业领域急需紧缺研究生学历人才岗位数量

说明："其他"包含的重点产业领域为家居服装、现代文旅和现代物流。
资料来源：《郑州市重点产业急需紧缺人才需求指导目录（2023）》。

（二）人才培养与产业需求脱节

当前随着数字技术的快速发展，数字产业化和产业数字化的需求处于动态变化之中，对相关人才专业技能的要求也在不断变化。长期以来，河南职业教育重视对高技能人才的专业能力培养，尽管省内大部分职业院校注重通过产学研合作的方式培养学生的实践能力，然而许多职业院校存在产学研融合度不高、协同合作机制欠缺、合作流于形式等问题，难以真正提高学生的综合实践能力，使得培养出来的技能型人才难以满足企业的技术需求。此外，《郑州大学 2022 届毕业生就业质量年度报告》显示，用人单位对学校人才培养工作提出的建议主要是"加强专业实践环节"（占比 58%），"动态调整专业设置"（占比 48%）以及"拓宽专业口径"（占比 46%）。这从侧面反映出当前河南普通高等院校毕业生也不同程度存在实践能力偏弱、知识水平相对落后和知识结构相对单一等问题，说明部分普通高校专业和课程设置难以跟上企业需求的快速变化，导致培养出的人才与产业需求脱节。

（三）人才评价体系不够完善

随着数字技术对各行各业的影响逐渐加深，数字人才分布的领域越来越广泛，涉及的行业分类和专业类别也越来越多，河南既需要专攻关键核心技术的高端人才，也需要懂得数字化技术应用的专业基础人才。然而，河南以往的人才评价标准多看重个人学历、职称等级以及论文和奖项数量，将个人的学术头衔、行政职务等作为人才评定的限制条件，忽视了对人才的综合能力、个人业绩、行业贡献等方面的考察与评价，对不同领域、不同类别的人才用"一把尺"衡量，导致人才评价标准单一，忽视了不同领域和类别人才的差异性，不利于激发各类人才在工作中的主动性和创新性。此外，政府部门在人才评价中居主导地位，用人单位、同行、第三方专业机构在人才评价中参与较少，导致对不同类别

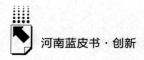

人才的评价手段趋同，在一定程度上难以保证人才评价结果的真实性和客观性。

（四）人才公共服务水平落后

近年来，河南大力推进数字政府建设，建成一体化在线政务服务平台，加强政务数据的开放和共享，极大地提高了人才服务和办事效率。然而，河南仍然面临在居民教育、医疗卫生、养老服务、人才就业等方面提供的优质公共服务资源相对有限，以及人才公共服务水平和服务效能不高等问题，吸引高层次 AIGC 人才存在一定的难度。当前，郑州都市圈是引领河南创新驱动发展的重要区域。在人才公共服务方面，郑州都市圈内加强了高等教育资源的共建共享，实现了都市圈住房公积金贷款的互贷互认，进一步提升了人才公共服务一体化水平。但是，相比国内其他强省会都市圈，郑州都市圈人才公共服务建设起步晚，缺少都市圈人才公共服务的区域、行业和社区布局，使得郑州都市圈人才公共服务供给相对不足。同时，郑州都市圈内各地人才公共服务标准、领域、项目、内容、保障范围等尚未统一，无法保证都市圈人才公共服务的协同化、均等化和普惠化，在一定程度上阻碍了都市圈内人才的跨地区无障碍流通。此外，目前郑州都市圈内仅实现了部分城市之间的个人、企业和政务服务的异地通办，尚未实现郑州都市圈内部所有城市全覆盖。

三　把握河南 AIGC 人才高地建设的着力点

加快建设世界重要人才中心和创新高地是中央人才工作会议和党的二十大确定的重要战略目标。"十四五"时期，为加快构建数字化转型发展新格局，顺应 AIGC 技术变革新时代，河南更要加强人才工作的整体布局和系统筹划，全面加强 AIGC 人才高地建设。因此，为加快壮大河南 AIGC 人才队伍，可以从人才工作顶层设计、人才全生命周期管理、郑州都市圈 AIGC 人才一体化发展三个方面来推动 AIGC 人才高地建设。

（一）强化河南人才工作顶层设计，做好人才发展系统筹划

加强顶层设计和总体布局。为深入实施创新驱动、科教兴省、人才强省战略，河南应高度重视 AIGC 人才工作，统筹谋划人才的开发、使用、评价和激励，将其作为河南数字经济人才队伍建设工作的重中之重。通过综合考量河南的数字经济发展水平、数字人才队伍规模质量、数字产业结构布局等，全面做好人才"引育留用"各环节的布局工作，将 AIGC 人才作为引领河南数字经济创新发展的驱动力，赋能河南数字经济高质量发展。

推动 AIGC"人才+产业"双链融合发展。抢先布局云计算、物联网、区块链、生成式人工智能、元宇宙等数字经济核心产业，积极打造具有国际竞争力的前沿数字产业集群。同时，加快构建先进算力基础设施集群，紧紧围绕"政产学研用"各个环节，推动算力服务和数字经济产业培育的深度融合，打造中部算力产业新高地，形成吸引 AIGC 人才的强磁场。此外，着力引进 AIGC 领军人才和科技创新团队，加快突破高端芯片制造设备、云计算、数据库、区块链、人工智能和算法等底层技术和核心关键技术，形成一系列重大创新成果，助推河南数字化产业和产业数字化的发展，最终形成"以产聚才、引才兴产"的良性产才融合机制。

打造创新型 AIGC 人才培养模式。围绕河南人工智能、先进计算、网络安全、高端制造等重点产业的人才需求，借助"中原英才计划"持续推进中原科技创新领军人才项目、深入实施卓越人才培养计划和博士后创新人才计划，大力培育遴选中原技能领军人才、青年优秀科技创新人才等重点人才作为 AIGC 人才的储备军；建立"AI+X"数字技能人才培养试验区，搭建"AI+X"开放创新平台，为 AIGC 人才成长提供更多更好的发展机会和平台。

（二）优化"引育留用"人才全生命周期管理，打造河南 AIGC 人才发展新引擎

着力引进优秀 AIGC 人才，打造人才集聚强磁场。一是积极探索人才引进新路径。建立全球 AIGC 人才数据库，收录高层次 AIGC 人才信息，掌握

全球 AIGC 人才分布和流动规律，以国际视野进行前瞻性布局，并为河南 AIGC 人才引进工作提供科学的数据支撑。二是加强人才的源头引进，积极开展与国际 AIGC 人才的交流与合作，为河南数字经济产业的发展提供先进的技术支持，形成 AIGC 人才国际合作网络。推出升级版的高层次 AIGC 人才引进计划，为高层次 AIGC 人才开通绿色通道，提供全方位的人才服务保障，着力引进河南当前急需的拥有较强技术能力、AI 算法知识或大数据知识背景的高端人才。

加强国家级 AIGC 人才集聚平台建设。在《生成式人工智能服务管理暂行办法》指导下，河南应积极推动 AIGC 基础设施和公共训练数据资源平台建设，加快以郑州为中心的算力产业聚集区建设，促进区域算力资源协同共享。依托国家超级计算郑州中心、国家新一代人工智能创新发展试验区、郑洛新国家自主创新示范区等科技创新平台，重点培育算力产业，同时加快布局从上游算力硬件层、中游算法软件层再到下游行业应用层的 AIGC 产业链，吸引和汇聚高端 AIGC 技术人才，充分发挥人才创新效能，促进河南和 AIGC 人才双向发展。此外，相关机构和平台应合理合法合规地提供并使用 AIGC 技术，关注数据、算法和生成式内容等安全问题隐患，避免产生数据泄露和知识侵权的风险。

产学研多措并举，共同推进 AIGC 人才培养。一是制订分类分层人才培养计划。对于企业来说，应结合技术型、创新型、应用型等不同类型的人才，梳理不同类型人才的知识和技能需求清单，制订不同类型的人才培养计划，并有针对性地开展相关技能培训。对于学校来说，可以设立职业教育、本科和研究生等不同层次的 AIGC 人才培养项目，提供专业化和个性化的培养方案，加快提升不同层次 AIGC 人才的素质和能力。二是大力推进产教深度融合。为满足日益增长的 AIGC 技术需求，培养适应未来数字产业发展的人才，省内高校应推进产教融合共同体建设，持续开展产学研结合的项目，搭建校内校外 AIGC 人才联合实践基地，与企业共建共管共享。此外，高校应面向企业 AIGC 技术的实践应用和未来发展趋势，紧密结合数字经济产业发展需求，及时调整课程内容设置，保证课程教学内容的前瞻性和实用性。

同时，在各专业基础培养环节中引入数字技术、数字运营等相关课程，提高实践类教学课程比重，培养符合社会需求的复合型技能人才。

优化人才服务环境，让 AIGC 人才留得住。一是提高人才服务效能。充分运用大数据、云计算、人工智能等先进数字技术，广泛采集 AIGC 人才的服务需求信息，并以此为依据打造 AIGC 人才服务云平台，对 AIGC 人才的服务需求及时回应。同时，不断创新人才服务形式，升级人才服务体验，提供更丰富和多样化的人才服务内容，满足不同类别 AIGC 人才的需求，提升服务水平。二是落实人才扶持政策。提高 AIGC 人才的薪酬待遇，向高端人才和急需紧缺的关键技术人才适当倾斜，提升对 AIGC 人才的吸引力。加强人才服务保障，提供完善的配套服务，如技术支持、资金扶持、知识产权保护、人才认定、职业发展规划、培训培优等。倾力解决 AIGC 人才在住房、医疗、教育等方面遇到的问题，让人才切实感受到政策红利。

完善人才治理体系，充分发挥 AIGC 人才作用。一是优化人才管理方式。借助现代数字技术，建立 AIGC 人才信息共享平台，整合人才的信息资源，提供精准的人才供需对接渠道，根据人才信息匹配相应资源，实现人才的合理配置与使用。此外，鼓励用人单位在 AIGC 人才管理中放权松绑，赋予人才更大的自主权和决策权，激发人才的创新活力，充分释放人才价值。二是建立健全人才评价体系。建立多元 AIGC 人才评价体系，根据不同层次的 AIGC 人才，设置相应的评价标准和评价流程，同时强化用人单位 AIGC 人才评价的主体地位，考虑引入第三方专业机构对 AIGC 人才进行评价。相关用人单位在进行人才评价时，需要将技能水平、创新能力、个人业绩、行业贡献、团队合作与沟通等多个指标纳入评价体系，并根据人才要求变化更新相应的人才评价指标和内容，及时完善 AIGC 人才评价体系。

（三）构建郑州都市圈 AIGC 人才一体化发展格局，助推圈内人才协同发展

加快郑州都市圈 AIGC 人才一体化发展。积极推动郑州、洛阳、新乡、焦作、开封、许昌、漯河、平顶山、济源等都市圈内城市的 AIGC 人才规

划、政策、目标实现一体化，加快各地实现人才资源共享，让郑州对都市圈人才的"虹吸效应"变为"辐射效应"，形成协同发展的集群式人才生态圈。在人才引进方面，不同城市之间应联合举办全国范围内的 AIGC 人才招聘专场，以组团的方式引进地方产业发展所需的 AIGC 人才，协同促进都市圈 AIGC 人才集聚。在人才的培养发展方面，都市圈内各地区应进行校企合作、校校合作，推动协同交流和开放合作，共建高水平产教融合实训基地、创新创业孵化基地等，促进不同区域 AIGC 人才之间的互动互学，实现都市圈 AIGC 人才协同发展。在人才服务方面，制定郑州都市圈 AIGC 人才服务需求清单，建立统一的 AIGC 人才服务和管理标准，提高都市圈 AIGC 人才一体化服务水平。

加强郑州都市圈平台载体共建共享。人才的发展离不开平台的支撑，为推动郑州都市圈 AIGC 人才一体化发展，要加强都市圈内平台载体的共建共享。整合郑州都市圈企业、高校、科研院所等产学研单位的资源，鼓励圈内不同地区联合组建 AIGC 产业创新联盟、产业技术研究院，实现人才和科研资源的共用共享。郑州作为引领都市圈创新发展的核心城市，应该抓住 AIGC 时代下数字化转型新机遇，依托大数据发展创新平台、国家新一代人工智能创新发展试验区的优势，牵头组建郑州都市圈 AIGC 产业人才联盟、职教联盟等，鼓励圈内各地区产学研单位加入。通过搭建 AIGC 产业和人才培养联盟载体，实现郑州都市圈内不同地区在 AIGC 项目开发、专业建设、人才培养等方面的合作，从而有效促进郑州都市圈 AIGC 人才协同发展。

提升郑州都市圈 AIGC 人才服务一体化水平。为加快实现都市圈内各地区 AIGC 人才的共建共享，破除不同地区人才政策和人才管理机制对人才流动的限制壁垒，需要都市圈内各地协调配合、共同发力，加快实现 AIGC 人才职业资格、技能等级、评价标准等方面的互评互认。郑州作为都市圈的核心城市，应结合都市圈各地的人才评价制度，带头制定统一的都市圈 AIGC 人才职业技能标准，将人才技能标准贯穿人才培养、使用和评价全过程，提升郑州都市圈 AIGC 人才的整体质量，为郑州都市圈的数字经济转型提供优质的人才供给。此外，郑州都市圈还应在户籍、医疗、社保等方面加快政策衔接，加快圈内 AIGC 人才有序流动。例如，探索实施郑州都市圈户籍准入年限同城化累计互认；鼓励郑州都市圈开展合作办医，支持中心城市三甲医院在圈内其他城市设置分支机构；持续完善都市圈一体化社会保障服务机制，统一养老和医疗保险的监管流程和标准。通过提升郑州都市圈 AIGC 人才公共服务一体化水平，促进都市圈不同城市间 AIGC 人才的有序流动，提升郑州都市圈对国内外优秀人才的吸引力。

参考文献

人瑞人才、德勤中国：《产业数字人才研究与发展报告（2023）》，社会科学文献出版社，2023。

《河南省"人人持证、技能河南"建设工作领导小组办公室关于印发〈2023 年高质量推进"人人持证、技能河南"建设工作方案〉的通知》，河南省人力资源和社会保障厅网站，2023 年 3 月 6 日，https：//hrss. henan. gov. cn/2023/03-06/2701646. html。

赵章红、张样平、杨阳：《构建河南特色职业教育 产教融合体系的思考与建议》，《河南教育（职成教）》2020 年第 6 期。

北京新锦成数据科技有限公司：《郑州大学 2022 届毕业生就业质量年度报告》，https：//free. eol. cn/download/eol/jiuye/zzu2022. pdf。

《2013 AIGC 人才趋势报告》，脉脉人才智库，https：//maimai. cn/jobs/data? fr＝。

《@ 所有人，职场报告盘点大全来了》，"智联研究院"微信公众号，2023 年 9 月 11 日，https：//mp. weixin. qq. com/s/JLQut1Zrji6l_ICoDy3NWg。

王长林、孙克、司林胜：《河南省数字经济人才建设现状与展望》，载苏长青、王承哲、刘新勇主编《河南蓝皮书：河南人才发展报告（2023）》，社会科学文献出版社，2023。

王建国、赵执：《郑州都市圈人才协同发展研究》，载苏长青、王承哲、刘新勇主编《河南蓝皮书：河南人才发展报告（2023）》，社会科学文献出版社，2023。

B.22
我国省级人才集团发展实践对河南
人才集团建设的启示

王长林　张东红　卢艺杰　朱思宇*

摘　要： 在加快建设世界重要人才中心和创新高地战略目标的驱动下，为进一步加强市场在人才资源配置中的决定性作用，我国多个地方成立了人才集团。本文总结我国省级人才集团发展的主要实践，指出其发展过程中存在顶层设计不够完善、盈利模式尚未明晰、缺乏资源支持、产业融合度较低等的主要问题，在此基础上，从完善顶层设计、优化盈利模式、强化资源支持、提高市场化程度、促进产业融合、创新人才服务、培养专业人才、推进新技术运用、借鉴国内外先进经验等方面提出加快河南省人才集团发展的对策建议。

关键词： 省级人才集团　人才发展　人才强省

党的二十大报告提出，深入实施新时代人才强国战略，加快建设世界重要人才中心和创新高地。如何全方面培养、引进和用好人才，是河南要回答好的时代之问。近年来，为更好地满足人才工作需要，我国多地成立了省级人才集团。省级人才集团正逐渐成长为集聚高端人才的功能性实施平台、贯穿人才发展全链条的一站式服务平台、激发人才创新创业活力的支撑平台、帮助人才成长的综合性运营平台。

---

* 王长林，博士，河南财经政法大学电子商务与物流管理学院副教授，主要研究方向为数字化平台与治理、区域人才发展战略；张东红，河南省人才集团有限公司党委书记、董事长；卢艺杰、朱思宇，河南财经政法大学电子商务与物流管理学院学生。

一 我国省级人才集团发展的主要实践

（一）成立背景

一是适应新形势下经济发展的需要。随着经济发展质量的不断提升，传统的人力资源服务平台已经不能适应新时代的要求，亟待建立一个更加先进的一体化人才服务平台。二是适应人才服务领域逐渐市场化的需要。省级人才集团既能为人才发展提供专业化和系统化服务，打通人才服务壁垒，提升人才服务效率；又能发挥其市场化的特点，精准对接人才、产业和政策，通过灵活的市场化手段实现人才高效配置，充分发挥人才效能。三是适应政府对人才重视程度不断提高的需要。随着人才强国战略的深入实施，强化现代化建设的人才支撑成为推动人才发展的重中之重，省级人才集团顺应了重视人才、服务人才的战略需求。四是创新人才服务的迫切需要。在传统模式下，人才引进方式单一、人才难以直接与企业实现精准对接。省级人才集团克服了传统的人才服务模式弊端，能够为企业发展提供多种专业化的人才服务，打破了人才与企业之间的沟通壁垒，提高了各地人才服务效率。

（二）集团结构

在集团的股权结构方面，省级人才集团在不同地区有不同的投资主体。一部分人才集团适应新时代、新市场的变化，出现了股权多元化的发展趋势。在集团的人员结构方面，大部分省级人才集团的股权构成为政府机构、国有企业、地方高校、科研院所以及其他机构。政府机构作为省级人才集团的主要股权构成之一，在人才集团的发展中发挥着重要作用。在集团的资本结构方面，省级人才集团的资本结构逐渐多元化，非公资本占比不断提升，在激发人才活力、推动经济转型等方面发挥了重要作用。

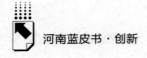

（三）发展现状

一是省级人才集团的数量不断增加。据不完全统计，截至 2023 年 9 月，我国已经有 120 多个人才集团，其中包括 8 个省级人才集团，6 个副省级人才集团，40 个地级人才集团等。二是省级人才集团的空间分布日益集中。统计数据显示，国内大部分省级人才集团成立于中部和东部地区，如河南、山东、安徽等省份。三是省级人才集团的服务领域不断拓宽。在企业服务方面，省级人才集团能够精准提供人才公共服务，借助技术手段实现人才信息立体化，精准对接企业和人才。在人才服务方面，省级人才集团能够通过专业化手段，深度了解各地人才政策、利用政府资源、熟悉企业规则，高效解决人才难题。

（四）主要业务

省级人才集团的主要业务是为各行各业提供专业的人力资源服务，包括人才招聘、培训、评估、咨询、外包等。省级人才集团拥有一支经验丰富、专业素质高的团队，能够根据客户的需求和市场的变化，提供量身定制的解决方案，帮助客户提升人力资源管理水平，实现企业发展目标。

随着新兴技术的不断迭代升级，省级人才集团的业务范围发生了较大变化。一是省级人才集团的业务内容不断丰富。省级人才集团的业务内容逐步向海外拓展，为海内外人才打造一站式服务平台，提供全链条人才服务。二是省级人才集团业务现代化转型的步伐不断加快。随着大数据、云计算等新兴技术的迭代升级，省级人才集团充分利用数字技术，实现人才服务升级，为各地企业用人提供个性化解决方案。

（五）组织架构

省级人才集团是政府主导的集团组织，具有完善的组织结构体系。一是组织规则齐全。省级人才集团拥有组织部、宣传部、统战部、纪检委及团委等基本部门，也设有国资委，负责派驻审计人员对人才集团进行监督和问责。二是省级人才集团组织体制明晰。省级人才集团的高层由组织系统调任，多数省级人才集团的员工拥有公务员或事业编制。三是省级人才集团的组织架构比较完善。省级人才集团设有党委所辖部门、战略规划部门、人力资源部门、业务拓展部门、财务部门、法务部门等，分工明确、各司其职。

（六）盈利模式

省级人才服务集团主要通过提供人才和企业服务来获取收益，具体的服务类型有以下几种。一是提供企业人才招聘服务。省级人才集团通过建立人才数据库，积累全国各地的人力资源，为企业提供个性化的人才招聘服务，向企业收取招聘费用。二是提供人力资源管理服务。省级人才集团为企业提供全方位的员工考核考察、绩效评测、薪资待遇管理等服务，收取相应的管理费用。三是为个人提供人才中介服务。省级人才集团为人才提供职业规划和就业咨询服务，人才可以通过省级人才集团找到满足自身要求的工作，在签订工作合同之后，省级人才集团收取一定比例的中介费用。

二　我国省级人才集团发展存在的主要问题

（一）产业融合度有待提升

一是省级人才集团缺乏推动产业融合的专业人员。部分省级人才集团员工来自编制内其他部门公职人员，对一线产业相对不熟悉，对企业所需业务的了解不够到位。二是省级人才集团与产业的融合度低。部分省级人才集团片面重视特定产业而忽视了其他产业的发展，在一定程度上挫伤了其他产业与省级人才集团合作的积极性，阻碍了产业融合的进程，不利于省级人才集团的长远发展。三是技术创新能力不强，在一定程度上阻碍了产业融合进程。省级人才集团相对缺乏自主研发能力和技术创新能力，导致不同产业的技术融合难度较大，影响了产业融合发展。四是产业内外部环境差异大，不利于产业融合。省级人才集团所涉及的产业受外部环境如市场需求、政策支持等的影响较大，不同环境的差异导致产业融合度不高。

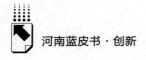

（二）盈利模式不够清晰

一是省级人才集团盈利存在困难。部分省级人才集团存在运行流程不够规范、内部决策部门认知不到位、运营流程设计过于简单等问题，在一定程度上导致盈利存在困难。二是省级人才集团盈利能力较弱。省级人才集团兼具协助政府人才工作的职能和服务人力资源市场的功能，在人才工作中发挥着重要的枢纽作用，但是高端引才、人才投资和人才园区建设等项目本身盈利能力较弱，导致人才集团很难在短时间内获得较大收益。三是省级人才集团缺乏成熟的盈利项目。传统的人才服务项目盈利困难，而新兴市场化业务培训尚处于发展探索期，其盈利还需要一个漫长的过程，造成了多数省级人才集团目前盈利较为困难，发展受到一定的阻碍。

（三）资源支持有待加强

一是省级人才集团的资产支持不够充分。随着市场环境的变化，仅依靠国有资产难以支撑省级人才集团的进一步发展。传统的国有资产往往通过地方政府以土地、资金、政策资源等形式注入省级人才集团，而在新科技不断发展的今日，这些资源很难打造具有吸引力的人才服务平台。二是省级人才集团缺乏配套政策资源支持。省级人才集团是近年来新兴的一种人才服务模式，其发展尚处于摸索期，相关配套政策并不完善。三是省级人才集团内部缺乏综合型人才资源。省级人才集团缺乏兼具专业领域知识和人力资源管理经验的综合型人才，尤其表现在一些新兴领域和高端科技领域，导致集团的发展受到一定阻碍。

（四）市场化程度尚需提高

一是省级人才集团在政府及有关部门的授权范围内，由企业经营管理与人才相关的业务，在一定程度上影响人才集团的决策制定、人才招聘、人员派遣等，客观上限制了省级人才集团市场化发展。二是省级人才集团缺乏专业的市场人才。部分省级人才集团缺乏专业的市场分析人员和人力资源管理专员，导致人才集团的市场调研工作受阻，难以有效推进人才集团的市场化进程。三是缺乏高端市场化人才服务。在市场化进程中，个别省级人才集团仍然提供初级人才职业介绍、培训服务等，但是随着人才服务领域产业链的完善，传统的人才服务已经不能适应经济社会发展的需要，省级人才集团亟须探索人力资源外包、人员派遣、员工培训、猎头等新兴市场服务。

三　加快河南省人才集团发展的主要对策

（一）完善人才集团顶层设计

一是优化人才引进机制。着力促进人才引进机制创新，加快组建高素质人才工作团队，建立市场化的管理机制和激励机制，高质量推进人才工作。二是加强与其他部门的沟通协作。通过各种渠道和平台，加强与其他相关部门沟通和协作，对人才的发展状况进行全方位评估，服务河南人才发展。三是对河南各地人才集团工作进行差异化定位。根据不同地区的经济发展水平、产业发展需求以及人才供需现状，合理制定本地区的人才集团发展规划。在经济发达的地区积极进行全球人才的引进和服务，在制造业占主导的地区强化技能人才的培养和服务，充分发挥各地人才集团的优势，服务人才发展。

（二）优化人才集团盈利模式

一是优化盈利结构，包括集团董事会、监事会等机构，确保权力制衡和决策科学性。通过规范盈利机制，促进省级人才集团的有序运行，保证省级人才集团正常盈利。二是引入非公有资本。建立省级人才集团与资本市场之间的纽带，提高省级人才集团的服务效率，实现人力资源优化配置。三是积极引入其他资本进入省级人才集团。不断加快经营机制和管理机制创新，促进各种资产保值增值，推动省级人才集团加快成长。四是融合先进技术，促

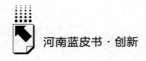

进省级人才集团提高盈利水平。运用现代技术手段助力省级人才集团盈利管理，形成省级人才集团的核心竞争力。

（三）联合多方建设人才基金

河南省人才集团在人才引进、人才发展中扮演着重要角色，下一步应联合多方政府部门和社会资本设立人才基金，支持引进中高端人才，拓宽人才培养渠道。一是河南省人才集团应积极联合各地政府部门向高层次人才提供优秀青年科学基金资助，鼓励人才在科技创新领域开展有应用价值的科技成果研究。二是人才集团要确保人才基金规模与河南省经济实力相匹配，注重提高资金使用效率，确保资金更好地服务于科研人才。三是河南省人才集团可以联合政府和社会资本共同制定发展战略，服务省内新型优质产业的发展，为新兴产业发展提前布局、打好基础，培养全省高端科技人才，把人才优势逐渐转化成发展优势。四是对人才基金进行合理规划与使用，如举办人才交流活动，召开论坛、座谈会等，最大限度地促进人才发展。

（四）不断提升市场化程度

一是着力减少政府干预。政府要积极推动人才部门简政放权，减少政府对人才集团的过度干预，建立政府人才管理服务权力清单和责任清单，规范人才引进、人才培养以及使用人才、留住人才等方面工作，鼓励人才集团有更多的自主权，在人才管理工作中发挥更大作用。二是人才集团要培养更多专业化市场人才。加大对专业市场研究人才的自主培养力度，开展专业的市场研究与实践工作，对人才集团的市场化进程进行深入分析与解读。三是积极推进高端市场化人才服务。对各类人才市场进行深入调研，不断改进和优化人才集团服务模式，促进高端人才服务转型升级，不断提升省级人才集团服务的质量和效益。

（五）着力加快产业融合进程

一是加大力度培养产业融合专业人才。产业融合是一项长期且复杂的工程，需要专业人员及时对人才集团进行帮助和指导。首先要加大对专业人才的培养投入，提高人才自主培育能力。其次在教育方面要注重专业人才的培养，为集团的发展注入源源不断的人才资源。二是密切结合市场需求。着力强化对市场需求的研究，以市场需求倒逼集团发展、提升各类人才资源存量，把人才优势转化为产业优势、发展优势，形成人才引领产业、产业集聚人才的良性循环和"聚天下英才而用之"的良好局面。三是着力打造优良市场环境。省级人才集团需要与不同的产业伙伴建立战略合作关系，共享市场信息和客户资源，拓展业务范围和渠道。积极营造促进产业融合的环境，为人才集团的产业融合发展提供资源和平台，多措并举加快产业融合步伐，促进省级人才集团发展。

（六）积极构建业务新平台

传统人力资源服务平台通常只进行基础的人才服务，服务范围受到一定的局限，而随着时代不断发展变化，仅靠原有的业务不能满足人才和省内企业的需要，因此，人才集团需要突破原业务的局限，积极拓展业务范围。一是促进人才服务模式转型升级。目前人才集团只能为人才和当地产业提供一些比较基础的服务，比如人才招聘、人才培训、人才评测、人才考核、人员派遣等。未来，河南人才集团要积极开展新的人力资源服务。例如，融合多方建立人才项目孵化基地，加大对科研项目的投资力度，开发人才公寓、成果展示基地，等等。二是探索新型人才服务路径。人才集团可探索建设人才公寓，提供人才保障住房，配套开发学校、医院和商场，给人才提供一站式管家服务，营造良好的人才环境。

（七）大力培养专业化人才

一是集团内部各个部门合作制定培训方案，从专业技能到管理能力、领导能力的培训，提高集团一线人员和中高层管理人员的综合素质水平。培训计划定期进行调整，包括确定培训人员及培训预期等，不断提升工作人员的服务质量。二是为工作人员提供足够的实践机会。人才服务往往复杂多变且具有专业性，不同人才有不同的背景、经验及工作意愿，因此，集团员工需要有足够的经验积累以应对不同情况。在培养员工时可以借鉴导师制度，由一位熟练的员工作为导师，带领新员工完成人才服务流程，帮助新员工快速成长。三是建立人员评估机制，对一线员工的工作表现、能力素养等进行多维度评估，帮助他们发现自身不足、提升能力。四是人才集团内部要多开展职工交流会，让不同部门不同岗位的员工相互交流、相互借鉴，熟悉不同领域的工作，在潜移默化中提升工作能力。

（八）加快业务数智化转型

近年来，人工智能、AI技术、区块链等新兴科学技术的出现，极大地改变了人们的生产方式和生活方式。河南人才集团在开展人才服务的工作中，也需要利用科学技术进行服务创新，实现人才与企业之间、人才与人才之间的精准对接。河南人才集团要发挥可视化、信息化的技术优势，推进新兴技术在人才服务领域的发展，为全国各地的人才提供全方位的综合智能服务。在人才工作中，要尽快落实新兴科学技术的运用，联合其他部门和高端技术人员共同开发新技术和配套系统，积极开展创新型人力服务工作，提高人才和企业的满意度。

（九）借鉴国内外先进经验

许多国内外优秀的人才集团发展经验值得河南省人才集团学习。从国内来看，省级人才集团的发展模式主要是基于人才全周期，全链条式地提供全方位的人才服务，深化产业人才融合改革，服务地方发展。上海作为长三角地区中心城市，与其他地区合作成立了长三角人才集团，并且同时成立了长三角人才基金，扩大了人才集团的影响力，推动了周围地区经济和人才发展。临沂人才工作集团有限公司作为山东省内第一家人才集团，积极探索人才引进、人才培育、人才使用的无缝对接新路径，创造性地提出"人才飞地"运营模式，帮助市内十优产业吸引人才、集聚人才。从国际来看，世界著名的人力资源服务企业如任仕达、万宝盛华等，都致力于技术转型、数字化发展，有效地节约了成本，极大地提升了企业效益，这些都是值得河南省人才集团学习借鉴的优秀经验。

参考文献

何宪：《政府人才集团探析》，《中国人事科学》2023 年第 5 期。

余李平：《完善国资布局　服务产业发展——地方国有人才集团发展模式浅析》，《上海国资》2022 年第 6 期。

田永坡、李琪：《我国人才集团发展背景、基本情况和对策》，《中国人事科学》2021 年第 11 期。

种昂：《设立省人才集团　山东会否在"抢人大战"中后来居上》，《经济观察报》2021 年 11 月 15 日。

附　录
河南省创新发展大事记

王楠　史璇*

2022年

1月13日　河南省人民政府办公厅印发《河南省支持科技创新发展若干财政政策措施》。

1月17日　河南省人民政府印发《河南省"十四五"科技创新和一流创新生态建设规划》。

1月24日　河南省人民政府印发《河南省"十四五"战略性新兴产业和未来产业发展规划》。

1月26日　河南省人民政府印发《河南省"十四五"制造业高质量发展规划》《河南省"十四五"现代服务业发展规划》。

2月22日　河南省科学技术厅、河南省财政厅、河南省民政厅、中华人民共和国郑州海关、国家税务总局河南省税务局印发《"十四五"期间享受科技创新进口税收政策的社会研发机构名单核定实施办法》。

3月11日　河南省工业和信息化厅、河南省发展改革委、河南省财政厅、河南省地方金融监管局、中国人民银行郑州中心支行、河南银保监局、河南证监局研究制定《河南省"专精特新贷"业务实施方案》《河南省

* 王楠，河南省社会科学院创新发展研究所研究人员，主要研究方向为人才、劳动力就业；史璇，河南省社会科学院创新发展研究所研究人员，主要研究方向为科技金融。

"专精特新贷"业务操作实施细则》《河南省"专精特新贷"合作机构管理细则》《河南省"专精特新贷"业务风险补偿准备金管理实施细则》。

4月11日　河南省科学技术厅、中共河南省委人才工作领导小组办公室印发《河南省重点创新平台引进人才工作细则》《河南省重点科研院所引进人才工作细则》。

4月13日　河南省人民政府印发《"中原农谷"建设方案》。

4月14日　河南省科学技术厅、中共河南省委人才工作领导小组办公室、河南省人力资源和社会保障厅印发《河南省高层次创业人才引进工作细则》。

5月13日　河南省科学技术厅印发《关于营造更好环境支持科技型中小企业研发的实施方案》。

5月31日　河南省人民政府印发《河南省贯彻落实稳住经济一揽子政策措施实施方案》。

6月2日　河南省人民政府印发《河南省优化营商环境创新示范实施方案》。

6月2日　河南省人民政府办公厅印发《关于加快平台经济健康发展的实施意见》。

7月1日　河南省科学技术厅印发《关于做好高新区和郑洛新国家自创区稳增长稳市场主体保就业促创业的通知》。

7月1日　河南省科学技术厅、河南省教育厅、河南省财政厅、河南省人力资源和社会保障厅、河南省人民政府国有资产监督管理委员会印发《关于做好科研助理岗位开发吸纳高校毕业生就业工作的通知》。

7月7日　河南省科学技术厅印发《河南省创新联合体培育建设工作方案》。

7月19日　河南省科学技术厅印发《持续推进郑洛新国家自主创新示范区建设工作方案》。

7月30日　河南省第十三届人民代表大会常务委员会第三十四次会议通过《河南省科学院发展促进条例》。

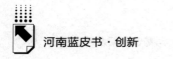

7月30日 河南省稳就业和"人人持证、技能河南"建设工作推进会议以视频形式召开。

8月4日 河南省人民政府印发《河南省加快推动现代服务业发展实施方案》。

8月15日 河南省工业和信息化厅公布《2022年度河南省大数据发展创新平台名单》。

8月26日 河南省科学技术厅、河南省财政厅印发《河南省自然科学基金项目管理办法》。

9月7日 河南省科学技术厅、河南省教育厅印发《河南省科技类校外培训机构设置标准和管理指南（试行）》。

9月18日 河南省科技创新委员会印发《河南省支持加强科学普及提升全民科学素质的若干政策措施》。

9月24日 由中共河南省委、河南省人民政府、欧美同学会（中国留学人员联谊会）、中国博士后科学基金会共同主办的第五届"中国·河南招才引智创新发展大会"在郑州中原龙子湖学术交流中心开幕。

9月30日 河南省财政厅、河南省科学技术厅印发《河南省省级创新研发专项资金管理办法》。

11月10日 河南省科学技术厅印发《关于支持鹤壁建设新时代高质量发展示范城市的若干措施》《关于支持许昌高质量建设城乡融合共同富裕先行试验区的若干措施》。

11月20日 河南省科学技术厅印发《关于支持南阳建设省域副中心城市的若干措施》。

11月23日 河南省人民政府办公厅印发《河南省惠企政策免申即享工作方案（试行）》。

11月26日 河南省第十三届人民代表大会常务委员会第三十六次会议通过《河南省创新驱动高质量发展条例》《河南省中原科技城总体规划管理条例》。

12月5日 河南省工业和信息化厅发布《关于开展2022年河南省创新

型中小企业评价工作的通知》。

12月20日　河南省人民政府办公厅发布《关于推进河南省农业高新技术产业示范区建设发展的实施意见》。

12月22日　由中共河南省委人才工作领导小组办公室、河南省人力资源社会保障厅、河南省财政厅主办，以"博汇中原　智创未来"为主题的第一届河南省博士后创新创业大赛在郑州开幕。

12月28日　河南省人民政府印发《关于加快建设"中原农谷"种业基地的意见》。

12月28日　河南省科学技术厅、河南省发展和改革委员会、河南省工业和信息化厅、河南省生态环境厅、河南省住房和城乡建设厅、河南省交通运输厅印发《河南省科技支撑碳达峰碳中和实施方案》。

12月29日　河南省科学技术厅、河南省财政厅印发《河南省科技创新券实施细则（试行）》。

2023年

2月27日　河南省财政厅、河南省科学技术厅印发《河南省企业创新引导专项资金管理办法》。

3月20日　河南省工业和信息化厅发布《关于开展第五批专精特新"小巨人"企业推荐和第二批专精特新"小巨人"企业复核工作的通知》。

4月14日　河南省工业和信息化厅印发《河南省制造业创新中心建设工作实施方案》和《河南省制造业创新中心遴选认定工作规程》。

7月25日　河南省人民政府印发《关于河南省实验室建设管理办法（试行）》的通知。

8月16日　河南省科学技术厅印发《河南省国际联合实验室管理办法》。

8月23日　由河南省工业和信息化厅、河南省人力资源社会保障厅、河南省生态环境厅、河南省市场监管局、共青团河南省委、河南省妇联联合

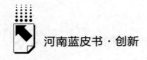
主办的第二届河南省绿色制造应用技术职业技能大赛正式开幕。

8 月 29 日 河南省制造强省建设领导小组办公室发布印发《河南省加快工业互联网创新发展专项行动方案（2023—2025 年）》。

9 月 13 日 河南省工业和信息化厅办公室发布《关于组织开展 2023 年国家新一代信息技术与制造业融合发展示范申报工作的通知》。

9 月 13 日 第八届"创客中国"河南省中小企业创新创业大赛郑州市分赛在黄河迎宾馆举办。此次活动由河南省工业和信息化厅、河南省财政厅、郑州市人民政府指导，郑州市工业和信息化局、郑州市财政局主办，郑州市中小企业服务中心、河南商帮文化传媒有限公司承办。

9 月 15 日 河南省人才评价开发利用暨职称制度改革工作会议召开。

9 月 19 日 第二届全国职业技能大赛在天津闭幕。河南省代表团共有 141 名选手参加 108 个项目的比赛，共获得 2 枚金牌、3 枚银牌、8 枚铜牌和 78 个优胜奖。16 个项目获奖选手将入选中国集训队。本次大赛汇集了全国 36 个代表团的 4045 名参赛选手，参加 109 个比赛项目。

9 月 25 日 河南省工业和信息化厅办公室发布《关于组织开展 2023 年未来产业创新任务揭榜挂帅工作的通知》。

10 月 8 日 河南省工业和信息化厅技术创新处发布《关于组织开展 2023 年技术创新示范企业有关工作的通知》。

Abstract

This concentrated presentation showcases the rich theories and vivid practices of Henan Province in accelerating the construction of a national innovation highland. It systematically analyzes and looks forward to the new situations and requirements faced by Henan's innovative development, proposes new ideas and strategies, and provides constructive decision-making reference suggestions for the vigorous implementation of the innovation driven development strategy throughout the province. Intended to gather innovative academic wisdom, help Central Plains stand out, and provide think tank support for Henan's efforts to build a national innovation highland.

The theme of this year is "Building a National Innovation Highland", which includes six parts: general report, comprehensive report, scientific and technological Innovation, institutional innovation, innovative talents, and appendix. Various research methods such as evaluation summary, survey research, data analysis, and comparative research are used to strive for detailed and accurate content. The overall report analyzes and looks forward to the construction of a national innovation highland in Henan Province, focusing on the main achievements, new situations, and opportunities faced by Henan Province in building a national innovation highland. It puts forward the overall idea of building a national innovation highland in Henan Province on a new journey, and puts forward suggestions for accelerating the construction of innovation highlands in Henan: focusing on promoting innovation strategy coordination, strengthening innovation element support, and accelerating the construction of innovation platforms Efforts should be made to deepen the linkage of open innovation, optimize the innovation and entrepreneurship ecosystem, and strengthen the cultivation of innovative talents; The scientific and technological innovation chapter mainly focuses on the key points and difficulties of scientific and technological innovation development in Henan Province, focusing on the high-quality development of new research and development institutions in Henan Province, the key points and difficulties of Henan's deep integration into the "the Belt and Road" scientific and technological cooperation, the integration of scientific and technological culture innovation in Henan Province to help rural cultural revitalization, innovation to drive high-quality development of Henan's manufacturing industry, science and technology finance in Henan Province to help build a national innovation highland Conduct in-depth research, analysis, and judgment on the transformation of Henan's scientific and technological innovation policy paradigm and the construction of a deep integration innovation system between industry, academia, research, and application under the new development pattern, and propose innovation paths; The institutional innovation section is based on the actual situation and development hotspots of Henan Province, and proposes countermeasures and suggestions for the construction of the innovation ecosystem of the Henan Academy of Sciences, the institutional innovation path of the China (Henan) Free Trade Pilot Zone, and the key points of deepening the reform of state-owned assets and enterprises in Henan Province; The Innovation Talent Chapter takes talent support as the starting point, focusing on the current development status of science and technology innovation talents in Henan Province, the implementation of the talent strong province strategy in Henan, the policy innovation and practice of "talent recruitment and intelligence introduction" in Henan, the practice of vocational skill development in Henan under the background of innovation and entrepreneurship, and the ability improvement of young science and technology talents in Henan led by the spirit of scientists Analyze and summarize the construction of generative artificial intelligence talent highlands in Henan Province, as well as the inspiration from the development practice of provincial-level talent groups in China for the construction of Henan talent groups. Summarize the experience and innovative prospects; The appendix highlights the key events in the field of innovation and development in Henan Province from 2022 to 2023.

Keywords: National Innovation Highland; High Quality Development; Henan Province

Contents

I   General Report

B.1   Building a National Innovation Highland

—*Analysis and Prospect of Innovative Development in Henan*

Province   Research Group of Henan Academy of Social Sciences / 001

Abstract: Since Henan proposed the concept of "building a national inno-
vation highland", it has adhered to placing innovation at the logical starting point
of development and the core position of modernization construction. It has deeply
implemented the strategy of innovation driven, science and education revitalizing
the province, and talent strengthening the province, focusing on leading enterprises,
high-end platforms, first-class topics, innovative subjects, talent introduction,
and supporting reforms, promoting the steady improvement of the province's inn-
ovation strength and a significant increase in innovation subjects The carrier
platform has continuously broken through, talent support has become stronger,
and the innovation ecosystem has been continuously optimized. The construction
of a national innovation highland has achieved significant results. On a new
journey, innovation has become the main battlefield of the big country game, the
primary driving force for development, and the strategic support for moderni-
zation construction. Henan needs to further seize the opportunities of the new
round of global scientific and technological revolution and industrial transformation,
focus on mission orientation, key links, talent first, openness and integration,

and actively build an innovative development pattern of "three pillars, four regions linkage, multi-point support, and global coordination", Efforts will be made to promote the synergy of innovation strategies, strengthen the support of innovation elements, accelerate the construction of innovation platforms, deepen open innovation linkage, optimize the innovation and entrepreneurship ecology, strengthen the introduction of innovative talents, and further accelerate the construction of national innovation highlands, contributing more scientific and technological strength to achieving the "two guarantees" and writing a more brilliant chapter in the new era.

Keywords: National Innovation Highland; Innovation Development; Henan Province

II Comprehensive Chapter

B.2 Research on the Implementation of Xi Jinping's Important
Discussion on Technological Innovation in Henan Province

Yuan Jinxing / 028

Abstract: Since the 18th CPC National Congress, General Secretary Xi Jinping has put forward a series of important conclusions on scientific and technological innovation, forming Xi Jinping's important discussion on scientific and technological innovation in the new era, which contains profound theoretical logic, historical logic, practical logic and realistic logic. It is necessary to deeply understand the basic connotation of scientific and technological innovation such as the status theory and the road theory. Standing in the historical orientation, stage orientation, horizontal orientation, national orientation and echelon orientation of Henan's scientific and technological innovation, implementing Xi Jinping's important discussion on scientific and technological innovation, adhering to the overall leadership of the Party, and making every effort to create the "five highlands", promoting innovation to become the most distinctive symbol and the most beautiful business card of

Henan's high-quality development.

Keywords: Technological Innovation; Innovation Driven Development; Henan Province

B . 3   Research on Building a First Class Innovation Ecology in Henan Province *Zhang Zhuping* / 042

Abstract: It is of great practical significance for Henan to accelerate the building of "First-class innovation ecology" and to build the National Innovation Highland. Although Henan has certain foundation and advantages to build "First-class innovation ecology", the cooperation and coordination need to be strengthened and some policies need to be adjusted urgently, there is a weak ecological foundation for innovation at the grass-roots level, the quantity and quality of innovation platforms need to be upgraded, the number of high-end innovation talents is insufficient, the loss of local talents is not taken seriously, the investment and financing ecology needs to be optimized, and the total amount of science and technology investment is on the low side, there are still some problems, such as the innovation ecology vigor needs to be promoted, and the advanced manu-facturing industry cluster is not developed enough. Henan should strengthen the ability of overall planning and cooperation, construct the first-class top-level design, Tamp the innovation ecology at the grass-roots level, cultivate the first-class innovation and entrepreneurship main body, persist in improving the quality and efficiency, and enhance the capacity of innovation ecology construction, stre-ngthen the support of talents, build a first-class team of innovative talents, enhance the ability level of colleges and institutes, and create a first-class source of innovation, we should guide the innovation resources to gather and create the first-class innovation platform carrier to construct the first-class innovation ecological model of "Like fish in water, like birds returning to forest".

Keywords: Scientific and Technological Innovation; First-class Innovation Ecology; Henan Province

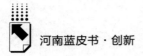

河南蓝皮书·创新

B . 4　Analysis on the Influencing Factors and Innovation Evaluation
of Building National Innovation Highland in Henan Province

Cao Lei / 053

Abstract：Based on the background of new development concept and inno-
vation-driven development strategy, this paper selects the relevant data of 31
provinces in China from 2017 to 2021, constructs the evaluation index system of
innovation capability, and makes an empirical study from three dimensions of
innovation foundation, innovation input and innovation output. The results show
that the innovation capability of all provinces in China has shown a good growth
trend, and the innovation capability scores have increased significantly, but regional
differences still exist; Henan's innovation ability score is obviously improved, but
the innovation basic environment and innovation potential foundation are not solid
enough, the investment in basic research is low for a long time, and the original
innovation ability is weak, which will hinder the realization of the goal of national
innovation highland construction. Therefore, Henan should take various measures
to improve the basic conditions of innovation, improve the efficiency and potential
of innovation, and promote the construction of national innovation highlands.

Keywords：National Innovation Highland；Principal Component Analysis；
High Quality Development；Henan Province

B . 5　Evaluation and Analysis of Scientific and Technological
Innovation Ability of 18 Cities in Henan Province

Research Group of Henan Academy of Social Sciences / 068

Abstract：Entering the stage of high-quality development, enhancing scientific
and technological innovation capacity provides a key focus for broader economic
growth space. The research team evaluated the scientific and technological innovation
capability of 18 cities in Henan province, according to the requirements of

innovation-driven development strategy, the evaluation index system of sci-tech innovation capability of Henan province, which is composed of 5 first-level indexes and 26 second-level indexes, and the evaluation analysis is conducted by using the latest annual public data, Zhengzhou, Luoyang and Xinxiang were in the top three. At the same time, combining the results of the evaluation analysis and innovating the practices of leading regions, it is suggested that the cities in Henan should form a new pattern of regional coordinated development by speeding up the creation of a first-class innovation ecology, "Reinforcing the weak points" and "Promoting the advantages", explore the path of differentiated innovation development in accordance with local conditions, and improve the results of innovation-driven high-quality development, we will further improve the city's scientific and technological innovation capacity and help Henan to strive for National Innovation Heights.

Keywords: Evaluation of Scientific and Technological Innovation Ability; Innovative City; High-quality Development; Henan Province

Ⅲ Science and Technology Innovation

B.6 Research on High-quality Development of New R&D Institutions in Henan Province *Yang Dongfeng* / 084

Abstract: Since 1990, in the context of the financial crisis and domestic economic transformation and development, new research and development institutions in China have gradually emerged in the eastern coastal areas. With the continuous development and growth of new research and development institutions, significant achievements have been made in talent transfer, technological innovation, and related achievements transformation, gradually gaining attention from various sectors of society and relevant government departments. For the vigorous development of new research and development institutions, it not only demonstrates the country's emphasis on the development of new industries, but also is an inevitable

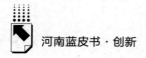
product that conforms to the trend of the times. Therefore, building new research and development institutions, actively guiding and cultivating their development and growth, is of great positive significance for effectively promoting and improving national and regional technological innovation and institutional reform.

Keywords: R&D Institutions; High-quality Development; Henan Province

B.7 Research on the Current Situation, Problems and Countermeasures of Henan Deeply Integrating into the "the Belt and Road" Science and Technology Cooperation

Tang Xiaowang / 103

Abstract: Since the "the Belt and Road" was jointly built ten years ago, Henan has accelerated its scientific and technological cooperation with the co built country, and achieved fruitful results. The cooperation carrier has been constantly improved, the cooperation fields have been constantly expanded, the cooperation projects have been steadily promoted, and the cooperation hotspots have been constantly formed. At the same time, it should also be noted that the overall scientific and technological level and the activity of scientific and technological cooperation of the "the Belt and Road" countries are uneven. The field, depth and level of scientific and technological cooperation between Henan and the "the Belt and Road" countries need to be improved. International scientific and technological cooperation is also facing a series of new risks. In the future, Henan will be deeply involved in the "the Belt and Road" scientific and technological cooperation. It is necessary to accelerate the implementation of the national "the Belt and Road" scientific and technological innovation action plan, strengthen the support of international scientific and technological cooperation, constantly optimize the open and innovative ecology, promote the high quality of Henan's economic development with the high quality of international scientific and technological cooperation, and strive to build a high-level modern Henan.

Keywords: "The Belt and Road"; Science and Technology Cooperation; Open Innovation Ecology

B. 8　Research on the Integration of Technological and Cultural Innovation in Henan Province to Assist Rural Cultural Revitali-zation　　　　　　　　*Zhao Jingjing, Zhou Cuiying* / 111

Abstract: Rural revitalization is a major task to achieve the great rejuvenation of the Chinese nation, and rural cultural revitalization is a necessary part of rural revitalization. Currently, the country attaches great importance to the integration of culture and technology. How can Henan combine its own reality and seize the opportunities and challenges brought by cultural and technological integration to better and faster achieve rural cultural revitalization, And to achieve the goal of "improving cultural soft power" and "moving forward from a cultural province to a cultural strong province" is an urgent practical issue to be solved. Based on a comprehensive understanding of the current situation and problems in the development of rural cultural revitalization in Henan, this report proposes practical paths to assist in rural cultural revitalization by establishing an endogenous mechanism for rural cultural revitalization, constructing a new system of rural cultural resource platforms, and expanding new spaces for rural cultural develo-pment.

Keywords: Science and Technology; Culture; Rural Revitalization; Henan Province

B. 9　Research on Innovation-driven High-quality Development of Henan Manufacturing　　　　　　　　　*Feng Fanxu* / 120

Abstract: The report emphasizes that China should accelerate the construction of a strong manufacturing country, and promote the high-end, intelligent and green development of the manufacturing industry. However, the high-quality development of Henan's manufacturing industry faces many difficulties, such as the weakening of traditional comparative advantages, low input-output efficiency of innovation, low transformation level of scientific and technological achievements, and low level of cluster development of manufacturing industry. Henan urgently needs to adopt innovation-driven strategy, fully rely on the existing scientific and technological innovation foundation, give full play to its advantages, and take the path of innovation-driven high-quality development of Henan's manufacturing industry. With digital transformation, iconic industrial chain cultivation, technological innovation, open cooperation, Henan manufacturing to intelligent, cluster, green, high-end transformation, to achieve the high-quality development of Henan manufacturing.

Keywords: Innovation-driven; Henan Manufacturing; High-quality Development

B.10   Henan Science and Technology Finance Helps the Research
of National Innovation Highland Construction   *Shi Xuan* / 134

Abstract: In order to accelerate the construction of a first-class innovation ecology and help the construction of a national innovation highland, Henan Province has continuously deepened the reform of the science and technology system and financial system, and is committed to building a new pattern of science and technology financial development. At present, the rapid development of science and technology finance in Henan Province still lags behind the needs of the development of science and technology enterprises in Henan Province. Based on this, this paper analyzes the current situation and problems of the development of science and technology finance in Henan Province, benchmarks the development experience of Hefei, Shenzhen and other advanced areas in science and technology finance development, and puts forward countermeasures and suggestions for Henan Province in the next step in improving science and technology policies, broadening enterprise financing channels, optimizing science and technology financial ecology and improving risk management capabilities, so as to help the construction of national innovation highland with science and technology finance.

Keywords: Technology Finance; National Innovation Highland; Henan Province

B.11   Paradigm Transformation and Suggestions of Henan
Science and Technology Innovation Policy Under the New
Development Pattern   *Gao Zemin* / 148

Abstract: Realizing self-reliance in science and technology is the essential requirement of building a new development pattern, and it is inseparable from the effective support of science and technology innovation policies. Since the 18th National Congress of the Communist Party of China, Henan has deepened the reform of science and technology system and mechanism around building a national innovation highland, and the policy system of science and technology innovation has achieved remarkable results, and the pattern of innovation-driven development has basically taken shape. However, in the face of a series of complicated and profound new situations, new challenges and new requirements under the new development pattern, there are still some inadequacies in the policy concept, poli-cy formulation, policy coordination and policy implementation, which requires deepening the research on the policy paradigm of scientific and technological innovation and promoting the transformation of the policy paradigm from the aspects of policy ideas, implement-ation targets, action mechanisms, organizational models and management means, so as to provide a strong basis for Henan to build a national innovation highland and better integrate into the new development pattern.

Keywords: New Development Pattern; Paradigm of Science and Technology Innovation Policy; Henan Province

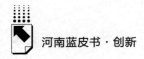
河南蓝皮书·创新

B.12 Research on Constructing a Deep Integration Innovation

System of Industry, University, Research and Application

in Henan Province　　　　　　　　　　*Zhao Jingjing* / 160

Abstract: The deep integration of industry, academia, research and application is an important content of the innovation driven strategy, which includes multiple key links of innovation driven. It is an important factor in promoting the deepening of scientific and technological system reform and helping our province's economy from high-speed growth to high-quality development. This article analyzes the strategic significance, achievements, and problems faced by the deep integration innovation system of industry, academia, research and application in our province, and proposes to strengthen top-level design to provide good policy support; Strengthen market leadership and provide strong innovation momentum; Strengthen the transformation of achievements and improve the system for the transformation of scientific and technological achievements; Strengthen collaborative linkage and form an innovative chain throughout the entire process.

Keywords: Industry, University, Research and Application; Innovation; Henan Province

Ⅳ Institutional Innovation

B.13 Preliminary Study on the Construction of Innovative

Ecosystem of Henan Academy of Sciences

Gao Zhenglong, Chang Linchao, Hu Haixiao,

Li Shaopeng, Li Mengxiang, Wang Yuhui and Chen Xiazhong / 171

Abstract: The Henan Provincial Party Committee and Provincial Government attach great importance to the revitalization and reconstruction of the Henan Academy of Sciences, and regard it as the "No. 1 Project" for Henan to implement the strategy of innovation driven, science and education promoting the province, and talent strengthening the province, and to build a national innovation highland and an important talent center. It is proposed that the Provincial Academy of Sciences should build an innovation "ecosystem" that gathers research and development institutions, scientific and technological achievements, scientific and technological capital, innovative talents, and intermediary institutions. This article analyzes the background of the construction of the innovation ecosystem of the Henan Academy of Sciences, explores the main connotations of the innovation ecosystem of the Henan Academy of Sciences, systematically reviews the progress and related achievements of the construction of the innovation ecosystem of the Henan Academy of Sciences, and puts forward work suggestions for the construction of the innovation ecosystem of the Henan Academy of Sciences.

Keywords: Innovation Ecosystem; Ecosystem Construction and Operation Mechanism; Henan Academy of Sciences

B. 14 Research on the Institutional Innovation Path of China (Henan)
Pilot Free Trade Zon *Wang Yanli* / 180

Abstract: Free trade zones are experimental fields for comprehensively deepening reform and expanding opening up, and institutional innovation is the core task of free trade zones. In the past six years since the establishment of the Henan Free Trade Zone, it has adhered to institutional innovation as the core and pioneered institutional openness in management, standards, rules, and other aspects. The results of institutional innovation have been significant, and the supporting role of the Free Trade Zone in industries has become increasingly prominent. However, there are still some problems and difficulties in the management system and mechanism, the concept of open mindedness, and the construction of professional talent teams. Under the new situation, Henan Free Trade Zone should seize the opportunity, actively connect with the "the Belt and Road" strategy, promote the reform of the management system, deepen the innovation of the regulatory system, expand the opening up of the financial

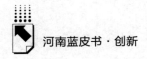

sector, strengthen the construction of the talent team, explore policy and legal protection, etc., break through the institutional barriers of the system innovation of the Free Trade Zone, and effectively boost the high-quality development of Henan Free Trade Zone.

Keywords: Free Trade Zone; System Innovation; Management System

B.15 Research on the Key Points, Difficulties, and Countermeasures of Deepening the Reform of State Owned Assets and Enterprises in Henan Province *Du Heming* / 193

Abstract: 2022 marks the end of the three-year action plan for state-owned enterprise reform, and Henan has further increased its reform efforts to address the shortcomings and strengths. In 2021, state-owned enterprises in Henan Province achieved a total operating revenue of 1738.87 billion yuan, a year-on-year increase of 9.7%. Currently, there are still constraints in deepening the reform of state-owned assets and enterprises in Henan Province: high leverage and insufficient risk resistance; Low operational efficiency and weak ability to transform scientific and technological achievements; The industrial structure needs to be optimized, and there is a lack of leading enterprises with strong strategic leadership; The capital operation capability is not yet mature, and the results of leading investment are not obvious. Propose several suggestions to address these factors, optimize the layout of state-owned assets, and move towards high-quality development; Improve the assessment and evaluation mechanism for state-owned enterprises, strengthen scientific and technological innovation and application of achievements transformation; Establish a sound state-owned asset supervision system with capital management as the main focus, and enhance capital operation capabilities; Adhere to bottom line thinking to prevent and resolve major risks.

Keywords: State Owned Enterprise Reform; Capital Management; State Owned Assets Supervision

V   Innovation Talent

B. 16   Analysis of the Current Situation of the Development of

Science and Technology Talents in Henan Province

Xing Yuhui, *Wang Changlin* / 203

Abstract: Technology is the primary productive force, and talent is the primary resource. As an important carrier of technological innovation, scientific and technological talents play a crucial role in promoting economic and social development. In recent years, Henan Province has attached great importance to the development of scientific and technological talents and achieved significant results. The scale of scientific and technological talents is constantly expanding, the structure is increasingly optimized, the innovation ability is steadily improving, the talent policy is continuously improving, the recruitment and employment work is significantly effective, the internationalization of the talent team is constantly accelerating, and the innovation ecology is continuously optimized. But at the same time, there are also problems such as a relative shortage of technology leading talents, insufficient investment in scientific research funds, incomplete talent management and evaluation mechanisms, and the need to improve the quality of higher education development. In order to comprehensively promote the construction of a scientific and technological talent team and build a strong province with talents, Henan needs to continue to make efforts from the following six aspects: first, to build a leading scientific and technological talent team; second, to continuously increase investment in scientific research funds; third, to improve the management system of scientific and technological talents; fourth, to improve the quality of higher education development; fifth, to optimize the evaluation mechanism of scientific and technological talents; and sixth, to promote young scientific and technological talents to play a greater role.

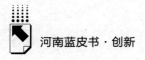

河南蓝皮书·创新

Keywords: Technological Talents; Technology Development; Strong Province of Talents; Henan Province

B.17 Research on the Practice and Countermeasures of Implementing the Talent Strong Province Strategy in Henan Province *Wang Nan* / 216

Abstract: "Success is based on achievements, and a wide range of industries." Human resources are the primary resource for social development and a strategic resource for a country or province to enhance its core competitiveness. Henan has a large population, but overall talent is scarce, and human resources are large but not strong. It is of great significance to achieve the transition from a province with large human resources to a province with strong human resources. Therefore, when formulating the "Ten Major Strategies", Henan Province prioritizes the strategy of "innovation driven, science and education revitalizing the province, and talent strengthening the province", and regards improving population quality as a key event. Implementing the strategy of strengthening the province with talents is a strategic measure to implement the spirit of the Central Talent Work Conference and an urgent need for Henan to promote high-quality development. Henan Province has long realized the drawbacks of large but not strong human resources, so it vigorously implements the strategy of strengthening the province with talents. Through deepening the reform of the talent mechanism system, building a high-level talent development platform, establishing and improving talent incentive mechanisms, improving talent service levels, and improving population quality, it has attracted a large number of high-level talents to gather in the Central Plains, forming a good situation of "cherishing, gathering, using, and promoting talents", Accelerate the construction of a first-class innovation ecosystem, create a national innovation highland and an important talent center, and provide strong support for achieving the "two guarantees".

Keywords: Strong Province with Talents; Attracting Talents; Important Talent Centers

B.18   Research on Henan Policy Innovation and Practice of
"Recruiting Talents and Introducing Wisdom"

*The Research Group of the Talent Recruitment, Intelligence
Introduction, Innovation and Development Conference* / 229

Abstract: The Henan Talent Recruitment and Innovation Development Conference in China is an important platform for Henan to attract outstanding talents, injecting strong impetus into Henan's high-quality development and providing a stage for talents to showcase their talents. This article analyzes the important significance of the Henan Talent Introduction and Innovation Development Conference, summarizes the significant achievements of the conference, analyzes the policy and practical innovations of the conference, and proposes a "targeted talent introduction" strategy that focuses on serving the overall strategic situation of Henan; Improving quality and expanding capacity, expanding policy elements for talent recruitment and talent introduction; Double recruitment and attraction", forming an interactive linkage between investment promotion and talent recruitment; Suggestions for further promoting the innovation of Henan's "talent recruitment and talent introduction" policy, such as "attracting talents abroad" and innovating the talent introduction model.

Keywords: Talent Recruitment and Intelligence Introduction; Policies Innovation; Henan Province

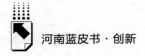
河南蓝皮书·创新

B.19 A Practical Study on Vocational Skill Development in
          Henan Province under the Background of Innovation
          and Entrepreneurship   *Li Hongjian* / 238

Abstract: In the new stage, we should continue to promote innovation and entrepreneurship, and promote the transformation from factor driven to innovation driven, and from population dividend to talent dividend. Skilled talents can closely connect technological innovation with production and service practices, and are the most critical and core labor element in the entire production or service process. They are an important driving force for promoting high-quality development and a fundamental support for industrial transformation and development. For Henan, a major province in human resources, to activate the new driving force of economic development, it is necessary to increase the development of vocational skills and quickly build a skilled talent team with a certain scale, high quality, and reas-onable structure. Based on this, this project is based on the practical needs of innovation and entrepreneurship. Through in-depth investigation and research, the current situation of vocational skills in Henan is sorted out, problems are analyzed in depth, experience is summarized, and relevant opinions and sugg-estions are put forward, providing a basic reference for skill development work in the province.

Keywords: Innovation and Entrepreneurship; Vocational Training; Skilled Talents

B.20 A Study on Leading the Ability Enhancement of Young
          Science and Technology Talents in Henan Province With
          the Spirit of Scientists   *Zhao Jingjing* / 249

Abstract: The spirit of scientists is an important spiritual guide for the gro-wth of young scientific and technological talents, the "lifeline" of scientific and technological work, and the "vitality" of young scientific and technological talents. It serves the overall strategic situation, and our province should continuously explore how to use the spirit of scientists to lead the improvement of the abilities of young scientific and technological talents in Henan. This report analyzes the theoretical connotation and strategic significance of the spirit of scientists, analyzes the current practice status and existing problems of using the spirit of scientists to guide young scientific and technological talents in Henan in our province. It proposes to use the spirit of scientists to enhance the belief, innovation, research, crisis resolution, and world power of young scientific and technological talents in Henan. It also proposes educational guidance: to strengthen the understanding ability of young scientific and technological talents towards the spirit of scientists; Policy support: Develop institutional policies that are conducive to the dissemination of the spirit of scientists; Environmental Creation: Building a vivid atmosphere for promoting the spirit of scientists throughout society; Innovation evaluation: Apply innovative thinking to construct a mechanism for evaluating scientists' spiritual talents, and other countermeasures and suggestions.

Keywords: Scientist Spirit; Young Scientific and Technological Talents; Ability Improvement

B.21 Research on the Construction of Talent Highland for Artificial Intelligence Generated Content in Henan Province

Yang Mengxi, Zhang Yifei / 260

Abstract: In the era of accelerated transformation in artificial intelligence (AI) technologies, the cultivation of talents specializing in Generated Artificial Intelligence Content (hereinafter referred to as "AIGC") is deemed indispensable in propelling Henan Province towards rapid industrial digitization and intelligent development. These talents constitute a critical cornerstone for Henan to expedite its transition into a new phase of digital economic development. Presently, the driving forces behind the development of AIGC talents in Henan encompass the gradual introduction of policies supporting high-level talent recruitment, the emergence of preliminary infrastructure for big data and computing power platforms, and the heightened emphasis on nurturing talents in data intelligence-related fields. However, certain challenges remain significant impediments to the growth of AIGC talent in the region. These include a shortage of high-level and multidisciplinary talents, a misalignment between talent cultivation and industry demands, an imperfect talent evaluation system, and a lag in the quality of public services for talent development. Addressing these issues necessitates a multifaceted approach focusing on three key aspects: top-level design for AIGC talent development, comprehensive lifecycle management of AIGC talents, and the integrated development of AIGC talents within the Zhengzhou metropolitan area. These approaches aim to expedite the construction of Henan Province as a prominent hub for AIGC talents.

Keywords: AIGC; Talent Development; Talent Highland

B . 22   Analysis and Prospect of the Development Status of Provincial Talent Groups

Wang Changlin, Zhang Donghong, Lu Yijie and Zhu Siyu / 272

Abstract: With China's economy transitioning from high-speed growth to high-quality development, and the widespread application of modern science and technology in the field of talent, the demand for talent work in various provinces is also constantly updating. In this context, many regions have established talent groups to serve the needs of talent development. This study starts from the actual situation of the development of talent groups in various provinces, and analyzes the current situation of talent group development. It is found that talent groups generally have problems such as incomplete top-level design, unclear profit models, lack of resource support, low marketization and industrial integration. Based on this, targeted suggestions are proposed to promote the development of provincial-level talent groups, such as improving top-level design, optimizing profit models, and strengthening resource support Improve the degree of marketization, promote industrial integration, innovate talent services, cultivate professional talents, promote the application of new technologies, and learn from advanced experiences at home and abroad.

Keywords: Provincial Talent Group; Talent Development; Talent Strong Province

Appendix: Major Events of Innovation and Development in
Henan Province   *Wang Nan*, *Shi Xuan* / 282

社会科学文献出版社

皮 书

智库成果出版与传播平台

❖ 皮书定义 ❖

皮书是对中国与世界发展状况和热点问题进行年度监测，以专业的角度、专家的视野和实证研究方法，针对某一领域或区域现状与发展态势展开分析和预测，具备前沿性、原创性、实证性、连续性、时效性等特点的公开出版物，由一系列权威研究报告组成。

❖ 皮书作者 ❖

皮书系列报告作者以国内外一流研究机构、知名高校等重点智库的研究人员为主，多为相关领域一流专家学者，他们的观点代表了当下学界对中国与世界的现实和未来最高水平的解读与分析。

❖ 皮书荣誉 ❖

皮书作为中国社会科学院基础理论研究与应用对策研究融合发展的代表性成果，不仅是哲学社会科学工作者服务中国特色社会主义现代化建设的重要成果，更是助力中国特色新型智库建设、构建中国特色哲学社会科学"三大体系"的重要平台。皮书系列先后被列入"十二五""十三五""十四五"时期国家重点出版物出版专项规划项目；自2013年起，重点皮书被列入中国社会科学院国家哲学社会科学创新工程项目。

皮书网

（网址：www.pishu.cn）

发布皮书研创资讯，传播皮书精彩内容
引领皮书出版潮流，打造皮书服务平台

栏目设置

◆关于皮书

何谓皮书、皮书分类、皮书大事记、
皮书荣誉、皮书出版第一人、皮书编辑部

◆最新资讯

通知公告、新闻动态、媒体聚焦、
网站专题、视频直播、下载专区

◆皮书研创

皮书规范、皮书出版、
皮书研究、研创团队

◆皮书评奖评价

指标体系、皮书评价、皮书评奖

所获荣誉

◆2008年、2011年、2014年，皮书网均
在全国新闻出版业网站荣誉评选中获得
"最具商业价值网站"称号；
◆2012年，获得"出版业网站百强"称号。

网库合一

2014年，皮书网与皮书数据库端口合
一，实现资源共享，搭建智库成果融合创
新平台。

皮书网

"皮书说"
微信公众号

权威报告·连续出版·独家资源

皮书数据库
ANNUAL REPORT(YEARBOOK) DATABASE

分析解读当下中国发展变迁的高端智库平台

所获荣誉

- 2022年，入选技术赋能"新闻+"推荐案例
- 2020年，入选全国新闻出版深度融合发展创新案例
- 2019年，入选国家新闻出版署数字出版精品遴选推荐计划
- 2016年，入选"十三五"国家重点电子出版物出版规划骨干工程
- 2013年，荣获"中国出版政府奖·网络出版物奖"提名奖

皮书数据库

"社科数托邦"
微信公众号

成为用户

　　登录网址www.pishu.com.cn访问皮书数据库网站或下载皮书数据库APP，通过手机号码验证或邮箱验证即可成为皮书数据库用户。

用户福利

- 已注册用户购书后可免费获赠100元皮书数据库充值卡。刮开充值卡涂层获取充值密码，登录并进入"会员中心"—"在线充值"—"充值卡充值"，充值成功即可购买和查看数据库内容。
- 用户福利最终解释权归社会科学文献出版社所有。

社会科学文献出版社 皮书系列
SOCIAL SCIENCES ACADEMIC PRESS (CHINA)

卡号：947142387518
密码：

数据库服务热线：010-59367265
数据库服务QQ：2475522410
数据库服务邮箱：database@ssap.cn
图书销售热线：010-59367070/7028
图书服务QQ：1265056568
图书服务邮箱：duzhe@ssap.cn

S 基本子库
UB DATABASE

中国社会发展数据库（下设 12 个专题子库）

紧扣人口、政治、外交、法律、教育、医疗卫生、资源环境等 12 个社会发展领域的前沿和热点，全面整合专业著作、智库报告、学术资讯、调研数据等类型资源，帮助用户追踪中国社会发展动态、研究社会发展战略与政策、了解社会热点问题、分析社会发展趋势。

中国经济发展数据库（下设 12 专题子库）

内容涵盖宏观经济、产业经济、工业经济、农业经济、财政金融、房地产经济、城市经济、商业贸易等 12 个重点经济领域，为把握经济运行态势、洞察经济发展规律、研判经济发展趋势、进行经济调控决策提供参考和依据。

中国行业发展数据库（下设 17 个专题子库）

以中国国民经济行业分类为依据，覆盖金融业、旅游业、交通运输业、能源矿产业、制造业等 100 多个行业，跟踪分析国民经济相关行业市场运行状况和政策导向，汇集行业发展前沿资讯，为投资、从业及各种经济决策提供理论支撑和实践指导。

中国区域发展数据库（下设 4 个专题子库）

对中国特定区域内的经济、社会、文化等领域现状与发展情况进行深度分析和预测，涉及省级行政区、城市群、城市、农村等不同维度，研究层级至县及县以下行政区，为学者研究地方经济社会宏观态势、经验模式、发展案例提供支撑，为地方政府决策提供参考。

中国文化传媒数据库（下设 18 个专题子库）

内容覆盖文化产业、新闻传播、电影娱乐、文学艺术、群众文化、图书情报等 18 个重点研究领域，聚焦文化传媒领域发展前沿、热点话题、行业实践，服务用户的教学科研、文化投资、企业规划等需要。

世界经济与国际关系数据库（下设 6 个专题子库）

整合世界经济、国际政治、世界文化与科技、全球性问题、国际组织与国际法、区域研究 6 大领域研究成果，对世界经济形势、国际形势进行连续性深度分析，对年度热点问题进行专题解读，为研判全球发展趋势提供事实和数据支持。

法律声明

　　"皮书系列"（含蓝皮书、绿皮书、黄皮书）之品牌由社会科学文献出版社最早使用并持续至今，现已被中国图书行业所熟知。"皮书系列"的相关商标已在国家商标管理部门商标局注册，包括但不限于LOGO（▧）、皮书、Pishu、经济蓝皮书、社会蓝皮书等。"皮书系列"图书的注册商标专用权及封面设计、版式设计的著作权均为社会科学文献出版社所有。未经社会科学文献出版社书面授权许可，任何使用与"皮书系列"图书注册商标、封面设计、版式设计相同或者近似的文字、图形或其组合的行为均系侵权行为。

　　经作者授权，本书的专有出版权及信息网络传播权等为社会科学文献出版社享有。未经社会科学文献出版社书面授权许可，任何就本书内容的复制、发行或以数字形式进行网络传播的行为均系侵权行为。

　　社会科学文献出版社将通过法律途径追究上述侵权行为的法律责任，维护自身合法权益。

　　欢迎社会各界人士对侵犯社会科学文献出版社上述权利的侵权行为进行举报。电话：010-59367121，电子邮箱：fawubu@ssap.cn。

社会科学文献出版社